Rose Mann · Kochbuch der Frau Rose

Rose Mann

Das Kochbuch der Frau Rose

Mit Rezepten von Rose Mann
und Bildern von Christoph Mann

Hugendubel

Dies ist das Buch einer Hausfrau.

Es ist gewidmet

meinem Mann
meinen Kindern
Elisabeth
Christoph
Johannes und seiner Frau Mindy
und dem Andenken an meine Mutter

Die Deutsche Bibliothek – CIP-Einheitsaufnahme

Das Kochbuch der Frau Rose / Rose und Christoph Mann. –
München: Hugendubel, 1991
ISBN 3-88034-536-8
NE: Mann, Rose; Mann, Christoph

Umschlaggestaltung: Zembsch' Werkstatt, München
unter Verwendung eines Aquarells von Christoph Mann
Produktion: Tillmann Roeder, München
Satz: Uhl + Massopust, Aalen
Druck und Bindung: Appl, Wemding

ISBN 3-88034-536-8

Printed in Germany

Inhalt

PASTETEN

FLEISCH

VERSCHIEDENES

BEILAGEN

MALLORQUINISCHE GERICHTE

SÜSSPEISEN

SÜSSE DESSERTS

KUCHEN

WEIHNACHTSGEBÄCK

EINGELEGTES KONSERVIERTES

Vorwort

Als ich 1950 mit knapp 22 heiratete, waren meine Kochkenntnisse mehr als gering. Ich glaube, das einzige, was ich konnte, waren Bohnen- und Specksuppe, Tomatensauce mit Spaghetti und das Backen von Hefekuchen, die ich in der Schule für unsere Klassenfeste gemacht hatte. Damals, 1943–1948, gab's ja so wenig zu essen, daß die Hausfrauen das rare Bißchen lieber sorgsam selbst zubereiteten, wie Tante Elsbeth, bei der ich drei Jahre lebte, die mit all ihrer Phantasie und unendlicher Mühe Dinge aus fast nichts zauberte, um uns junge Leute satt zu bekommen.

Ich hatte bis zum Tage meiner Verlobung nur die Schul- und Hörsaalbänke gedrückt und zu Hause die Küche, in der meine Mutter und unsere Köchin Betty bestimmt und energisch walteten, wohlweislich gemieden.

Die Hochzeit sollte schon in knapp drei Monaten sein. Meine Mutter und ich – alles ging damals noch wunderbar altmodisch zu – hatten alle Hände voll zu tun, um die »Aussteuer« zusammenzubringen. Damals dauerte das alles viel länger, weil so gut wie jedes Wäschestück angefertigt wurde. Meine Mutter, die die akkurateste und ordentlichste Frau war, die ich je in meinem Leben kennengelernt habe, nahm alles so genau, daß wir uns wirklich eine Heidenarbeit daraus machten. In diesen wenigen Wochen zu Hause an ihrer Seite habe ich vieles unschätzbar Praktisches gelernt und führe vieles noch heute fort – es wurde nie altmodisch.

Aber Kochen habe ich nicht gelernt – obwohl meine Mutter eine gute Köchin war. Und das wäre doch bestimmt wichtiger gewesen als die gestickten M in Bett- und Tischwäsche, die handgenähten Nachthemden und Schürzen etc. Irgendwann fiel dies auch meiner Mutter ein. Und sie sagte: »Das Kind kann ja noch gar nicht kochen. Der *arme* Mann!« Also beschlossen wir eines Morgens, daß ich etwas in der Küche lernen sollte. An diesem Tag gab es das Lieblingsessen meines Vaters: »Beuscherl mit Semmelknödeln« (ein Gericht aus Kalbslunge mit Kalbsherz).

Meine Mutter hielt dies für ein erlernenswertes, gutes Essen und wollte damit den Anfang machen in ihrer Unterrichtung. Ich zog also eine Schürze an – ohne die konnte man bei uns nicht die Küche betreten. Jeder, der hereinkam, wenn auch nur zum Zugucken, bekam sofort eine weiße Schürze umgebunden. – Ich weiß nicht mehr alles ganz genau, nur daß meine Mutter schon bei meinem (sicherlich mehr umständlichen) Präparieren der Zutaten aus der Küche ging, weil sie sonst beim Zusehen die Geduld verloren hätte. Und als ich dann den dritten, immer größeren Topf »eingedreckelt« hatte, weil die Lunge beim Kochen wuchs und wuchs, kam sie wieder herein, sah auf die Töpfe, sah, daß noch nichts geschehen war, sah auf die Uhr und rief entsetzt aus: »So wirst du ja nie fertig! Dein Vater kommt um 12 Uhr heim und will sein Essen haben.« Sie nahm mir den Kochlöffel aus der Hand und bereitete geschickt und schnell das Lungenbeuscherl samt den Knödeln. Ich stand, bedrückt über so viel Fertigkeit, dabei und schaute zu und wußte dann wenigstens, wie man's theoretisch macht.

Als ich am nächsten Wochenende meinen Bräutigam besuchte, erzählte ich ihm, daß ich schon ein Gericht gelernt hätte. Als er erfuhr, was es sei, sagte er: »Lunge habe ich noch nie gegessen und werde sie mein Lebtag auch nicht essen. Das brauchst du bestimmt nie zu kochen.« Dies blieb der erste und einzige Versuch, das Kochen daheim im Elternhaus zu lernen.

Heute ist es mir fast unerklärlich, wie mein Mann, der doch gar nicht leichtsinnig war, eine Frau heiraten wollte, die überhaupt nicht kochen konnte. Er war eben sehr verliebt und daher bereit zum Risiko. Dafür danke ich ihm heute noch.

Meine erste Lehrmeisterin im Kochen wurde dann die elterliche Köchin Betty, die meine gute Mutter mir für die ersten sechs Wochen Ehe »borgte« (sicher mehr aus Rücksicht auf meinen Mann!). Von Betty, die nicht nur eine sehr gute Köchin war, sondern auch viel Geduld hatte und Freude am Erklären und Zeigen, lernte ich in kurzer Zeit die Grundbegriffe des Kochens und die wichtigsten Tricks.

Meine zweiten Lehrmeister waren die Kochbücher, die ich an den Abenden heimlich und »mit Fleiß studierte«. (Auf's Studieren verstand ich mich damals noch besser als auf die Praxis.) Ich lernte abends das Rezept auswendig, um am nächsten Tag unserer Haushilfe nicht zeigen zu müssen, daß ich es genausowenig wußte wie sie. Diese Methode funktionierte recht gut, denn ich war sehr ehrgeizig. Und wie es halt immer so ist: Mit dem guten Willen wächst die Freude an der Sache.

Und so wurde ich mit den Jahren das, was Bea mir als Widmung in ein Kochbuch schrieb: *eine leidenschaftliche Kochfreundin*. Leidenschaftlich muß man etwas betreiben und lieben, sonst wird's nichts Rechtes.

So sei dies Buch denen gegeben, die mit Freude und Lust kochen, denen – wie mir – Kochen ein täglich neuer schöpferischer Vorgang ist, kein Zwang und Alltagstrott.

Ein gutes Essen, sei es ein aufwendiges oder ein ganz einfaches, ist so etwas Köstliches in unserem Leben wie die Sonne, eine schöne Landschaft, wie das Hören von Musik. Essen ist nicht nur Sattwerden. Man muß die Mahlzeit, das Essen, als Ausdruck guter Geselligkeit in der Familie und unter Freunden durch gutes Kochen pflegen und hochhalten. Man soll aber nicht immer nur kompliziert Herzustellendes machen wollen, sondern oft, recht oft, auch ganz Einfaches auf den Tisch bringen, damit man erfährt, wie gut ein Stück Brot ist, wie kostbar die Kartoffel, wie wohlschmeckend ein Glas Milch. Auch sollte man nur essen, wenn man wirklich Hunger hat! Man sollte lernen, das Essen zu schätzen.

All die Dinge, die wir immer haben: unsere Gesundheit, unser tägliches Arbeitenkönnen, die Sonne und den Regen, den Frieden, unser tägliches Brot, all dies sollte uns nie so selbstverständlich sein, daß wir uns nicht jeden Tag aufs neue darüber freuen können. Eigentlich erst, als ich irgendwann einmal dies erkannt hatte, wurde ich zur begeisterten, frohen Köchin, der jedes Nahrungsmittel, jedes Gewürz ein Stück geschenktes Leben bedeutet, das man mit Freude und Dankbarkeit – und mit Genuß verarbeiten kann.

Ich habe die Anregung meines Sohnes Christoph aufgegriffen und aufgeschrieben, was wir bei uns zu Hause gerne essen. Es ist eine Mischung aus Badisch-Fränkischem, vermengt mit 30jährigen Kocherfahrungen aus Mallorca und manchen Rezepten von

Gerichten aus Kalifornien. In beiden Ländern war ich Hausfrau, nicht Hotelgast, und lernte Märkte, Geschäfte und andere Hausfrauen kennen. Auch unsere Segelfahrten in Griechenland, entlang der türkischen Küste und in der Karibik, brachten ein paar Gerichte, die wir jetzt zu Hause kochen.

»Semper aliquid haeret«, sagte oft unser Lateinlehrer. Er hatte recht: Immer bleibt etwas hängen – und macht uns dann im Nachvollzug Freude.

Christoph hat dazu viele, wie ich meine, schöne Bilder gemacht. Möge Sie beides, Bilder und Rezepte, erfreuen.

Baden-Baden
im November 1990

Rose Mann

Zu den Bildern von Christoph Mann

Bereits beim ersten Durchblättern dieses Buches wird man spüren, daß die Aquarelle von Christoph Mann mehr als nur appetitanregende Textillustrationen, mehr als nur kleine farbige Garnierungen sind.

Zuerst sind die Bilder von Christoph Mann Kommentare – spielerische, scherzhafte, manchmal etwas respektlose Anmerkungen zur Küche der Frau Rose, seiner Mutter. Kommentare, die oft unversehens zu einer eigenen kleinen Geschichte weitergesponnen werden.

Das zweite, das mir angesichts dieser Bilder durch den Kopf ging, war der Versuch, diese Graphiken künstlerisch einzuordnen. Künstlerische Darstellungen von Speisen und Lebensmitteln kannte bereits die Antike. Ich denke an ägyptische Wandmalereien oder an die Fresken in der »Casa Del Frutetto« in Pompeji. Auch aus dem Mittelalter und der Renaissance sind gleichermaßen eindrückliche Darstellungen überliefert. Einen absoluten Höhepunkt erreicht dieses Sujet dann in den holländischen Stilleben des 17. Jahrhunderts. Auch das 18. und 19. Jahrhundert verstand noch etwas von diesen Werten. Schaut man sich hingegen in der Kunstgeschichte unseres Jahrhunderts um, könnte man in dieser Hinsicht geradezu verhungern. Da gab es zwar mal Anfang der 70er Jahre von dem amerikanischen Pop-Artisten Oldenbourg das Riesentortenstück aus PVC, die Collagen von Spoerri und von Warhol die Campell-Dosensuppen. Aber meine Güte, wer möchte sich denn von so etwas ernähren?
Christoph Mann dagegen zeichnet und malt einen simplen, irdenen mallorquinischen Kochtopf in einer Art und Weise, daß alle Sinne angesprochen werden und man augenblicklich Heißhunger auf Gazpacho verspürt. Hier arbeitet ein Auge, das unablässig nach Form und Formschönheit sucht. Alle feinen Nuancen und Schattierungen sind wiedergegeben, die Materialien – Keramik, Porzellan, Alpaka – sind immer vortrefflich erfaßt. Christoph Mann wird den Vergleich mit alten Meistern

gewiß von sich weisen, denn eigentlich will er kein altmeisterlicher Perfektionist sein, vielmehr sucht er nach der gekonnten Lenkung des Spontanen – daher auch das eindeutige Bekenntnis zur Aquarelltechnik. Daß er diese hervorragend beherrscht, stellt ihn nun aber doch wieder ungewollt in die Riege der Perfektionisten. Keine Frage, was Christoph Mann sucht, ist eigentlich etwas anderes: Vor allem liebt er wohl die heiteren, mit Esprit vorgetragenen Verdrehungen und Überraschungen.

Ein Drittes und Letztes verdeutlichten mir diese Bilder, als ich das Vorwort der Frau Rose und schließlich auch einige ihrer Rezepte gelesen hatte. Aus den Malereien vernahm ich nun auch die Stimme der Köchin, die für die Ihren mit Freude und Liebe gekocht und gebacken hat und nun durchs Haus ruft: Kommt! Der Tisch ist bereit! – Vielleicht ist es gerade dieser autobiographische Bezug, der die Bilder von Christoph Mann so anziehend macht.

Günter Mader

Euphorischer Leichtsinn war es wohl, der mich damals gegen Ende jenes Abendessens am elterlichen Tisch dazu trieb, Mamma zu suggerieren, sie sollte doch ihren Erfahrungsschatz an Küchenpraxis und Lieblingsgerichten der Familie zum Nutzen von Freunden, Kindern und Enkeln zu Papier bringen. Als Zuckerl stellte ich Illustrationen dazu in Aussicht. Das war vor ca. 10 Jahren.

Heute steht fest: ich hatte das Projekt unterschätzt. Nicht so sehr in Aufwand und Umfang, denn ich aß und kommentierte, was sie kochte und aufschrieb. Eher unterschätzte ich es in seinem Aussage-Potential: Zwischen den Zeilen verstecken sich »Chronik« und »Psychogramm« der Manns. Nicht nur beschreiben die Leibgerichte der einzelnen Familienmitglieder deren Herkunft und Werdegang; Koch- und Eßattitüden sind auch Charakterspiegel. Jedoch sollten wir dieses »Sage mir, was Du ißt, und ich sage Dir, wer Du bist« nicht allzu ernst nehmen. In diesem Sinne sind auch die Bilder zu sehen: Augenzwinkernde Paraphrasen.

Fest steht auch: Mutter Roses Küche ist raffiniert gutbürgerlich. Nicht »große französische«, nicht »neue deutsche«, keine Moden, keine Diät. Was man täglich ißt, muß einfach, ehrlich, nachvollziehbar und von gewisser Tradition sein. Und damit unterschätzte ich wohl auch den Umfang des Interessentenkreises dieser Rezeptsammlung.

Christoph Mann

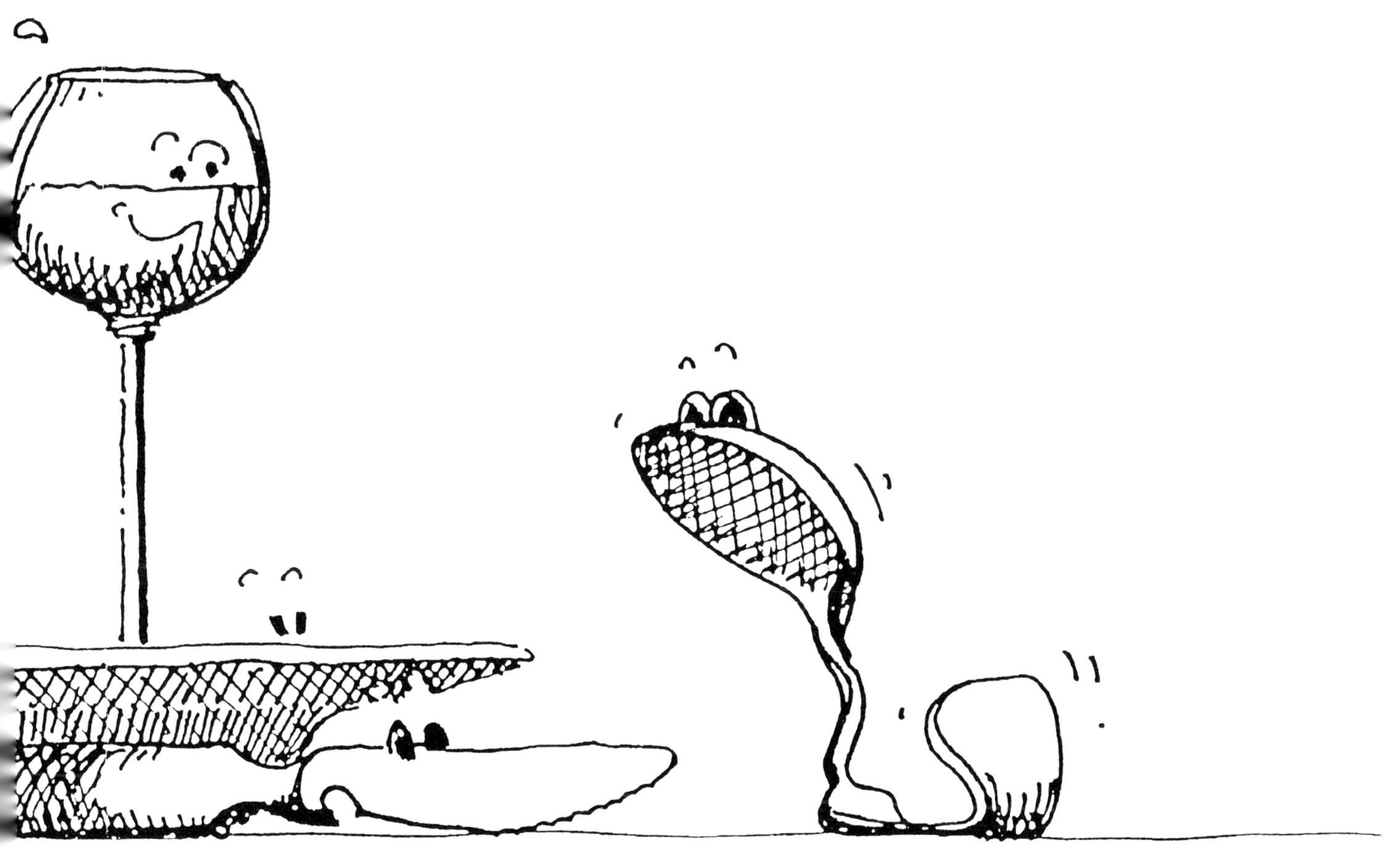

Suppen

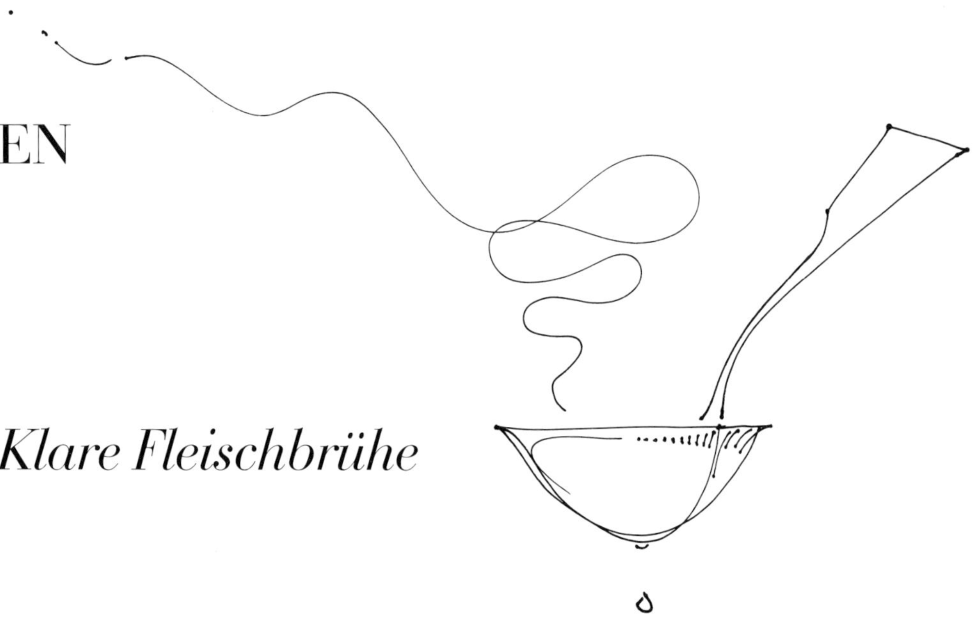

Roses Klare Fleischbrühe

für 6 Personen

500–600 g Rinderknochen, an denen noch etwas Fleisch hängt (wichtig!)
500 g Beinscheiben vom Rind
evtl. 1 Hühnerschlegel (gut!)
oder *Suppenfleisch als Hauptgericht und Knochen z. B. Querrippe (Zwerchrippe), fett,*
oder *mittleres Bugblatt aus der Schulter (hat eine schmale Sehne in der Mitte). Sehr gutes Fleisch!*
oder *Tafelspitz – bitte nur vom besten Metzger!*
1 große Zwiebel
Salz, sehr wenig Pfeffer, gekörnte Brühe

Die Zwiebeln in Ringe schneiden, mit ganz wenig beliebigem Fett dunkel-goldbraun anrösten, mit 2–2 ½–3 l Wasser aufgießen (je nach Fleischmenge). In die noch lauwarme Brühe die gewaschenen Knochen und das (billigere) Beinscheibenfleisch und den Hühnerschlegel einlegen. Salzen und zugedeckt 2–2 ½ Stunden *zart* (nicht sprudelnd) kochen.

Hat man gutes Suppenfleisch für eine Hauptmahlzeit, so setzt man dieses erst zu, wenn das Wasser mit den Knochen schon *sprudelnd* zu kochen beginnt. Von jetzt ab Hitze reduzieren und wieder *zart* kochen. Garzeit je nach Größe und Qualität des Fleisches 1½–2½ Stunden (probieren).

Nach dem Kochen: Die Brühe abseihen und ca. 12 Stunden kalt stellen. Jetzt kann man das überschüssige Fett abnehmen. Aber nicht alles! Eine Brühe ohne Fett ist fade, es sei denn, man würzt sie mit Sherry und serviert sie als Consommé in Tassen. Vor dem Anrichten die Brühe nochmals aufkochen und würzen. Hebt man die Brühe 3–4 Tage auf, zwischendurch einmal kurz aufkochen, sonst wird sie evtl. sauer.

Klare Fleischbrühe

Fleischbrühe auf mallorquinische Art

für 6 Personen

500–600 g Rinderknochen mit Fleisch
500–600 g Beinscheiben vom Rind
2 Hühnerkeulen (Schlegel)
2 mittelgroße Zwiebeln, in dicke Ringe geschnitten
1–2 Tomaten (je nach Größe), ungeschält, ganz
2 mittelgroße Kartoffeln, geschält, ganz
3 Stengel Staudensellerie, in Stücke geschnitten
1–2 Stengel Lauch, in dicke Ringe geschnitten
2–3 mittelgroße Karotten, ganz
würzen mit Salz, wenig Pfeffer, wenig gekörnter Brühe

Die Zwiebeln in wenig Fett gut anbräunen. Mit 2–3 l Wasser aufgießen und sogleich die Knochen, Beinscheiben und Hühnerschlegel zusetzen. Ca. 2 Stunden *zart* kochen. Dann erst das Gemüse beigeben und so lange zart weiterkochen, bis es weich ist (eine gute ½ Stunde). Die Brühe abseihen, ca. 12 Stunden kalt stellen, damit man das überschüssige Fett abnehmen kann. Nochmals aufkochen und würzen.

Das Gemüse kann zu einem schmackhaften Püree verwendet werden (durchpassieren und mit Sahne und Gewürzen abschmecken). Will man das *Hühnerfleisch essen*, so setzt man es erst mit dem Gemüse zu!

Verwendung von Fleisch und Gemüse auf andere Art, siehe Mallorquinische Gerichte: Ravolas (Fleischküchle aus den Resten einer Bouillon).

Einlagen für die klare Fleischbrühe

für 6 Teller Suppe

1. Grießnockerl – von Christine aus Österreich

1 großes Ei – wiegen
Butter, so viel nehmen, wie das Ei wiegt
Grieß, doppelt so viel nehmen, wie das Ei wiegt
Salz und Muskatnuß

Die Butter leicht erwärmen, das Ei gut einrühren, würzen. Dann den Grieß zugeben und 15–20 Min. ziehen lassen. Mit einem nassen Teelöffel längliche Nockerl abstechen und diese diagonal leicht eindrücken. Ist die eingedrückte Rille zu tief, brechen die Nockerl beim Kochen auseinander. In kochendes Wasser einlegen, kurz aufkochen, dann auf schwächster Flamme nur noch 15–20 Min. ziehen lassen.

2. Eiereinlauf

1 Ei, gut verquirlt mit
1 EL Milch und
1 kleinen EL Semmelbrösel
Salz, Muskatnuß; evtl. fein gewiegte Petersilie

Dies alles gut vermischen und in die stark kochende Brühe eingießen. Kurz aufkochen, dann servieren.

3. Flädle

für 6 Teller Suppe

2 gehäufte EL Mehl
1 Ei
Salz, Pfeffer, Muskatnuß
Petersilie und Schnittlauch, sehr fein geschnitten
etwas Wasser

Den Teig mit Wasser und Ei anrühren wie einen Pfannkuchen, würzen, Kräuter einstreuen. In einer heißen Pfanne mit Butter und Öl nicht zu dicke Pfannkuchen ausbacken. Diese sofort zusammenrollen und etwas später in feine Streifen schneiden (Flädle). In der Brühe einmal kurz aufkochen (nicht mehr) und gleich servieren.

4. Goldschnitten

Dünne Weißbrotscheiben oder Toastscheiben in 2 × 3 cm große Rechtecke schneiden. 2–3 Eier mit Salz, Pfeffer und Muskatnuß verquirlen. Die Brotschnittchen etwa 15 Min. darin weichen lassen, öfters umwenden. Dann in einer größeren Pfanne in reichlich Butter auf mäßiger Flamme goldgelb ausbacken. In die Suppenschüssel legen, die heiße Brühe darübergießen und sofort servieren (nicht aufheben, nicht kochen).

5. Quesitos, eine mallorquinische Abwandlung der Goldschnitten

Weißbrot- oder Toastscheiben leicht antoasten, mit etwas Butter und viel *Schmelzkäse* (ohne besonderen Geschmack) bestreichen. In 2 × 3 cm große Rechtecke schneiden und im Ofen (Oberhitze) backen, bis der Käse geschmolzen und goldgelb ist. Dann sofort in die Suppe geben und servieren.

Rinderbouillon mit Pfifferlingen und Eierstich

für 4 Personen

eine kräftige Rinderbrühe (siehe: Klare Fleischbrühe)
200 g fertig geputzte Pfifferlinge oder ähnliche Pilze (möglichst viele kleine)
150 g ganz frisches Tatar aus Rindfleisch
2 kleinere Karotten
3 Stengel Staudensellerie oder
⅛ Sellerieknolle (mittl. Größe)
2 große Eier
4 EL Milch
Salz und wenig weißer Pfeffer

Am Tag zuvor eine kräftige Rinderbrühe kochen. Sehr kalt stellen und am nächsten Tag alles Fett abnehmen. Diese entfettete Brühe nun »klären« mit dem Tatar, den kleingeschnittenen Karotten, dem kleingeschnittenen Sellerie und 80–100 g von den größeren Pfifferlingen, ebenfalls geschnitten.

Dies alles mit dem Passierstab pürieren.

Das Püree in die warme, aber nicht kochend heiße Brühe einrühren und langsam bis zum Siedepunkt erhitzen. Dann sofort vom Feuer nehmen und 1 Stunde lang stehen lassen, bis der Schaum sich ganz abgesetzt hat. Nun durch Sieb und Passiertuch seihen. Die restlichen kleineren Pfifferlinge (sind sie nicht klein genug, entsprechend schneiden) mit Butter, ohne Wasser und Gewürze in einer kleinen Kasserolle andünsten, bis sie weich sind. In die abgeseihte Brühe geben.

Eierstich

Von 2 großen Eiern und 4 EL Milch und etwas Salz eine gutverrührte Masse schlagen. In Eierbecher (¾ voll) füllen oder in eine entsprechend große viereckige Form. Im Wasserbad bei ca. 80–90 °C im Ofen stocken lassen (das dauert etwa 20 Min.)

Gut abkühlen lassen, herausstürzen und entweder in Taler oder kleine Würfel schneiden (Taler aus Eierbechern, Würfel aus einer viereckigen Form).

Die Eierstichstücke zum Schluß in die Bouillon geben und sofort servieren.

Diese Suppe kann man auch mit anderen Pilzen zubereiten. Größere Pilze immer kleinschneiden, damit sie in der Suppentasse gut aussehen.

Verwendet man getrocknete Pilze, nur eine kleine Menge (1–2 EL) nehmen. Die Trockenpilze gut waschen und 2–3 Stunden in warmem Wasser einweichen. Will man das Einweichwasser mitverwenden, muß man es durch Sieb und Passiertuch seihen – wegen des Sandes!

Klassische Ochsenschwanzsuppe
Konservative behaupten, die hier abgebildete Version sei die einzig wahre.
Tip: Stellen Sie den Ochsen beim Kochen nicht genau vor den Herd;
Sie haben sonst keinen Platz beim Arbeiten.

Klassische Ochsenschwanzsuppe

Die Suppe ist so gut, daß mir die Mühe nie zu groß ist.

für 6–8 Personen

ca. 1 Stunde Vorbereitung – 4 Stunden Kochzeit

gut 1 kg Ochsenschwanz, in 5 cm lange Stücke geschnitten
1–2 Beinscheiben vom Rind
2 Zwiebeln
250 g Karotten
150 g Navets (weiße Rüben)
100 g Weißes vom Lauch
100 g Staudensellerie
1 Tasse starker Tee-Aufguß von:
2 gehäuften TL Majoran
1 TL Basilikum
½ TL Rosmarin
} alles getrocknete Blätter
reichlich Sojasauce, Salz und Pfeffer
Fleischextrakt und Instant-Brühe
1/10 l Portwein
1/10 l Tio-Pepe-Sherry (nichts anderes!)
50 g Mehl
50 g Markfett (von den Beinscheiben)
3 l Wasser

Die Ochsenschwanzstücke 3–4 Min. in kochendem Wasser abbrühen, herausnehmen und abkühlen lassen. In einem sehr großen Topf Ochsenschwanzstücke und Beinscheiben mit dem Markfett (und evtl. noch etwas Butter oder anderem Bratfett) gut anbräunen. Dann die kleingeschnittenen Zwiebeln, Karotten, den Lauch und Sellerie sowie die weißen Rüben kleinschneiden und dazugeben. Das Mehl darüberstreuen und alles gut durchbräunen. Geduld – das dauert mindestens eine Viertelstunde! Mit 3 l Wasser aufgießen. Salzen und etwas pfeffern. Bei schwacher Hitze 4 Stunden lang leise kochen lassen. Nach dem Abkühlen würzen mit Sojasauce, den Extrakten und einigen Löffeln des Gewürztees (ausprobieren und nach und nach zugeben).

Abseihen, das Gemüse und die Beinscheiben herausnehmen. Die Ochsenschwanzstücke jedoch in die abgeseihte Brühe zurückgeben (da sie sonst austrocknen). Ca. 12 Stunden kalt stehen lassen. Dann das Fett (nicht alles!) abnehmen. Nochmals aufkochen, Portwein und Sherry zugießen, evtl. nochmals mit dem Tee-Aufguß (also bis dahin aufheben!) nachwürzen. Das Ochsenschwanzfleisch vom Knochen lösen, sehr klein schneiden und wieder in die Suppe geben.

Bitte nicht das Fleisch von den Beinscheiben in die Suppe geben! Man kann z. B. Ravolas (siehe: Mallorquinische Gerichte) daraus machen.

Roses Zwiebelsuppe

pro Person

1 mittelgroße scharfe Zwiebel
1 Scheibe Weißbrot
1–2 EL geriebener Käse (Gruyère, Gouda, etc.)
1 Tasse Fleischbrühe
Butter und Öl

Die Zwiebeln in feine Streifen schneiden und in Butter mit Öl *hell* dämpfen (nicht bräunen!). Je nach Personenzahl die Brühe aufgießen, gut durchkochen, evtl. nachwürzen und für 12–24 Stunden kühl stehen lassen, damit die Zwiebeln durchweichen können.

Die Brühe dann leicht wärmen, in feuerfeste Portionsschälchen gießen (mit den Zwiebeln), ein rundes, ca. 1 ½ cm dickes Weißbrotstück darauflegen und dieses mit dem geriebenen Käse bestreuen. Im heißen Ofen (obere Schiene) so lange erhitzen, bis der Käse geschmolzen ist und ein wenig Farbe angenommen hat.

Auf Tellern mit einer Serviette anrichten, da die Schüsseln sehr heiß sind.

Roses Spargelcreme-Suppe

für 4 Personen

500 g Spargel
gut 1 l Wasser oder besser Kalbsbrühe
4–5 EL süße Sahne
3–4 EL Mehl und
Butter zu einer Einbrenne (Schwitze)
1–2 Eigelb
Salz und weißer Pfeffer; evtl. Fondor, Zwiebelpulver

Den Spargel sehr gut putzen und in 2–3 cm lange Stücke schneiden. In etwas gesalzenem Wasser oder Kalbsbrühe weichkochen (sie dürfen nicht zerfallen). Die Spargelbrühe abseihen. Aus Butter und Mehl eine helle Schwitze zubereiten und mit der Spargelbrühe ablöschen, gut verrühren und einige Minuten durchkochen. Würzen. Zum Schluß die Sahne und ganz zuletzt das Eigelb dazurühren (jetzt nicht mehr kochen). Die Spargelstücke hineinlegen und anrichten.

Achtung: Nie mit dunklen Zutaten würzen, wie schwarzer Pfeffer, Sojasauce, Fleischextrakt etc. Allenfalls helles Fondor, Zwiebelpulver benutzen.

Avocado-Suppe

für 4 Personen

2 EL Butter
3 gehäufte EL Mehl
¾ l kräftige Rinder- oder Hühnerbrühe (evtl. auch Instant)
1 große Avocado (ca. 300 g mit Kern)
Pfeffer, Salz, etwas Fondor, evtl. etwas Beau Monde (Selleriegewürz)
⅛ l frische süße Sahne
1 guter TL feingehackter, frischer Dill
aromatisieren mit etwas Tio-Pepe-Sherry, herbem Weißwein oder
1 Piccolo Sekt

Eine helle Einbrenne aus Butter und Mehl herstellen. Die Fleischbrühe aufgießen und 10 Min. durchkochen lassen. Würzen. Die Avocado schälen und mit dem Pürierstab fein pürieren (geht besser, wenn man etwas von der Mehlsuppe zufügt). Das Avocadopüree in die heiße Suppe geben. Nur so lange ziehen lassen, bis alles gut heiß ist – aber nicht kochen lassen, das vertragen Avocados nicht. Mit wenig Alkohol abschmecken. Ich finde Tio-Pepe-Sherry am besten. Die Sahne steif schlagen. Die Suppe in vorgewärmte Tassen geben, obenauf die Schlagsahne, etwas verrührt, und den frischen Dill. Dies ist eine sehr kräftige Suppe, daher nicht zu große Mengen pro Tasse.

Zucchini-Suppe

Schnell und gut, läßt sich gut tieffrieren.
für 6 Personen

800 g möglichst kleine, schmale Zucchini
1 mittelgroße Zwiebel
4–5 EL Öl
40 g Butter
1 l Wasser (oder mehr)
würzen mit: *Salz, Pfeffer, evtl. Fondor*
1–2 TL Steinpilz-Hefeextrakt
4–5 EL frische, süße Sahne
in Butter geröstete Weißbrotwürfel

Eine schnell zuzubereitende, nahrhafte und gesunde Suppe, besonders im Sommer und Herbst, wenn die Früchte reif sind. Die Zucchini waschen, nicht schälen! Die Enden abschneiden, der Länge nach halbieren und in dünne Scheiben schneiden. In einer breiten, nicht zu flachen Kasserolle Öl und Butter zusammen heiß werden lassen und die Zwiebeln darin so lange anrösten, bis sie Farbe annehmen. Nun die Zucchinischeiben zufügen und beides unter gelegentlichem Rühren 10–12 Min. schmoren lassen. Mit ca. 1 l Wasser aufgießen (keine Fleischbrühe). Hefeextrakt zugeben, zudecken und 12–15 Min. (je nach Frucht) gut kochen lassen, bis die Scheiben weich sind. Etwas abkühlen lassen, dann mit dem Passierstab fein pürieren oder durch die Flotte Lotte passieren. Ist die Suppe evtl. zu dick, ½ bis 1 Tasse Wasser hinzufügen. Würzen und mit 4–5 EL süßer Sahne verfeinern (wer will, kann auch mehr nehmen). Nochmals aufkochen lassen und anrichten mit in Butter gerösteten kleinen Brotwürfeln obenauf. (Es ist ein Spaß, die Gäste raten zu lassen, was für eine Suppe das ist. Bei uns hat es noch niemand erraten.)

Pumpkin Soup

Kürbis-Suppe aus USA

für 6 Personen

1 kleine Zwiebel
Butter
500 g (½ l) durchpassiertes Kürbispüree (frisches oder eingefrorenes)
ca. 1 l Hühnerbrühe (evtl. Instant) oder *Kalbsbrühe*
etwas Zucker
½ TL Zitronensaft
einige Spritzer Tabasco, Salz
ca. 125 ml süße Sahne, vermischt mit
1 gehäuften EL Mondamin

In Amerika (vielleicht auch bei uns) gibt es *Kürbis-Püree* in Dosen zu kaufen. Wir können es im Herbst, wenn die schönen Kürbisse reif sind, auch selbst machen. 1 oder 2 größere Kürbisse gut schälen, zerteilen, Kerne entfernen und das Fleisch in kleine Stücke schneiden. Ein paar Minuten in kochendem Wasser blanchieren, dann durch die Flotte Lotte passieren (nicht im elektrischen Mixer) und jeweils eine Portion – ½ l (500 g) – einfrieren, aus der man diese Suppe kocht.

Die Zwiebeln sehr klein schneiden und in Butter weich dämpfen, das Kürbispüree dazugeben, nach und nach die Brühe mit Zucker, Salz, Tabasco und Zitronensaft würzen. Alles etwa 15 Min. gut durchkochen lassen, dann die Sahne, in der die Speisestärke verrührt ist (oder die Crème fraîche), einrühren, nochmals aufkochen und dann durchpassieren. Durch die Flotte Lotte ist es besser als im elektrischen Mixer – der feine Kürbisgeschmack bleibt beim Passieren besser erhalten.

Kann heiß oder kalt serviert werden. Evtl. mit kleinen, in Butter gerösteten Weißbrotwürfelchen.

Keine anderen Gewürze nehmen!

Roses Tomatensuppe

für 6–8 Personen

1500 g (Fleisch-)Tomaten, mit Schale, klein geschnitten
1–2 mittelgroße Zwiebeln, fein gewürfelt
1 mittlere Karotte
2–3 Stangen Staudensellerie (je nach Geschmack)
½ große, rote Paprikaschote, geputzt, aber ganz
6–7 EL Olivenöl
wer's mag: *1–2 dünne Scheiben Frühstücksspeck (Bacon)*
gut 1 l Wasser
Salz, Pfeffer, evtl. etwas Sellerie-Salz (nach Geschmack)
3 EL Tomatenketchup
2–3 EL gutes italienisches Tomatenmark
7 EL frische, süße Sahne
obenauf: *4 Scheiben 1–2 Tage altes Weißbrot, in kleine Würfel geschnitten*

Die Zwiebeln in Öl (evtl. Bacon dazu) andämpfen. Wenn sie anfangen, Farbe zu bekommen, die Tomaten, Karotten, den Staudensellerie und den Paprika dazugeben. Einige Male gut aufkochen lassen. Dann das Wasser zugießen, salzen und pfeffern, zugedeckt 25–30 Min. lang kochen lassen. Dann Paprika (u. Bacon) herausnehmen, alles andere durchpassieren. Mit Tomatenketchup, Tomatenmark und Sahne abschmecken. Die Brotwürfel, die zuvor in reichlich Butter goldbraun geröstet wurden, erst kurz vor dem Anrichten daraufstreuen oder extra servieren.

Statt Brotwürfel: Keine flüssige Sahne in die Suppe, sondern steif geschlagene Sahne (gleiche Menge etwa) als Klacks oben auf jede Tasse geben. Der Gast verrührt sie dann selbst.

Soupe au Pistou

Gemüsesuppe mit Pesto

Diese Suppe ist so nahrhaft, daß man hinterher – außer einem Espresso – nichts mehr braucht.

Sie ist eine mediterrane Köstlichkeit, die auch bei uns gut wird, wenn man frisches Basilikum hat – zur Not geht auch getrocknetes. Basilikum ist die »Petersilie des Mittelmeeres«. Bei unseren Bootsfahrten durch die Ägäis, rund um Mallorca und entlang der türkischen Küste, sah ich das Basilikum in dichten grünen Kugelbüschen, in Töpfen, zu beiden Seiten der Hauseingänge oder auf Treppen; sozusagen als liebenswürdigen Empfang der Gäste. Der Eintretende streift mit beiden Händen über die Blätter – und ein kostbar-würziger Geruch umfängt ihn. Das Basilikum fehlt in keinem Würzgärtlein oder Küchenhof. Meist steckt es in den lustigsten Gefäßen: alten Töpfen, Konservendosen oder aufgeschnittenen Kanistern. Kennen Sie das schöne türkische Märchen vom Basilikum-Mädchen?

Die berühmte »Alfabia« in Mallorca, das einstige Herrengut der maurischen Könige (Mallorca war 400 Jahre lang unter der Herrschaft der Mauren), hat seinen Namen vom Basilikum, das auf mallorquinisch »alfabaga« heißt.

reichlich für 6–7 Personen
deftig

200 g getrocknete kleine weiße Bohnen

250 g grüne Bohnen
200 g Karotten
250 g Fleischtomaten
250 g Kartoffeln
150 g Weißes vom Lauch
250 g Zucchini
} *alle Zutaten geputzt gewogen*

100 g kleine Muschel- oder Hörnchen-Nudeln
gut 1 l kräftige Fleischbrühe
Salz, Pfeffer, Suppen- bzw. Fleischextrakt
oder *Hefe-Steinpilz-Extrakt*
ca. 750 g gesalzenes, vom Metzger schon abgekochtes Schweinefleisch, das nicht zu fett ist

Original *ist die Suppe* nur *aus Gemüse. Das leicht gesalzene Fleisch macht sie deftiger.*

Die weißen Bohnen über Nacht in reichlich Wasser einweichen und am nächsten Tag in gut 1 l kräftiger Rinderbrühe so lange zart köcheln lassen, bis sie weich sind, aber noch nicht zerfallen. Inzwischen das Gemüse putzen und abwiegen. Die Bohnen in ca. 3 cm lange Stücke brechen, die Karotten in Scheiben, die Kartoffeln in Würfel, den Lauch in Ringe, die Zucchini in halbierte, nicht zu dünne Scheiben schneiden, und die Tomaten häuten, Kerne entfernen und in Würfel schneiden.

In einem großen Topf mit ca. 2 l leicht gesalzenem Wasser (später kann man immer noch mehr zugießen, wenn nötig) zuerst die Bohnen und Karotten ca. 12–15 Min. vorkochen, dann die Tomaten, die Kartoffeln, den Lauch und zuletzt die Zucchini zugeben. Solange zart kochen, bis alles weich ist (gut zudecken, damit nicht zuviel Dampf entweicht). Die Nudeln in einem extra Topf mit Wasser und reichlich Suppenextrakt fast weich kochen, dann abseihen.

In den großen Topf, in dem das gekochte Gemüse ist, nun die weißen Bohnen samt ihrer Brühe gießen, die abgeseihten Nudeln und das gekochte, in kleine Würfel geschnittene Fleisch (Fett weglassen) zufügen. Alles noch einmal kurz durchkochen und abschmecken. Kaum salzen, da Parmesankäse sehr salzig ist. Evtl. noch Wasser oder Fleischbrühe zugeben. Die Suppe soll dicklich sein.

Pistou *(ital. Pesto)*

ca. 35 Blätter vom großblättrigen, sehr frischen Basilikum
60–65 g geriebener Parmesankäse
4–6 EL kaltgepreßtes Olivenöl
1–2 Knoblauchzehen

Das Basilikum kleinschneiden und im Mörser mit dem geschälten und kleingeschnittenen Knoblauch zerstampfen. Nach und nach abwechselnd Öl und Käse dazugeben und alles zu einer festen Paste verrühren.

Kurz vor dem Anrichten den Pistou in die gut vorgewärmte Suppenschüssel geben, die kochendheiße Suppe unter starkem Rühren langsam dazugießen und sofort servieren.

Dazu: Baguette oder Bauernbrot und leichten, trockenen Wein.

Unsere Chinesische Suppe

Kann ohne Erbsen gut tiefgeforen werden
für 10 Personen

1 Poularde (nicht gefroren!) von 1200–1400 g
(evtl. auch die gleiche Menge zartes Suppenhuhn)
2 große Zwiebeln
1 rote u. 1 grüne Paprikaschote
2 mittelgroße Karotten
1 Stengel Lauch (das letzte Grün weglassen)
4 kleinere Tomaten
oder besser: 2 größere Fleischtomaten

Für die Brühe

½ Zwiebel
1 Stengel Lauch
2 Stengel Staudensellerie
2 Karotten
je 15 g getrocknete Morcheln oder Mu-Err (chinesische Baumpilze) oder beide Sorten gemischt
150 g Glasnudeln

Ölmischung aus

⅓ leichtem Öl (Sonnenblumen-, Distel-)
⅔ gutem Sesamöl
würzen mit Salz, Pfeffer, Sojasauce, Hefeextrakt mit Steinpilzen
⅓–½ Peperone-Schote (im ganzen lassen! getrocknet, frisch oder aus dem Glas)
1 Paket (300 g) tiefgefrorene Erbsen, mittelfein

Die Poularde enthäuten, entbeinen und in Stücke teilen. Diese dann in sehr feine Streifen schneiden. Beiseite stellen.

Brühe

In einem größeren Topf mit 2,5 l Wasser und etwas Salz das kleingeschnittene Suppengemüse mit Knochen, Haut und evtl. Füßen und Hals der Poularde (zugedeckt) ca. 1 Stunde lang gut auskochen. Abseihen und Brühe sehr kalt stellen, damit man später das überschüssige Fett abnehmen kann.

Die Morcheln 2–3 Stunden in 1 Tasse Wasser einweichen (Wasser später nicht weggießen!)

Zwiebeln, Paprika, Lauch, Karotten in Streifen schneiden, *Tomaten* enthäuten und würfeln.

Die Zwiebelstreifen in einer großen Kasserolle in der Ölmischung anbraten, bis sie beginnen, Farbe anzunehmen. Dann die Lauch-, Paprika-, Karottenstreifen und die Tomatenwürfel zugeben. Alles zusammen 3–4 Min. gut durchrösten, dann zudecken und 8–10 Min. schmoren (umrühren). Nun in einen größeren hohen Topf leeren und die entfettete Poulardenbrühe dazugießen.

In einer großen Pfanne mit der Ölmischung die feingeschnittenen *Poulardenstreifen* kurz und kräftig anbraten, aus der Pfanne nehmen und ebenfalls zur Brühe mit dem Gemüse geben.

Würzen wie angegeben. Die Peperone-Schote zum Schluß aus der Suppe entfernen. Wieviel Peperone man nimmt, hängt vom Geschmack ab: Wir z. B. mögen's schon ein wenig scharf. Man kann statt Peperone auch 1–3 kleinere, getrocknete Chili-Schoten nehmen (sie sind nur gut 1 cm lang); später ebenfalls herausnehmen.

Die Morcheln abseihen, evtl. nochmals waschen und in Ringe schneiden. Will man den starken, guten Morchelgeschmack in der Suppe haben, so kann man auch das Einweichwasser verwenden bzw. einen Teil davon. Dies aber sorgfältig durch ein Sieb mit Filterpapier gießen, wegen des feinen Sandes! Morcheln (und evtl. Einweichwasser) zur Suppe geben. Bei nicht allzustarker Hitze die Suppe nun *ca. 20 Min.* kochen (zugedeckt).

Die Glasnudeln folgendermaßen zubereiten: Ca. 3 l Wasser mit etwas Salz zum Kochen bringen, vom Feuer ziehen und die Glasnudeln einlegen. Man kann sie vorher in trockenem, hartem Zustand schneiden oder nachher, wenn sie weich und glitschig sind. Die Glasnudeln müssen im kochendheißen Wasser 3–4 Minuten nur ziehen – nicht kochen! Den Topf also nicht mehr auf's Feuer stellen. Glasnudeln mit viel kaltem Wasser abspülen, abseihen und kleingeschnitten zur fertigen Suppe geben.

Gut finden wir, wenn noch *Erbsen* in der Suppe sind. Aber *Vorsicht!* Ich habe bemerkt, daß diese Suppe, wenn Erbsen darin sind, sehr schnell sauer wird. Die Erbsen also immer nur in den Teil der Suppe geben, der bestimmt aufgegessen und nicht aufgehoben wird. Hebt man einen Teil der Suppe auf (oder friert ihn ein) dann stets ohne Erbsen. In jedem Fall sollten die Erbsen, bevor sie der Suppe beigegeben werden, in leicht gesalzenem Wasser kurz aufgekocht werden, damit sie weich und servierfähig sind.

Ein Zusatz, den ich nur ungern mache, für eilige Leute: Wenn man keine Zeit hat für das Zerlegen der Poularde und das Kochen der Brühe, so kann man Poulardenbrüste und -schlegel und Instant-Hühnerbrühe nehmen. In der Brühe sollte man wenigstens die Schlegelknochen kochen, damit sie kräftiger im Geschmack wird.

Roses Grießsuppe

für 6 Personen

4–5 EL Grieß
ca. 50 g Griebenfett vom Schwein, gut gewürzt
1–2 Eigelb
2–3 EL süße Sahne
1 ½–2 l Fleischbrühe (auch Instant)
2 mittlere Zwiebeln
Salz, Pfeffer, Sojasauce

Die Zwiebeln in sehr kleine Würfel schneiden und im Fett dämpfen, bis sie goldgelb (nicht dunkel) sind. Den Grieß dazuschütten und gut anrösten, evtl. braucht man noch etwas mehr Fett, das kann jetzt auch Öl sein. Mit der Fleischbrühe ablöschen, gut verrühren und ca. 20 Min. lang kräftig durchkochen (rühren nicht vergessen). Würzen und zum Schluß erst die Sahne und dann das Eigelb zugeben. Wenn die Zwiebeln stören: durchpassieren.

Gut dazu: geröstete, sehr dünn geschnittene dunkle Brotscheiben.

Graubündener Graupensuppe

Diese Suppe ist fast ein Hauptgericht; sie kann sehr gut tiefgefroren werden.

für 12 Personen

3 mittelgroße Karotten
2 mittelgroße Zwiebeln
1 großer Stengel Lauch, Weißes und Grünes
ca. ⅕ von einer mittelgroßen Sellerieknolle
250 g Perlgraupen
40 g Butter und
3 EL Öl
3 l leichte Fleischbrühe
oder *3 l klare Hefebrühe und/oder Gemüse-Hefebrühe (noch gesünder)*

Würzen mit
Salz (nicht zuviel), Pfeffer,
1 Lorbeerblatt,
1 Nelke
½ TL Majoran, getrocknet

3–5 dünne Scheiben Frühstücksspeck (Bacon); ist er stark geräuchert, weniger nehmen
350 g gesalzenes rohes Schweinefleisch vom Hals
oder *350 g gesalzener roher Bauchspeck*

Zum Schluß: *frische süße Sahne nach Geschmack und Belieben. (Wir nehmen reichlich.)*

Das Gemüse in sehr kleine Würfelchen (2,5 × 2,5 mm) schneiden. Die Graupen gut waschen (wie Reis) und in einem großen, hohen Topf mit Butter und Öl leicht anrösten, bis sie beginnen, sich goldgelb zu färben.

Dann die geschnittenen Gemüsewürfelchen zugeben und ca. 3–4 Min. anrösten, den Topf zudecken, die Hitze herunterschalten und weitere 8–10 Min. alles schmoren lassen. Ab und zu umrühren.

Aufgießen mit 3 l Brühe, das Fleisch oder den Bauchspeck zugeben. Alles zum Kochen bringen und zugedeckt ca. 1 Stunde lang leise köcheln lassen.

Würzen mit wenig Salz (Vorsicht: das Fleisch ist salzig!), Pfeffer, etwas Majoran, 1 Lorbeerblatt, in das 1 Nelke gesteckt ist. Wenn die Graupen gut weich sind, das Fleisch und das Lorbeerblatt mit der Nelke herausnehmen.

Am besten ist die Suppe erst am nächsten Tag, wenn die Graupen genügend aufgequollen sind. Sie wird mit beliebig viel frischer, süßer Sahne verfeinert.

Vichyssoise

Kalte Lauchcremesuppe

für 5–6 Personen

5–6 Stengel Weißes vom Lauch
1 mittelgroße Zwiebel
50 g Butter
300 g geschälte, kleingeschnittene Kartoffeln
ca. 1 l Hühnerbrühe
200 g süße Sahne
weißer Pfeffer, Salz, evtl. Fondor (kein dunkles Gewürz!)
Schnittlauch

Den Lauch putzen und in feine Ringe schneiden, die Zwiebeln fein würfeln und beides in Butter dünsten, ohne daß sie Farbe annehmen!

Die Kartoffelstückchen dazugeben, kurz durchschmoren und dann mit Hühnerbrühe aufgießen. Würzen, zudecken und langsam 30 Min. kochen. Durchpassieren, die Sahne zugeben, nochmals abschmecken und einmal aufkochen.

Durch ein Tuch passieren, völlig auskühlen lassen und mit feingehacktem Schnittlauch bestreut eisgekühlt in Tassen servieren.

Das Passieren durch das Tuch ist wichtig, da die kalte Suppe sonst nicht fein genug ist. Beim Eingießen in die Tassen vorher die Suppe gut durchrühren, da sie sich absetzt.

Roses Kartoffelsuppe

für 6–7 Personen

ca. 500 g mehlige Kartoffeln (ungeschält gewogen)
2 mittlere Zwiebeln
3 Stengel vom Staudensellerie
ca. 1 ½ l Fleischbrühe, evtl. etwas mehr, kann auch Instant sein
5 dünne Scheiben Frühstücksspeck (Bacon)
6 Frankfurter Würstchen (oder Wienerle)
Öl mit Butter u. etwas Mehl
Salz, Pfeffer, Majoran (Thymian u. Basilikum)
4–5 EL süße Sahne (oder mehr)

Die Kartoffeln schälen und in kleine Scheiben schneiden. Die Zwiebeln und den Bacon fein schneiden. Den Sellerie putzen und nur halbieren. Die Frankfurter in dünne Scheiben schneiden.

Die Zwiebeln mit dem Bacon, etwas Öl und etwas Butter andämpfen, bis sie hellgelb sind, 2–3 EL Mehl dazugeben und hell bräunen. Die Brühe aufgießen, gut verrühren, salzen und pfeffern. Die Kartoffelscheiben und den Sellerie zufügen und so lange kochen, bis die Kartoffeln gut weich sind (20–25 Min.). Dann den Sellerie herausnehmen und wegwerfen. Die Würstchenscheiben und die Sahne im letzten Moment zugeben. Würzen mit Majoran und evtl. Thymian und Basilikum. Nochmals kurz aufkochen, die Kartoffeln mit einer Gabel zerdrücken und anrichten.

Viele mögen die Kartoffelsuppe nur, wenn sie durchpassiert ist. Hier den Bacon nicht am Anfang mitrösten und mitkochen, sondern erst am Schluß, sehr fein geschnitten und in einem Pfännchen extra geröstet, zusammen mit den Würstchen in die durchpassierte Suppe geben.

Kartoffelsuppe »Mediterrane Art«

Gleiche Zutaten und Zubereitung wie im vorhergehenden Rezept. Nur statt der Würstchen:

2–3 rote Paprikaschoten, geschält und in kleine Streifen geschnitten
3 Fleischtomaten, geschält und in Würfel geschnitten

In einer größeren Pfanne dämpft man in Öl mit Butter die Paprikastreifen an, fügt die Tomatenwürfel zu und schmort alles gut durch. Evtl. ein wenig Brühe zugießen, daß es nicht anbrennt, zudecken und so lange garen, bis der Paprika weich ist (ca. 20 Min.). Dieses Gemisch fügt man der (durchpassierten) Kartoffelsuppe bei und würzt – wenn nötig – nochmals nach.

Wer's »*echt mediterran*« will, kann 1–2 Knoblauchzehen schälen, fein verwiegen und in das Öl mit der Butter geben, 1 Min. durchschmoren und erst dann Paprika und Tomaten zufügen.

Wintersuppe aus Mallorca

Eine kräftige Suppe. Eigentlich ein Hauptgericht. Hinterher einen guten Kaffee mit Apfelstrudel oder Kuchen.

reichlich für 5–6 Personen

250 g kleine weiße Bohnen
(ca. 20 Stunden vorher eingeweicht; aus Zeitgründen kann man sie auch nur 20–25 Min. etwas »vorkochen«)
90–100 g Karotten
250 g Kartoffeln
2 Stengel Weißes vom Lauch
1 kleine Zwiebel
2 Stengel Staudensellerie
300 g Kohl oder Wirsing (Wirsing dann, wenn im Spätwinter oder Frühling der Kohl zu alt und zu zäh ist)
400 g gesalzene, rohe Schweinerippchen (einzeln oder am Stück)
oder gesalzener, roher Schweinebauch (am Stück)
6 dünne Scheiben Bacon (Frühstücksspeck)
Salz, Pfeffer, Sojasauce
4 Würstchen (Frankfurter, Wienerle oder Weißwürste)

Karotten, Kartoffeln und Sellerie in kleine Stücke schneiden, den Lauch in dünne Ringe, die Zwiebel in kleine Würfel, den Kohl in etwas breitere Streifen. Das Fleisch ganz lassen, den Bacon kleinwürfeln.

Dies alles, Gemüse, Fleisch, Bacon und eingeweichte oder vorgekochte Bohnen, mit so viel Wasser zusetzen, daß es ca. handbreit darübersteht. Würzen, zudecken und auf kleiner Flamme so lange köcheln lassen (nicht kräftig kochen), bis alles weich und gar ist.

Nimmt man Rippchen, entfernt man jetzt die Knochen und schneidet sie (oder das Schweinebauch-Stück) in mundgerechte Stücke. Die in Ringe geschnittenen Würstchen gibt man erst am Schluß zu. Alles noch einmal kurz aufkochen und evtl. nachwürzen.

Dazu: Bauernbrot und evtl. Senf.

Anmerkung: Bei diesem Gericht wird in Mallorca bewußt nichts in Fett angeröstet. Rippchen (oder Schweinebauch) und Bacon haben genügend Fett und kraftvollen Geschmack.

***„WINTERSUPPE AUS MALLORCA" * 10.'87 * CM

VORSPEISEN

7 Kleinigkeiten, die wir des öfteren zu einem längeren Cocktail ohne nachfolgendes Essen geben.

Alles macht, bis auf die Kroketten, die man am Tag zuvor vorbereiten kann, nicht viel Mühe. Ich habe das meiste von mallorquinischen Hausfrauen gelernt.

1. *Käsewaffeln* (siehe: Kuchen)

2. *Mallorquinische Kroketten* (warm), sehr klein geformt, aus Huhn, Fleisch oder Fisch (siehe: Mallorquinische Gerichte)

3. *Guacamole* (Avocado-Sauce aus Mexiko), stark und scharf gewürzt, in kleinen Teigschiffchen, die man kaufen kann, mit ein paar guten Chips zum »Auslöffeln« (siehe: Saucen).

4. *Coca*, eine dünnbodige mallorquinische »Pizza«: Man belegt gekauften Pizza-Teig mit Tomaten, Zwiebeln und Paprika (ohne Käse); in mundgerechte Stücke geschnitten, lauwarm serviert.

5. *Feigenhälften* mit Bacon umwickelt: Feigenhälften, getrocknet (oder Datteln und Zwetschgen ohne Kern, getrocknet), je mit einer dünnen Scheibe Bacon (Frühstücksspeck) umwickelt, mit einem Zahnstocher zusammengehalten und auf einem Blech im Ofen von allen Seiten geröstet. Noch warm servieren oder vorher zubereiten (ist besser wegen des Geruches) und im letzten Moment wieder wärmen.

6. *Blätterteig-Halbmonde*, gefüllt mit einer Mischung von Käse, Schinken und Eigelb, resch gebacken und noch lauwarm (oder kurz aufgewärmt) serviert (Rezept nachfolgend).

7. *Quesitos tostados* (Kleine Käseschnitten, überbacken, Rezept nachfolgend)

Wird viel und länger getrunken und geplaudert, ist es am besten, wenn jeder Gast ein paar Stücke von jedem und ein Teigschiffchen voll Guacamole-Sauce auf einen Teller bekommt. Sonst – besonders, wenn es viele Leute sind – kommt die Hausfrau mit dem Servieren und der Gast mit dem Zugreifen nicht zu Rande.

Quesitos tostados

Kleine Käseschnitten, überbacken

Toastbrot oder besser: gutes Weißbrot in Scheiben schneiden. Die Scheiben ganz kurz toasten, sie sollen noch keine Farbe angenommen haben, nur ein wenig resch geworden sein. *Dick* bestreichen mit einer Mischung von weicher Butter und herzhaft schmeckendem Schmelzkäse. Diese Brote dann in kleine Quadrate von ca. 2 × 2 cm schneiden, auf ein gebuttertes Blech legen und im vorgeheizten Ofen (oberes Drittel) bei guter Hitze (220 °C) backen, bis der Käse geschmolzen ist und etwas Farbe angenommen hat. Dann *sofort servieren.*

Die Stücke dürfen nicht kalt und zäh werden! Man kann sie vorbereiten und kurz vor dem Servieren in den Ofen schieben.

Gut zu Wein, Aperitif oder als Suppeneinlage für klare Brühe, auch in legierte Gemüsesuppen.

Spinat-Gnocchi mit heller Sauce

wie ich sie in Venedig gegessen habe

für 4 Personen als Hauptgericht
für 6 Personen als Vorspeise

50 g Butter
600 g tiefgefrorener, gehackter Spinat oder ca.
750 g roher Spinat, blanchiert und durch den Wolf gedreht
180 g Schichtkäse (fester Quark)
2 Eier
70 g Mehl (= 6 gestr. EL)
30 g feingeriebener Parmesankäse (evtl. auch: Appenzeller oder Gruyère)
Salz, Pfeffer, Muskatnuß und Muskatblüte

Helle Sauce zubereiten aus:

50 g Butter
ca. 60 g Mehl (= 5 gestr. EL)
1 ½ Glas Weißwein
Milch und frischer süßer Sahne
weißer Pfeffer, evtl. Fondor
1–2 Eckchen gutem Schmelzkäse

In einer beschichteten Pfanne zerläßt man die Butter, gibt den gut abgetropften Spinat dazu und läßt ihn unter Rühren 6–8 Min. nicht zugedeckt schmoren, bis alle Flüssigkeit verdampft ist und die Masse sich von der Pfanne löst. Den Schichtkäse durchpassieren und dazurühren. Beides nochmals 4–5 Min. offen kochen, dann alles in eine größere Schüssel leeren. Die 2 leicht verrührten Eier, das Mehl, den geriebenen Käse, Salz, Pfeffer, Muskatblüte und wenig Muskatnuß daruntermischen. Etwa 1 Stunde im Kühlschrank stehenlassen, bis die Gnocchi-Mischung festgeworden ist.

In einem sehr großen, breiten Topf 6–7 l Wasser mit 2 TL Salz zum Kochen bringen. Von der Gnocchi-Masse jeweils 1 Teelöffel voll abstechen, in ein wenig Mehl wenden und mit bemehlten Händen Nocken formen (ein Grapefruitlöffel eignet sich noch besser). Erst wenn alle Nocken geformt sind, legt man sie in das kochende Wasser ein und läßt sie bei reduzierter Hitze leise köcheln. Anfangs liegen die Nocken am Boden des Topfes, dann steigen sie nach oben. Den Topf zu Beginn der Kochzeit etwas hin und her rütteln, damit sie nicht anhängen. Die fertigen Gnocchis sind etwas aufgegangen und fühlen sich fest an. Mit flacher Lochkelle aus dem Wasser nehmen und auf Küchenpapier abtropfen lassen.

In ausgebutterter, feuerfester Form nun die Gnocchis einlegen und im Ofen bei ca. 140–150 °C noch etwas trocknen lassen.

Inzwischen die Sauce zubereiten:
Butter erhitzen, Mehl darin *hell* bräunen, mit einer Mischung aus 1½ Glas Weißwein, ein wenig süßer Sahne und etwas mehr Milch ablöschen. Je nach Geschmack 1–2 Eckchen Schmelzkäse darin verkochen, würzen mit wenig Salz, weißem Pfeffer und evtl. etwas Fondor.

Die Hälfte der Sauce über die Gnocchis leeren, die andere Hälfte extra servieren.

Feingeriebenen Käse (*Parmesan*, *Schweizer*) dazu reichen.

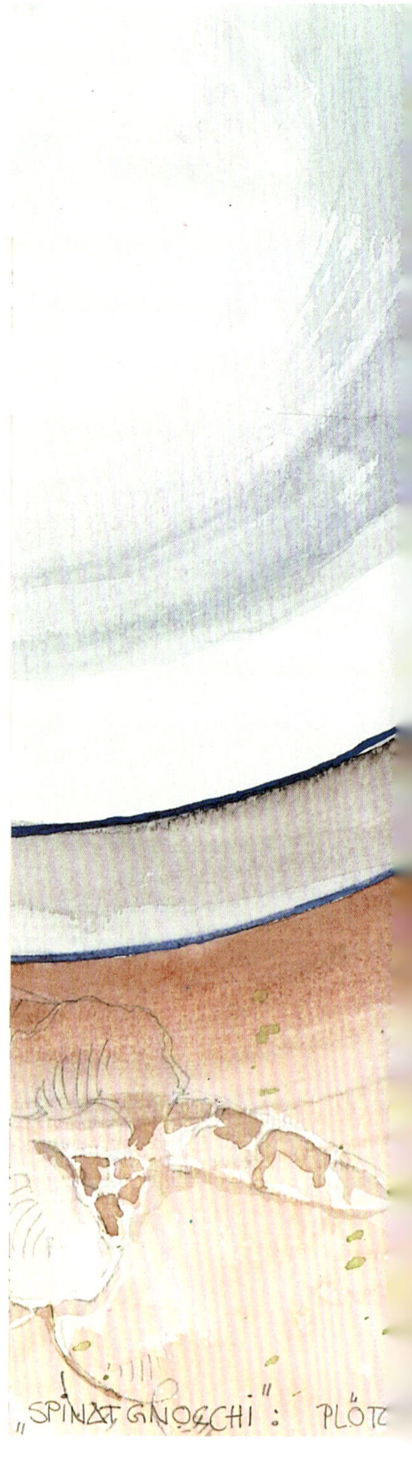

Spinat-Gnocchi

Quiche mit Spinat

Boden und Form wie nachfolgendes Rezept

350–500 g Spinat, waschen und putzen
Bechamelsauce aus Mehl, Butter und Milch
½ Tasse geriebener Käse (Gruyère, Appenzeller etc.)
2 Eier
Salz, Pfeffer, Muskatnuß, Fondor
etwas Fleischbrühe
5–6 dünne Scheiben Frühstücksspeck (Bacon)
2–3 mittlere Zwiebeln

Den geputzten Spinat (ganze Blätter, ohne Stiel) in ein wenig Fleischbrühe kurz durchkochen. Abseihen. Die Kochbrühe aufheben. Die Bechamelsauce zubereiten von ca. 2–3 EL Mehl, Butter und zur Hälfte Milch, zur Hälfte Spinatbrühe. Die ½ Tasse geriebenen Käse, den abgeseihten Spinat (nicht zerschnitten) und die 2 Eier unterrühren, würzen wie angegeben (vorsichtig mit dem Salz!). Die Baconscheiben in 2 cm kleine Stücke schneiden, anrösten (evtl. in ganz wenig Butter). Die Zwiebelstreifen zufügen und – teilweise zugedeckt – mitschmoren lassen, bis sie glasig, weich sind. Bacon und Zwiebeln nun auf den Quiche-Boden verteilen, die Spinatcreme darübergießen (sie soll dicklich sein) und auf etwas höherer Schiene bei 180 °C ⊟ ca. 25 Min. lang backen.

Roses Quiche Lorraine

Für eine Springform von 26 cm ∅

Boden:
200 g Mehl
½ TL Backpulver
100 g kalte Butter in Flocken
1 Ei
Salz, reichlich Kümmel (etwas zerstoßen)

Wie Mürbteig verarbeiten und 2–3 Stunden kalt ruhen lassen.

Variation des Bodens (so mache ich ihn oft):

½ Menge des oben angegebenen Mürbteigs und 150 g Blätterteig, tiefgefrorenen, auftauen lassen. Beide Teigsorten gut verkneten. Evtl. noch etwas Kümmel zugeben.

Den Teigboden so auswellen, daß er den Springformboden mit einem ca. 3 cm hohen Rand ausfüllt. Mit einer Gabel viele Löcher einstechen (so verhindert man, daß er sich unregelmäßig aufwölbt).

Den Ofen auf ca. 200 °C vorheizen. Bei ⊟ auf der mittleren Schiene backen, bis der Boden fest ist, aber noch nicht ganz fertig, was ca. 13–15 Min. dauert.

Den Boden etwas abkühlen lassen. Evtl. probeweise kurz aus der Form nehmen. Das geht leer besser als gefüllt.

Quiche-Fülle
5–6 dünne Scheiben Bacon, in 2-cm-Stücke geschnitten
2 Eier und 2 Eigelb
360 ml süße Sahne
¾ Tasse geriebener Käse (Gouda, Gruyère, Appenzeller etc.)
4 mittelgroße Zwiebeln, in grobe Streifen geschnitten
oder die gleiche Menge Frühlingszwiebeln, in grobe Ringe geschnitten.

Die Baconstücke in ganz wenig Butter anrösten, die Zwiebeln dazugeben. Die Pfanne zudecken und einige Minuten bei mäßiger Hitze die Zwiebeln glasig bis hellgelb schmoren. Die Zwiebeln sollen in keinem Fall dunkel werden.

Auf Küchenkrepp das Fett abtropfen lassen. Dann die Zwiebeln auf den vorgebackenen Boden in der Springform verteilen.

Die Eigelb und die Eier gut schlagen, die Sahne, den geriebenen Käse, ein wenig Salz (wenig, der Käse ist schon salzig, probieren!), Pfeffer und evtl. Muskatnuß zufügen und diese Creme jetzt auf den Bacon-Zwiebelboden gießen. Die Creme sollte nicht ganz bis zum Rand des Kuchens heraufreichen, also keine zu kleine Form nehmen. Im vorgeheizten Ofen ca. 25–30 Min. bei ca. 180 °C – jetzt auf etwas höherer Schiene – backen. Noch warm servieren.

Quiche kann noch mal aufgebacken werden. Sie eignet sich auch zum Einfrieren.

Eier im Näpfchen mit Tomatensauce

pro Person

1 Ei
2 TL Frühstücksspeck (Bacon), klein gewürfelt und ausgebraten (Fett weggießen)
2–4 EL kräftige, dickliche Tomatensauce (ohne Oregano), evtl. nicht durchpassiert
würzen mit: *wenig Salz (Bacon ist salzig) und frischem Pfeffer*

Hierfür braucht man recht kleine Portionsnäpfchen. Den Boden mit dem reschen, gerade ausgelassenen Bacon bedecken, je 1 rohes Ei einschlagen, etwas würzen und im auf ca. 200 °C vorgeheizten Ofen im Wasserbad stocken lassen. Das dauert ca. 12 Min. Die Eier sollen nicht ganz hart sein! Die Förmchen aus dem Wasserbad nehmen, die heiße, dickliche Tomatensauce darübergießen und sofort anrichten.

Eier im Näpfchen mit brauner Kapernbutter

pro Person

1 Ei
1 EL Butter
1 TL Kapern
Salz, frischer Pfeffer

In sehr kleine Näpfchen je 1 rohes Ei einschlagen, mit Salz und Pfeffer würzen und im auf ca. 200 °C vorgeheizten Ofen im Wasserbad stocken lassen. Das dauert ca. 12 Min. Die Eier sollen nicht ganz hart sein! Die Butter in einem kleinen Pfännchen zerlassen und erhitzen bis sie *gold*braun (nicht dunkel!) ist, die Kapern dazurühren und über die gestockten Eier gießen. Sofort servieren.

Gefüllte Eier

(einfach)

Die Eier in kochendes Wasser legen und ca. 10 Min. hartkochen, schälen und halbieren. Das Eigelb herausnehmen und mit einer Gabel zerdrücken, durchpassieren und vermischen mit:

ein wenig Tomatenketchup
Mayonnaise (feste)
ein wenig Worcestershire-Sauce
Dijon-Senf
Pfeffer und Salz

Die Masse sollte nicht zu flüssig werden. In einen Spritzbeutel füllen, in die Eihälften spritzen und schön aufhäufen.

Variationen:

- mit Curry und Mayonnaise
- mit Anchovis (fein zerdrückt oder Paste) und Crème fraîche
- mit Remoulade, ein paar zerdrückten Kapern und fein geschnittenem Schnittlauch

Eier in Curry-Sauce auf Toast

pro Person

1 hartgekochtes Ei
1 Scheibe Toastbrot
Bechamelsauce aus 30 g Butter, 30 g Mehl und
⅓ Tasse Fleischbrühe, ⅓ Tasse Milch
Madras-Curry, Salz, etwas Pfeffer

Die Eier hart kochen, abschrecken, schälen und in runde Scheiben schneiden.

Die Bechamelsauce sehr dicklich und gut würzig zubereiten.

Den Toast etwas rösten, leicht mit Butter bestreichen. Die Eierscheiben darauf verteilen und die sehr heiße Curry-Sauce darübergießen.

Sofort auf gewärmten Tellern als Vorspeise servieren.

Eier in falschem Schildkröten-Gelee

für 4 Personen

400 ml feinste Mockturtle-Suppe (aus der Dose)
mit 60 ml guter Fleischbrühe auffüllen, die mit etwas Curry gewürzt ist.
4 bzw. nur 2* *Eier, gekocht mit einem kleinen Rest von weichem Kern*
2–3 *Scheiben sehr frischer gekochter Schinken, dünn geschnitten*
oder
4–6 Scheiben Lachsschinken, ebenfalls dünn geschnitten
weiße Gelatine für ½ l Flüssigkeit (6 Blatt oder 1 Beutel gemahlene)
ein wenig großblättrige Petersilie oder Schnittlauch

Aus Mockturtle-Suppe (klare Fleischbrühe nach Art der Schildkrötensuppe), Fleischbrühe und Gelatine das Gelee zubereiten. Kleine Förmchen oder Tassen zu einem Drittel füllen und kalt stellen. Wenn das Gelee fest geworden ist, feinstgeschnittene Streifen vom Schinken und ein paar kleine Petersilienblättchen oder etwas feingeschnittenen Schnittlauch in jede Tasse streuen.

Je nach Belieben ein ganzes oder ein halbes Ei einlegen.

Den Rest des Gelees nochmals leicht erwärmen, bis es wieder flüssig (aber nicht heiß) ist. Über die Eier gießen und 10–12 Stunden im Kühlschrank lassen, dann erst stürzen.

Zu Toast (Weißbrot) und Butter.

In der Form hält sich das Gelee gut 2 Tage.

* Man kann auch jeweils nur eine *Eihälfte* in die Förmchen geben, wenn einem ein ganzes Ei zuviel erscheint.

Salat von Krabben, Avocado und Tomaten

Vom Chefkoch des Kahala-Hilton-Hotels auf Hawaii. Er hat mir nicht alle Zutaten verraten. Ich habe so lange probiert, bis ich sie herausfand.

für 4 Personen

400 g Krabben (kleine Bay Shrimps, Gambas)
Kopfsalat zum Bedecken von 4 Salattellern
4 mittelkleine Tomaten
1 reife Avocado (ersatzweise: 4 hartgekochte Eier)

Sauce

1 Tasse (235 ml) Öl (kein Olivenöl!)
¼ Tasse (knapp 60 ml) milder Obstessig (wenn der Essig scharf ist, weniger nehmen oder mit Wein verdünnen)
1 TL Dijon-Senf
1 TL Selleriesamen, im Mörser fein zerstampft
ersatzweise: *1 Stengel Staudensellerie, klein geschnitten, zerstampft mit Selleriesalz*
½ TL Worcestershire Sauce
2 TL Teriyaki Sauce
weißer Pfeffer, etwas Fondor, Salz (ganz wenig, wenn Selleriesalz verwendet wird)
1 TL Honig
1 gehäufter TL Johannisbeergelee
2 gehäufte TL bestes Mango Chutney
½–1 Zehe Knoblauch
1 hartgekochtes Ei, klein zerhackt.

Alles – außer dem Öl – mit dem Passierstab oder im Sichelmesser-Mixer verrühren. Zum Schluß langsam das Öl zugießen und gut vermischen. Es entsteht eine gelbrötliche, sämige Sauce. Das Öl ist völlig mit den anderen Zutaten vermischt.

Auf großen Tellern ein mehr oder weniger großes Bett von etwas zerkleinertem, trockenem Kopfsalat (roh) bereiten. Die Krabben in der Mitte als kleinen Berg aufhäufen und drumherum 4 kleine Tomatenviertel und 4 Stücke Avocadofleisch legen. (Die Avocado erst im letzten Moment schälen und schneiden, damit sie nicht braun wird, evtl. mit Zitronensaft einreiben).

Die Sauce *separat dazu* servieren.

Dazu: Toastbrot oder Baguette-Brot; trockener Weißwein, Rosé oder Champagner.

Als Vorspeise kann man etwas weniger Krabben verwenden (ca. 80 g pro Person).

Blätterteighalbmonde, gefüllt

300 g Tiefkühlblätterteig
ca. 125 g Schinkenwurst oder gekochter Schinken
ca. 125 g Gruyère, Gouda, Appenzeller (gerieben)
1 Eigelb

Die Schinkenwurst (oder den Schinken) ganz fein schneiden, den Käse reiben. In einer Schüssel mit dem Ei vermischen (nicht salzen! evtl. etwas grob gemahlenen Pfeffer, wenn es pikant sein soll).

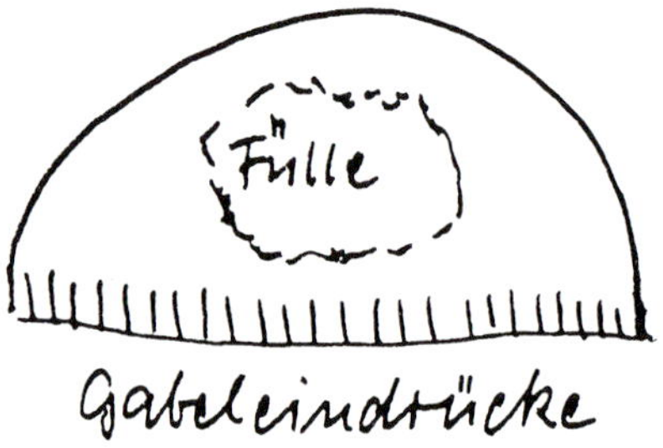

Den Blätterteig ca. 2 mm dünn auswellen und runde Plätzchen von ca. 6 cm ∅ ausstechen. Auf jedes Plätzchen 1 TL Fülle geben. Die Ränder des Teiges mit Eiweiß bestreichen, zuklappen, so daß ein Halbmond entsteht. Den zugeklappten Rand mit den Spitzen einer Gabel gut zudrücken, das hält fest und sieht hübsch aus. Ofen auf 200–220 °C vorheizen. Die Halbmonde auf ein gefettetes Blech legen und ca. 25 Min. auf mittlerer Schiene backen, bis der Teig resch und goldgelb bis hellbraun ist. Noch lauwarm essen. Wenn das nicht geht, vorbacken und vor Verzehr nochmals bei 100–150 °C aufwärmen.

Gut zu Wein oder zum Aperitif.

Blätterteighalbmonde gefüllt
Bei Neumond sind sie kaum sichtbar

Fisch

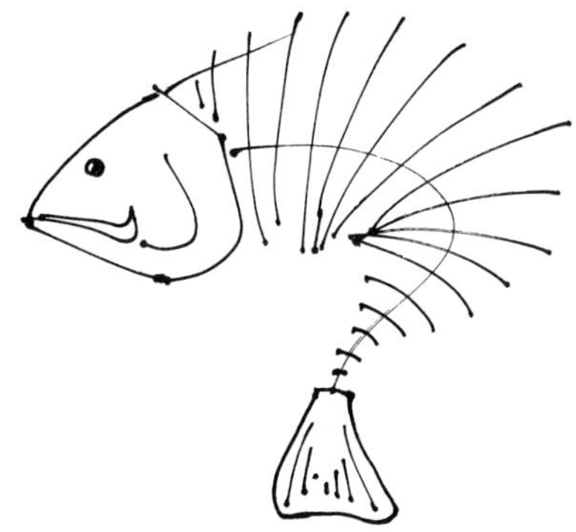

Marinierte Heringe

vom Restaurant »Halali« in München, 1949

Dieses einfache Rezept hat den Vorteil, daß die Heringe sofort serviert werden und nicht 2 Tage im voraus zubereitet werden müssen.

pro Person

2 schöne, große Matjes-Heringsfilets
1/6–1/4 milde Gemüsezwiebel
1/4–1/3 Äpfel, mürbe Sorte
1 EL feste Mayonnaise
3 EL steifgeschlagene, ungezuckerte Sahne
1 EL Haselnüsse, gerieben oder fein gewiegt

Die Filets abgetrocknet auf Teller legen. Die Zwiebeln in nicht zu dicke Halbringe schneiden, die Äpfel schälen, putzen und in feine Scheibchen schneiden. Mayonnaise und Schlagsahne mit den Zwiebeln und Äpfeln mischen und 1 Stunde ziehen lassen. Abschmecken und evtl. 1 Prise Zucker darangeben.

Kurz vor dem Anrichten die Marinade über die Heringsfilets geben und die Haselnüsse darüberstreuen.

Dazu: heiße, mehlige Salzkartoffeln.

Marinierte Heringe nach Rose

2 Tage vorher zubereiten

für 6 Personen als Hauptgericht
für 12 Personen als Vorspeise

16 schöne, feste und große Filets von besten Matjesheringen
2 große, milde Zwiebeln (zusammen ca. 400–450 g)
1–2 mürbe Äpfel
2–3 beste Gewürzgurken
1 knappes Päckchen (2 EL) Heringsgewürz
1 TL Zucker
6 EL Wasser
5 EL bester Weinessig
2 Becher Joghurt
½ l saure Sahne (25 % Fett)
¼ l süße Sahne

Früher verwendete man ganze Salz- oder Matjesheringe aus der Salzlauge, besonders solche mit Milchner (männliche Fische). Man mußte sie umständlich putzen und filetieren und viele Stunden lang wässern. Das Milchner wurde mit ein wenig Milch durch ein Sieb gedrückt und zur Sauce gegeben. Heute hat man fertig geputzte Filetstücke vom besten Matjes, meist schon vorgewässert und in einer öligen Brühe eingelegt. Das Milchner freilich fehlt!

Die Matjesfilets aus der Packung nehmen. Steht auf der Packung: »schon vorgewässert«, so genügt das. Steht nichts darauf, so probiert man ein Stückchen. Wenn sie zu salzig sind, wässert man die Filets in einer Schüssel unter stark fließendem kaltem Wasser 10–15 Min. lang (zwischendurch nochmals probieren). Mit Küchenkrepp die Filets abtrocknen und in 5–6 cm große Stücke schneiden.

Die Zwiebeln halbieren und in dünne Ringe schneiden, die Gurken in feine Blättchen. Die Äpfel schälen, vierteln und in Scheibchen schneiden. Etwas Zitronensaft untermischen, damit sie nicht zu braun werden.

Das Heringsgewürz mit Zucker und Wasser zugedeckt einige Minuten kochen, den Essig zufügen und offen noch einige Momente weiterkochen, bis die Flüssigkeit ca. auf die Hälfte reduziert ist. Durchseihen und zusammen mit Joghurt und saurer Sahne unter die Heringsstücke mischen. Zwiebeln, Gurken und Äpfel dazu, alles gut vermengen. Zudecken und an kühlem Ort 1 ½ Tage lang durchziehen lassen. Erst dann haben sich Hering, Salz, Sahne, Zwiebeln und Äpfel etc. zu einer schmackhaften Einheit vermischt!

Erst eine Stunde vor dem Anrichten die süße Sahne steif schlagen und leicht unter die eingelegten Heringe ziehen. Jetzt an einem warmen Ort stehen lassen. Inzwischen die Kartoffeln kochen.

Marinierte Heringe nach Rose

Die Heringe halten sich (gut verschlossen und kühl) ca. 4 Tage. Immer nur so viel süße Schlagsahne zufügen, wie man im Moment Heringe braucht!

Dazu: Pellkartoffeln oder Salzkartoffeln
und bei uns: Endiviensalat
ein herbes Bier

Fischsuppe aus Mallorca

für 6–8 Personen

ca. 800 g (netto gewogen) 3–4 Sorten besten, ganz frischen Fisch
bei uns in Deutschland z. B. Steinbutt, Salm, Lotte (Seeteufel), fester weißer Heilbutt
ca. 600 g Gambas *(= King Prawns = Riesengarnelen), frisch oder tiefgefroren*
ca. 200–250 g kleine, zarte Calamares, frisch oder tiefgefroren
gute, kräftige Fischbrühe (siehe Rezept Fischbrühe aus Mallorca, S. 53)
1 große Zwiebel
1 ½ Tassen Tomaten, geschält und kleingeschnitten
1–2 Knoblauchzehen
Öl (kein Olivenöl)
1 ¼ Tassen frische oder tiefgefrorene Erbsen
Petersilie, Dill
Salz, ein wenig weißer Pfeffer, 1 Fingerspitze Safranfäden
1–2 Glas trockener Weißwein
wenn erhältlich: Leber von Lotte, zusammen verarbeitet mit 2 Eigelb und 1 ganzen Ei
ersatzweise: 400 ml gute Hummersuppe (aus der Dose)

Die sehr fein gewürfelten Zwiebeln mit den geschälten, ganzen Knoblauchzehen in einem großen Suppentopf in reichlich Öl ca. 5 Min. andünsten. Die geschnittenen Tomaten zugeben und weitere 8–10 Min. dünsten. Eine Handvoll feingewiegte Petersilie und ebensoviel feingeschnittenen Dill zugeben, salzen, die Safranfäden beifügen und mit 7–8 Tassen der vorbereiteten Fischbrühe auffüllen.

Die Garnelen in Wasser 4–5 Min. kochen, damit man sie schälen kann.

Die Calamares gut waschen, putzen und die Körper in Ringe von ca. ½ cm schneiden.

Nebenher die Erbsen in Salzwasser weichkochen.

Die Fische putzen, waschen und in mundgerechte Stücke schneiden. Die Fischbrühe mit Zwiebeln, Tomaten und Gewürzen erhitzen. Fischstücke, geschälte Garnelen und Calamares-Ringe einlegen und alles 25–30 Min. leicht köcheln lassen, bis auch die härtesten Fischstücke (z. B. Lotte) weich sind. Wenn einige weichere Fischstücke etwas zerfallen, so macht das nichts, es macht die Suppe sämig.

Verwendet man Lotte-Leber, so kocht man sie mit, nimmt sie nach 20–25 Min. wieder heraus, schneidet sie sehr klein und zerstampft sie im Mörser. Man passiert sie durch und verrührt sie mit 2 vorher gut geschlagenen Eigelb und 1 ganzen Ei. Diese Mischung oder die Hummersuppe aus der Dose gibt man an die Fischsuppe und kocht alles nochmals ca. 5 Min. Ebenso gießt man 1–2 Glas Weißwein dazu.

Servieren mit feinen, dünnen Brotscheiben, die in Butter geröstet sind.

Dazu: trockenen Weißwein oder Rosé

P. S.: In einer Original-Fischsuppe werden Muscheln verwendet. Ich verzichte bewußt darauf, weil mir Austern und Muscheln heutzutage einfach zu ungesund erscheinen.

Unsere Fischsuppe »Chinesische Art«

für gut 6 Personen

1000–1200 g Lotte (Seeteufel), mit dem Wirbelknochen gewogen
ca. 400 g Fleischtomaten
1 mittelgroße Zwiebel
2 Stengel Weißes vom Lauch
ca. 200 g roter Paprika
10 g getrocknete Mu-Err-Pilze oder Morcheln, 2–3 Std. einweichen
100–150 g Glasnudeln; wenn man die Nudeln gern hat, die größere Menge nehmen
2 EL Öl (kein Olivenöl), evtl. Sesamöl
1–1,5 l Kalbsbrühe (oder evtl. Instant-Hühnerbrühe)
Salz, Pfeffer, Sojasauce, etwas Hefeextrakt mit Steinpilzen
ca. ¼ Peperone (frisch, getrocknet oder aus dem Glas)
evtl. einige Tropfen Tabasco oder ¼–⅓ TL Sambal Badjak (beides ist scharf)

Den Fisch putzen und in kleine Stücke von 2,5 × 3,5 cm schneiden. Die Tomaten häuten, vierteln und die Kerne herausdrücken; in kleine Würfel schneiden. Die Zwiebel ebenfalls würfeln, den Lauch in Ringe schneiden. Den Paprika schälen und in schmale Streifen schneiden. Die eingeweichten Pilze abseihen, gut waschen (Sand!) und etwas kleinschneiden (Das Einweichwasser bei diesem Rezept nicht verwenden). Das Stück Peperone ganz lassen.

In nicht allzuviel Öl in folgender Reihenfolge anbraten: zuerst die Zwiebeln, bis sie glasig, aber nicht dunkel sind, dann die Paprikastreifen, später die Pilze, den Lauch und zum Schluß die Tomaten. Gut umrühren und zugedeckt alles ca. 10 Min. schmoren lassen.

Die rohen Fischstücke einlegen und alles nochmals 4–5 Min. schmoren. Dann die Brühe zugießen, das Peperone-Stück zufügen, würzen wie angegeben. Man kann reichlich Sojasauce nehmen, muß aber dann das Salz reduzieren. Bei schwacher Hitze ca. 13–15 Min. köcheln lassen, bis die Fischstücke gar sind (sie bleiben beim Seeteufel stets etwas fest, zerfallen nicht).

Glasnudeln: Inzwischen ca. 3 l Wasser mit etwas Salz zum Kochen bringen, vom Feuer ziehen und die Glasnudeln einlegen. Sie müssen im kochendheißen Wasser 3–4 Min. zugedeckt ziehen – nicht kochen! Den Topf also nicht mehr auf die Herdplatte stellen. Mit viel kaltem Wasser abspülen und abseihen. Kleinschneiden und zur Fischsuppe geben.

Alles nochmals aufkochen und evtl. nachwürzen. Diese Suppe soll deftig und schon ein wenig scharf sein. Evtl. 2–4 Tropfen Tabasco oder ¼–⅓ TL Sambal Badjak hinzufügen. Sambal Badjak ist sehr scharf, aber gut; es verliert seine Schärfe beim Kochen etwas. Das Peperone-Stück zum Schluß herausnehmen und wegwerfen, es ist zu scharf für den Magen.

Dazu: Bauernbrot oder Baguette, dünn geschnitten, im Ofen geröstet.

Fischsuppe – chinesische Art

Roses Shrimps mit Bacon, asiatisch

San Diego, 1986

für 4 Personen

500 g mittelgroße rohe Shrimps, ohne Schale gewogen
250 g Frühlingszwiebeln, geputzt gewogen; es kann noch ein wenig vom Grün daran sein
5 EL Tio-Pepe-Sherry
2 gestr. EL feinstgeriebene frische Ingwerwurzel
250 g sehr frischer Frühstücksspeck (Bacon), in dünnen Scheiben
1 EL Öl (kein Olivenöl) zum Braten
5–6 Tropfen »Hot Oil« (ein sehr scharfes chinesisches Würzöl)
¼–⅓ Tasse Hühnerbrühe (evtl. Instant)
2 schwach gehäufte TL Mondamin
1 gehäufte Tasse tiefgefrorene oder frische Erbsen (letztere kurz blanchiert)
1 kleine Dose (250 g) Wasserkastanien, in schmale Scheiben geschnitten
Pfeffer, Salz (keinerlei Sojasoße!)

Die Shrimps aus der Schale brechen, den Venendarm entfernen. Die größeren der Länge nach halbieren, die kleineren ganz lassen.

Die Frühlingszwiebeln putzen, ein wenig vom zarten Grün dranlassen, in 2–3 cm lange Schrägstreifen schneiden.

In einer Schüssel eine Marinade herstellen: Den Sherry mit dem geriebenen Ingwer mischen. Darin die Shrimps und Frühlingszwiebeln ½–¾ Stunde lang marinieren.

Den Bacon in 1 cm lange Streifen schneiden und resch ausbraten, alles Fett abgießen, warmstellen.

Nach dem Marinieren: Öl und Hot Oil im Wok (oder in der Pfanne) sehr heiß werden lassen und darin die marinierten Shrimps und Zwiebeln mit dem Marinadensaft kurz braten (nur ca. 2 Min.). Dann die gefrorenen (oder blanchierten) Erbsen und die Wasserkastanien zugeben, nochmals eine gute Minute lang rühren. Die Hühnerbrühe und das aufgelöste Mondamin zufügen, gut umrühren und zugedeckt 2 Min. schmoren lassen, bis die Erbsen mehr knackig als weich sind. Die Wasserkastanien kommen fast gar aus der Dose und bleiben knackig.

Abschmecken mit Pfeffer und Salz. Durch das Hot Oil und den Ingwer ist das Gericht ohnehin schon gut scharf. Wer es noch würzig-schärfer will, füge noch 2–3 Tropfen (Vorsicht!) mehr Hot Oil zu.

Evtl. etwas mehr Hühnerbrühe zugießen, falls zu dick. Sofort servieren.

Dazu: Weißer Reis; am besten ist japanischer, der wunderbar schmeckt und stäbchengerecht klebt. Sake (Reiswein), gut warm in kleinen Bechern serviert. Auch Bier ist gut!

Fischbrühe aus Mallorca

1 größere Zwiebel
1–2 Knoblauchzehen
2 große Tomaten
1 Stengel Lauch
1–2 Karotten
1 Lorbeerblatt
Salz
Fischköpfe und Gräten von Edelfischen (Lachs, Butt, Seezunge etc.)
geschmacksneutrales Öl oder Olivenöl

Das Gemüse putzen und kleinschneiden. Die Tomaten brühen, schälen und kleinschneiden. In einen großen Suppentopf gibt man etwas Öl, dann die geschälten, ganzen Knoblauchzehen und die kleingewürfelten Zwiebeln, etwas später die Tomaten hinein und dünstet alles 5–10 Min. Das restliche Gemüse, die Fischköpfe und Gräten zugeben. Einige Zeit schmoren lassen. Dann mit so viel Wasser aufgießen, daß alles gut damit bedeckt ist. Zudecken und etwa 1 Stunde lang kochen lassen.

Abseihen und wie Fleischbrühe kühl aufbewahren.

Statt *Wasser* kann man für feine Fischgerichte und Fischsuppen *Kalbsknochenbrühe* nehmen. Nimmt man Olivenöl, ist es typisch spanisch.

Krebssuppe

wie mein Mann Hugo sie gern hat

pro Person

6–8 Krebse, gekocht und ausgenommen (siehe vorheriges Rezept)
Krebsbrühe, abgeseiht
frischer Dill, fein geschnitten
reichlich in kleinste (ca. 2 × 2 mm) Würfel geschnittene, gekochte Karotten
evtl. ebenso fein geschnittener Staudensellerie (Knollensellerie ist zu stark im Geschmack)
für 4 Tassen: ca. 2 EL feinster Cognac (je nach Geschmack)
ca. 60 g frische Butter

Die Krebsbrühe zum Kochen bringen. Die kalte Butter mit dem Schneebesen fest einrühren, den Dill und die Krebse zugeben und einmal kurz aufkochen. Zum Schluß mit dem Cognac abschmecken.

Karotten und evtl. Sellerie extra kochen und erst am Schluß so viel in jede Suppentasse geben, wie es einem richtig erscheint. Es sollte keine »Gemüsesuppe« werden!

Krebse, im Sud gekocht, und Krebsbrühe

pro Person 8–10 Krebse

Sud: ca. 3 l gute Rindfleisch- oder besser Kalbsbrühe
1 Stengel Lauch
1 Karotte
würzen: Salz, Kümmel (ganze Körner), etwas getrockneten Dill, viel frischer Dill

Die Brühe mit dem Gemüse, das in sehr feine Streifen geschnitten wurde, kochen. Der frische Dill, mittelfein geschnitten, kommt erst in den letzten 2–3 Min. dazu. Evtl. nachwürzen. Die Brühe soll kräftig schmecken, so daß man sie schon jetzt trinken könnte. Zuviel Kümmel macht sie bitter. Probieren!

Ein sehr großer, mehr breiter Topf ist günstig zum Krebse kochen:

Die Krebse müssen frisch und lebend sein. Brustpanzer, Scheren und Schwanz mit einer starken Handbürste gut putzen. Dabei an den Scheren so halten, daß sie nicht zwicken können.

Die Brühe zum Kochen bringen und immer 4–5 Krebse auf einmal in die stark sprudelnde Brühe geben. Die Krebse sind sofort tot und ziehen ihre Schwänze ein. Kochzeit ca. 3–4 Min., bis die Panzer schön hellrot geworden sind. Dann mit der Fleischzange schnell herausnehmen, abtropfen lassen und warm stellen. Sofort die nächsten Krebse kochen.

Achtung: Hat man viele Krebse zu kochen, so verdampft viel von der Brühe, und die Consommé wird möglicherweise zu salzig und zu konzentriert. Probieren und tassenweise klares heißes Wasser nachfüllen und warten, bis die Brühe wieder sprudelnd kocht.

Sind alle Krebse gekocht, seiht man die Brühe ab und serviert sie in Tassen, nach Belieben mit etwas geschnittenem frischem Dill darin.

Die Krebse kann man aus der Schale lösen und in die Brühe legen als Suppe.

Oder man ißt sie – viel lustiger! – extra. Jeder macht seine Tiere selber auf.

Man serviert sie in feuerfester Glasschüssel auf einem Rechaud in reichlich Brühe. Große Servietten oder Lätzle und Fingerschalen mit Zitronenscheiben bereithalten.

Dazu braucht man: viel Zeit und einen guten, sehr trockenen Weißwein.

„NICHTS ALS SCHEREREIEN", SAGTE DER FLUSSKREBS. (ASTACUS CAMBER)
FÜR STEFFEN BARTH
CM
21. 3.'89

Roses Seefisch mariniert

für 4 Personen als Hauptgericht
für 6–7 Personen als Vorspeise

*4 Portionen (ca. 800 g netto) Edel-Seefisch. Am besten eignen sich:
Salm, Steinbutt, heller Heilbutt (keine Seezunge, sie ist zu weich)*
Salm und Steinbutt vom Händler in längliche Filets schneiden lassen, der Heilbutt kann in Scheiben gekauft werden.
Butter (wenn der Fisch gebraten wird)
gut 1 l Kalbsbrühe (ersatzweise Rinderbrühe) entfettet (zum Garziehen des Fisches und zur Marinade).
350–500 g milde Zwiebeln (je nach Geschmack mehr oder weniger)
bester Weißweinessig oder Champagneressig
1–2 Lorbeerblätter
Pfeffer und Salz
etwas Fondor
1 gute Prise Zucker
reichlich (1–2 Bund) frischer Dill (ersatzweise: 2–3 TL getrockneter)
4 EL Crème fraîche oder saure Sahne

Den Fisch entweder zart in Butter braten (nicht bräunen, nicht zu stark braten) oder in der entfetteten Brühe mehr garziehen als kochen.

Erkalten lassen und dann mit spitzen Fingern (ja nicht mit dem Messer schneiden) seiner Struktur gemäß in kleine Stücke zerteilen, dabei sorgfältig alle eventuellen Gräten entfernen. Je zarter der Fisch gebraten bzw. je genauer er – auf den Punkt – pochiert wurde, desto besser läßt er sich teilen.

Marinade

In der Brühe kocht man mit dem Lorbeerblatt die Zwiebeln, die man in gleichmäßig dünne Halbringe geschnitten hat, ca. 5 Min., bis sie ein wenig weich, aber noch bißfest sind. Man würzt mit reichlich Essig, Salz, Pfeffer, Fondor und etwas Zucker. Die Marinade soll kräftig und gut säuerlich sein, da der Fisch viel davon absorbiert. Den feingehackten Dill erst gegen Ende zugeben.

Die Marinade abkühlen lassen, dann die Crème fraîche einrühren (oder die saure Sahne). Ist sie ganz erkaltet, nochmals probieren und nachwürzen, wenn nötig.

Die zerteilten Fischstücke in einer entsprechend großen flachen Schüssel anordnen und die kalte Zwiebel-Dill-Marinade darübergießen. Zudecken und, sehr kalt gestellt, 10–12 (evtl. auch 24) Stunden durchziehen lassen.

Ca. 1 Stunde vor dem Anrichten in Zimmertemperatur bringen (aber nicht länger).

Anmerkungen: Die Marinade geliert im Kalten etwas und wird bei langem Stehen in Zimmertemperatur wieder weicher.

Fischstücke, die beim Braten oder Pochieren sehr weich wurden, verfestigen sich wieder, wenn sie in der Marinade liegen.

Dazu: Salzkartoffeln, wenn es als Hauptgericht gereicht wird.
Toast (oder Bauernbrot) mit Butter, wenn es als Vorspeise serviert wird.

Forellen in Folie

pro Person

1 Forelle und starke Alufolie
Zitronensaft
Butter, Salz und wenig weißer Pfeffer
evtl. Dill und Petersilie

Die Forellen gut waschen (besonders innen), mit Salz und weißem Pfeffer (sehr wenig) innen und außen einreiben.

Wer Kräuter mag: Dill und Petersilie sehr fein verwiegen und einen kleinen TL voll in den Bauch der Forelle geben, je nach Geschmack den Fisch auch außen bestreuen.
1 TL zerlassene Butter in den Bauch gießen und mit 1 TL Zitronensaft den Fisch von außen und innen beträufeln.

Die Alufolie so schneiden, daß die Forelle eingepackt werden kann (nur einfache Folienschicht). Die Folie reichlich mit zerlassener Butter bestreichen. Den Fisch gut einwickeln. Die Enden fest zudrücken und nach oben biegen, so daß kein Saft auslaufen kann. Den Ofen auf 230–250 °C vorheizen. Ein tiefes Blech in die mittlere Schiene einsetzen und die Fischpakete je nach Größe 25–30 Min. garen, größere Fische etwas länger.

Dazu: Salzkartoffeln; grünen Salat; Gurkensalat

„Forelle
CHARLIE

Forelle in Alufolie

Pescado al horno aus Mallorca

Fisch im Ofen

für 4 Personen

1 ganzer Fisch (ca. 1500–1700 g oder 4 dicke Portionsscheiben von einem Fisch, der saftig bleibt; es eigenen sich folgende Fische:
– Steinbutt
– weißer, fester Heilbutt
– St.-Petersfisch (span. Gallo)
– rote Meerbrasse
– Zahnbrasse (span. Denton)
– echte Goldbrasse (franz. Dorade)
⅓–½ Tasse Öl
6–7 mittelgroße Kartoffeln
2 Bund »Azelga« (Mangold)
ersatzweise: 500 g Spinat (evtl. gemischt mit Sauerampfer)
2 mittelgroße Zwiebeln
2 mittelgroße Fleischtomaten
4 zarte, hellgrüne, längliche Paprikaschoten
ersatzweise: *2–3 rote, grüne oder gelbe normale Paprikaschoten*
3 kleine Handvoll frische Pinienkerne (probieren, ob sie frisch sind)
2–3 kleine Handvoll Rosinen, heiß gewaschen

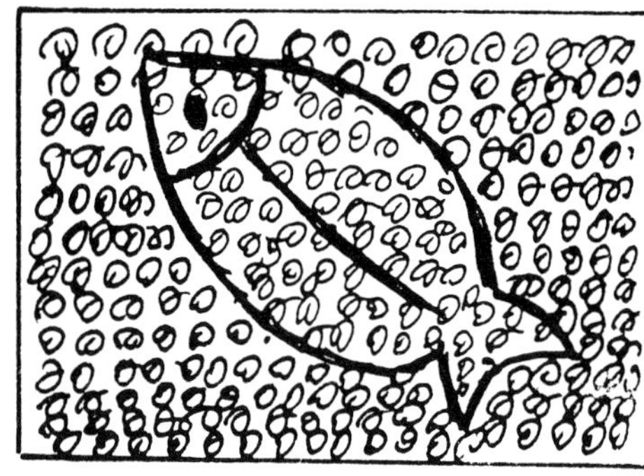

Die Kartoffeln in der Schale ¾ weich kochen, schälen und in nicht zu dünne Scheiben schneiden.

Mangold (bzw. Spinat u. Sauerampfer) waschen, die harten Mittelstrünke (bzw. Stiele) herausschneiden. Gut salzen und beschwert 10 Min. ziehen lassen. Dann fest ausdrücken (nicht erschrecken, wenn es jetzt sehr wenig erscheint!). In Streifen schneiden.

Die Zwiebeln in kleine Würfel schneiden.

Die Tomaten häuten, Kerne ausdrücken und in Würfel schneiden, der Saft beim Kerneausdrücken kann verwendet werden. Den hellgrünen, zarten Paprika ohne zu schälen in kleine Würfel schneiden. Den normalen festeren schälen und ebenfalls klein würfeln.

In ein großes, tiefes Backblech das Öl gießen und die – leicht gesalzenen – Kartoffelscheiben darauf verteilen. Die geschnittenen Azelga (Mangold)-Blätter darüber, die gewürfelten Zwiebeln, Tomaten und Paprika daraufgeben. Nochmals leicht salzen und etwas pfeffern.

Zum Schluß die Pinienkerne und Rosinen darüberstreuen. Den ganzen Fisch (innen gewürzt) oder die Portionsscheiben (nur leicht gewürzt) quer auf das Blech mit dem Gemüse legen, eindrücken, so daß der Fisch in einer Mulde liegt. Mit zarten Fingern das »Zugemüse« (ohne die Kartoffeln) von den Seiten her so über den Fisch schieben, daß er völlig damit bedeckt ist und zugleich noch im Gemüsebett liegt. 3 dicke Zitronenscheiben obenauf plazieren und evtl. noch 1–2 EL Öl darübergießen. Mit einem zweiten tiefen Backblech zudecken (wenn man keines hat: dicke Alufolie verwenden). – Den Ofen auf 200 °C vorheizen. Blech in die Mitte des Ofens schieben und ca. 30–45 Min. garen (je nach Fischart und -größe). Nach 10 Min. auf 175 °C zurückstellen. Nachprüfen, wann der Fisch gar ist. Er darf nicht übergart sein, soll aber auch keine halbrohen Stellen mehr haben! Der Fischsaft vermischt sich langsam mit dem Gemüse und gibt ihm guten Geschmack!

Anrichten: Den Fisch (ganz) auf eine Platte legen. Das Zugemüse mit den Kartoffeln in eine Schüssel geben.

Dazu: trockener Weißwein oder Rosé.

Rape à la Americana aus Mallorca

Seeteufel in Sauce flambiert

Rape (span.) = *Lotte* (franz.) = *Seeteufel.* Ein häßlich aussehender Fisch – ähnlich dem Rochen – mit riesigem Kopf und Wirbelknochen statt Gräten. Sein Fleisch ist fest wie das von jungem Hummer und zerfällt nicht beim Kochen. Der Fisch wird in Deutschland (leider!) meist ohne Kopf und Innereien verkauft. Wenn man ihn – wie auf Mallorca – im ganzen und frisch kaufen kann, ergeben der Kopf und die Wirbelknochen eine herrliche Fischbrühe. Die Leber wird in diesem Rezept auch verwendet.

pro Person

220–250 g Seeteufel, netto gewogen (nur das Fleisch ohne Knochen und Haut)

für 5–6 Personen

knapp 1500 g Seeteufel
oder besser: *ein ganzer Seeteufel mit Kopf und Knochen (u. Innereien)*
Öl und wenig Mehl zum Braten
Salz, Pfeffer
2 Zehen Knoblauch
2 Tassen geschälte, entkernte, kleingeschnittene Tomaten
½ Tasse Cognac zum Flambieren
½ Tasse trockener Weißwein
frische Kräuter: Dill, Petersilie, nicht zu viel Zitronenmelisse – zu einem Sträußchen gebunden
Seeteufelleber, ersatzweise: das Gelbe von 2 hartgekochten Eiern.

für Mindy, Johannes & Ludwig Mann *

Rape à la Americana
»Fish & Stripes forever«

Den Fisch häuten und in Stücke von ca. 4×5 cm schneiden (die Haut muß deshalb entfernt werden, damit der Fisch sich beim Braten nicht zusammenzieht). Hat man den ganzen Fisch, so bereitet man eine Fischbrühe aus Kopf und Wirbelknochen, ersatzweise verwendet man Köpfe von Salm, Heilbutt, Steinbutt und Gräten von Seezunge.

Die Fischstücke salzen, ganz wenig pfeffern und leicht in Mehl wenden. In einer großen Pfanne in reichlich Öl, zusammen mit 2 geschälten, ganzen Knoblauchzehen ca. 4–5 Min. gut anbraten. Die Fischstücke aus der Pfanne nehmen und warm halten. In einer kleineren Kasserolle 2 Tassen der vorbereiteten Tomaten mit etwas Salz und Pfeffer und Öl (kann vom Öl in der Pfanne genommen werden, den Knoblauch aber weglassen) ca. 10–12 Min. ohne Deckel kochen lassen.

Die vorgebratenen Fischstücke in eine feuerfeste Form legen und sehr stark erwärmen (im Mikro oder im Ofen bei 160 °C). ½ Tasse Cognac in einem Töpfchen anwärmen, entzünden und über die Fischstücke in der Form gießen und diese so flambieren. Es soll möglichst viel vom Cognac verbrennen, was nur funktioniert, wenn alles sehr heiß ist (Schüssel, Fisch und Cognac). Danach den Weißwein über den Fisch gießen, die geschmorten Tomaten und 1–2 Tassen Fischbrühe zusammen mit dem zusammengebundenen Kräutersträußchen dazugeben.

Hat man die Leber, so brät man sie einige wenige Minuten, schneidet sie sehr klein und zerstampft sie im Mörser zusammen mit Petersilie und Dill (beides fein gewiegt) und gibt sie zum Fisch. Gut verrühren.

Alles soll nun 20–25 Min. leise köcheln, jedenfalls so lange, bis die Fischstücke weich sind (sie sind etwas fester als normaler Fisch).

Zum Schluß das Kräutersträußchen herausnehmen.

Hat man (wie meist in Deutschland) keine Leber, so zerkleinert man das Gelbe von 2 harten Eiern, zerstampft es im Mörser mit ein wenig Fischbrühe und fügt ebenfalls gewiegte Petersilie und Dill hinzu.

Diese Ei-Mischung kommt aber erst am Ende der Kochzeit in das Gericht.

Nochmals nachwürzen, wenn nötig.

Grüner Aal in Dillsauce

pro Person

ca. 300 g Aal (mit Kopf und Schwanz gewogen)
oder ca. 200–220 g netto (Portionsstücke)
Butter und Mehl für die Sauce
¼ Zwiebel, fein gehackt
Brühe (Rind, besser: Kalb)
etwas süße Sahne oder Crème fraîche
Fischgewürz (nicht gemahlen)
reichlich frischer Dill (bei getrocknetem etwas weniger)
Salz, weißer Pfeffer
etwas Fondor nach Belieben

Die feingehackten Zwiebeln in Butter andünsten (nicht dunkel werden lassen!), das Mehl zugeben und etwas anrösten. Dann mit Brühe und Sahne aufgießen. Gut rühren und ein paar Minuten durchkochen. Aus einem Weinglas voll Wasser und 1 EL voll Fischgewürz einen Sud bereiten: das Wasser und das Gewürz auf starker Flamme so lange kochen, bis die Flüssigkeit auf ⅓ reduziert ist. Den Sud abseihen und zum Würzen beiseite stellen.

Die Zwiebel-Mehl-Sauce sollte dicklich sein. Man würzt sie nach Geschmack mit Salz, Pfeffer, (Fondor) und dem Fischsud. Die geputzten und in ca. 6–7 cm geschnittenen Aalstücke in die Sauce legen und auf kleiner Flamme in 18–20 Min. weichdämpfen. Wenn man will, kann man die Sauce am Schluß durchpassieren (der Zwiebeln wegen). Den *frischen Dill* erst in den letzten 2–3 Min. zugeben (nach dem Passieren), den *getrockneten Dill* schon am Anfang, zusammen mit den Gewürzen.

Die Aalstücke in eine tiefe Platte legen, die Sauce darübergießen und anrichten.

Dazu: Salzkartoffeln; Gurkensalat mit viel Dill und saurer Sahne

Grüner Aal in Dillsauce

Saucen

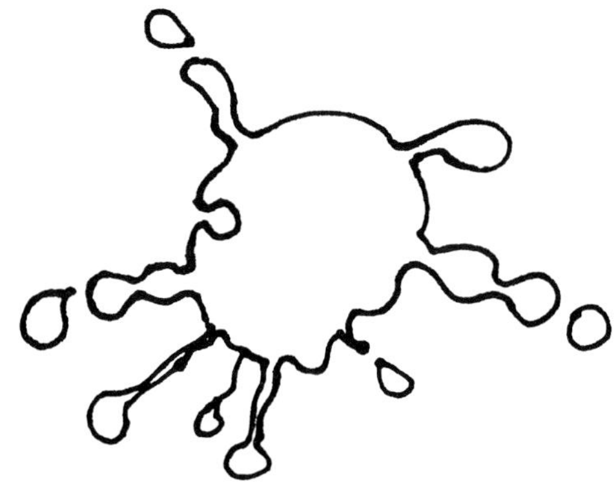

Wiener Schnittlauchsauce

meine Lieblingssauce zu Tafelspitz und anderem gekochten Rindfleisch

von Line, meiner lieben Schwägerin, die lange Jahre in Wien gelebt hat.

---

2 altgebackene Brötchen (Wasserwecken) à 40 g oder 80 g altgebackenes Stangen-Weißbrot
ca. 150 g feste, gute Mayonnaise
sehr viel frischer Schnittlauch
kein Salz, nur grob gemahlener Pfeffer
1–2 TL Essig

Mit einem Reibeisen die ganze braune Brotkruste abreiben. Das Weiße in lauwarmem, mit etwas Essig versehenem Wasser einweichen. Wenn das Brot völlig durchgeweicht ist, herausnehmen, gut ausdrücken und gründlich verkneten. Mit der Mayonnaise verrühren. Den Schnittlauch sehr fein schneiden und dazugeben. Nach Geschmack pfeffern. (Salz ist nicht nötig.) Kalt zum warmen, gekochten Rindfleisch geben, evtl. zusammen mit Wiener Apfelkren.

Wiener Apfelkren

(auch von Line)

Das ist ein dickliches, nicht zu süßes Apfelmus, in das man frischen Meerrettich – je nach Geschmack – fein reibt. Nicht zu viel, ist besser für den Magen! Manche Leute machen es mit roh geriebenen Äpfeln; mir schmeckt gekochtes Apfelmus viel besser.

Roses rote Sauce

zu Rindersteak, Filet Wellington, Pasteten, Wild, gekochtem Rindfleisch etc.

200 g Preiselbeeren, die nicht zu süß sein dürfen, im Sieb den Saft abtropfen lassen
100 g Cumberland-Sauce
125 g feste Mayonnaise
reichlich grob gemahlener Pfeffer
3–4 TL scharfer Senf (Löwen-, Dijon-Senf) oder noch besser:
2 TL Colmans englisches Mustard-(Senf)-Pulver, mit
2 TL Wasser angerührt, 10 Min. ziehen lassen, dann an die Sauce rühren (probieren und evtl. weniger nehmen).
3–4 TL Orangenschale (nur das Orange dünn abschneiden), in ganz feine, kleine Streifen geschnitten.

Roses Sour Cream

zu Steaks, Pellkartoffeln und Käse

500 g Sahnequark (20 %) oder Frühlingsquark (mit Kräutern, 40 %)
150 g Boursin oder Tartare *(beides Weichkäse mit Kräutern und Knoblauch)*
2 Bund Schnittlauch, sehr fein geschnitten
¼ l saure Sahne
Salz, grober Pfeffer, etwas Zwiebelpulver oder sehr wenig feingeriebene Zwiebel

Alles gut cremig verrühren. Den Schnittlauch zum Schluß daruntermischen.

Verwendet man frische Zwiebeln, so ist es besser, die Creme 4–6 Stunden vorher zu machen, damit sie gut durchziehen kann.

Zum Steak ist die Creme feiner ohne Zwiebeln und etwas weniger Schnittlauch.

Zimmerwarm, nicht eiskalt anrichten.

Sauce Hollandaise

für 4–5 Personen

4 Eigelb
gut 1–2 EL kalte Brühe (bzw. Sud) von dem, wozu man die Sauce macht (z. B. Spargelbrühe, Fischsud), es geht aber auch Weißwein oder Wasser.
200–240 g Butter; pro Ei 50–60 g Butter rechnen
Salz, heller Pfeffer
einige Tropfen Zitronensaft und heller Essig.

Die Butter auf schwachem Feuer zerlassen und den Schaum sorgfältig abschöpfen (evtl. durchseihen). Gut abkühlen lassen.

Das Eigelb mit der kalten Brühe (bzw. Sud) in einer kleinen abgerundeten Edelstahl-Schüssel gut verrühren. Auf schwächstem Feuer oder besser im Wasserbad (nicht zu heiß!) ununterbrochen weiterrühren, bis die Eimasse erste Anzeichen zeigt, dicklich zu werden. Jetzt sofort die abgekühlte Butter – erst tropfenweise, dann löffelweise – einrühren. (Am besten ist es, wenn eine Person rührt, eine andere die Butter zugibt, es geht aber auch allein.) *Vorsicht*, die Sauce darf *nicht zu heiß* werden, sonst gerinnt sie!! Also hin und wieder die Schüssel vom Feuer bzw. aus dem Wasserbad nehmen

und ununterbrochen weiterrühren. Nach einiger Zeit ist die Sauce cremig-dicklich. Jetzt nicht mehr weiter erhitzen. Mit Zitronensaft und mildem Essig (tropfenweise), Salz und etwas hellem Pfeffer abschmecken.

Sofort servieren. Das bedeutet: die Sauce kann erst *im letzten Moment* gemacht werden. Was manchmal sehr schwierig ist.

Trick: Ist dies nicht möglich und will man keine Angst haben, daß sie in letzter Sekunde gerinnt, so kann man sie mit etwas Mehl binden.

Man rührt 2–3 EL einer kräftig gewürzten, dicken Bechamelsauce an die Eigelb (sie sollte lau bis kalt sein), bevor man beginnt, diese zu schlagen. Man kann die Bechamelsauce ebenfalls von der Brühe (bzw. dem Sud) machen von dem, wozu man die Hollandaise serviert.

Diese gebundene Sauce gerinnt viel weniger leicht und läßt sich schon vorher zubereiten und im letzten Moment bei sehr milder Temperatur wieder aufwärmen.

Würzen zum Schluß, wie oben angegeben.

Dill-Mayonnaise-Sauce

ca. 6 EL von einer halbfetten, guten Mayonnaise
ca. 2 EL gute, feste Mayonnaise
ca. 3 EL Speisequark, 20 % oder 40 %
reichlich grober Pfeffer
feingeschnittener Schnittlauch
2 Bund feingewiegter Dill
2 Semmeln (80 g), 1–2 Tage alt, die Kruste mit dem Reibeisen wegreiben, in warmem Wasser gut einweichen, dann fest ausdrücken und zermanschen

Alles zusammen gut verrühren. Abschmecken und zimmerwarm servieren.

Dazu: mehlige, sehr heiße Kartoffeln mit geräuchertem Lachs, geräucherten Forellenfilets, gebratenem Fisch etc.

Roses Paprika-Sauce zu gebratenem Fisch

ca. 200 g eingemachter Tomatenpaprika
besser: dieselbe Menge »Getoasteter Paprika«, siehe nachstehendes Rezept
150–200 g sehr milde Gemüsezwiebel
ca. 200 g beste Gewürzgurken (keine Cornichons)
125 g feste Mayonnaise
Salz, Pfeffer, Dill, Schnittlauch

Alle Zutaten sehr, sehr klein schneiden bzw. hacken. Mit der Mayonnaise verrühren und würzen.

Diese Sauce muß 4–6 Stunden vor dem Gebrauch gemacht werden, damit alles gut durchziehen kann (wichtig!).

Variante

Statt Paprika nur Gurken und Zwiebeln, ebenfalls sehr fein gehackt, Dill und einige Kapern (nicht allzu viele) und 1–2 feingehackte hartgekochte Eier.

Die Kapern, falls sie zu salzig sind, einen Moment wässern und dann gut ausdrücken.

Getoasteter Paprika

für Saucen und verschiedene Gerichte und als Beilage

5–7 Paprikaschoten
grüne, rote (sind im Sommer am besten) und gelbe – gründlich waschen. Stiele dranlassen mit (Oliven-)Öl gut einreiben.

Den Ofen sehr heiß stellen (250 °C). Ein tiefes Backblech mit Alufolie auslegen. Die eingefetteten Paprikaschoten darauflegen und im Ofen stark rösten, unter gelegentlichem Umwenden (mit einer Fleischzange).

Das dauert ca. 25–30 Min. Die Schoten können an manchen Stellen ruhig ein wenig dunkel werden. Es läuft der Saft heraus (daher die Folie!), sie werden weich.

Die Schoten gut abkühlen lassen, aber noch lauwarm schälen (kalt geht's nicht so gut). Das ist oft ein wenig mühsam. Geduld! In fingerlange und fingerbreite Streifen schneiden. Nun zur Sauce etc. verwenden oder als Beilage.

Wichtig: Man kann sie sehr gut einfrieren. Dies sollte man stets auf Vorrat haben.

Diese Paprikastreifen kann man auch sehr gut marinieren mit Öl, Salz, Pfeffer und ein wenig Knoblauchpulver. Im Glas halten sie sich gekühlt bis zu 10 Tagen. Gut zu Fleisch (kalt) und kaltem Aufschnitt etc.

Kalte Eiersauce mit Schnittlauch

für ca. 4 Personen

6 Eier
Salatöl
Essig (wenig), Salz, Pfeffer, evtl. Fondor
viel Schnittlauch
1 EL Mayonnaise
2–3 EL Crème fraîche oder saure Sahne

Die Eier hart kochen. Das Weiße mittelgrob hacken, das Gelbe durch ein Sieb drücken und mit Öl, sehr wenig Essig, Salz, Pfeffer und evtl. Fondor gut verrühren. Mayonnaise und Crème fraîche nach Geschmack dazurühren und zum Schluß den sehr fein geschnittenen Schnittlauch (viel!) darübergeben.

Diese einfache Sauce, zusammen mit Salzkartoffeln und viel grünem Salat mit frischen Kräutern, ist für mich verbunden mit der Erinnerung an den Frühling, wenn die Lerchen über den Feldern steigen und jubilieren, wie damals in unserer Jugendzeit am See.

Sie ist aber auch gut zu jeder anderen Zeit, zu: (grünem) Spargel, zu Fisch, Fleisch und Pasteten.

Warme Eiersauce

für 4 Personen

8 Eier
60 g Butter
1 mittelgroße Zwiebel
55 g Mehl
ca. ½ l Fleischbrühe (500–550 ml)
¼ l süße Sahne (250 ml)
weißer Pfeffer, Salz, Fondor
Beau Monde (ein Gewürz mit Sellerie)
ersatzweise: *Selleriesalz, dann weniger normales Salz nehmen*

Die Eier hart kochen, halbieren, die weißen Hälften in 4 Teile schneiden. Die Zwiebel sehr fein würfeln und in der Butter weich und hellgelb rösten. Das Mehl darüber geben, hell anrösten und dann mit der Sahne und nach und nach mit der Fleischbrühe ablöschen. Gut durchkochen lassen (ca. 8 Min.). Das Eigelb durch ein Sieb drücken und in die Sauce rühren. Mit den Gewürzen abschmecken und zum Schluß das groß geschnittene Eiweiß daruntergeben. Erscheint die Sauce zu dick, noch ein wenig Fleischbrühe nachgießen.

Gut zu: Blumenkohl, Brokkoli, gekochtem Fleisch, Fleischpasteten (besonders warmen) oder auch nur zu Salzkartoffeln mit grünem Salat

Kalte Eiersauce mit Schnittlauch
Im Bild die Fast-Food-Version im praktischen Ökospender. Zum Portionieren anheben, und schon läuft die Sauce aus dem Loch im Topfboden…

Roses Vinaigrette-Sauce

zu Avocados, gekochtem Fleisch, Herz, Bries, Kalbskopf, Zunge etc.

200 g beste Gewürzgurken (keine Cornichons)
½ große, milde Gemüsezwiebel oder 1 mittelgroße milde Zwiebel (ca. 200–250 g)
2 Bund Schnittlauch
1 großer Bund Dill
3–4 hartgekochte Eier
etwas von der Gurkenbrühe
Weinessig und Estragonessig
reichlich Öl
Salz, Pfeffer, etwas Sojasauce
1 EL scharfer Senf (z. B. Dijon-Senf)
1 Prise Knoblauchpulver
Fondor

Alle Zutaten sehr fein hacken bzw. schneiden, auch die harten Eier. Alles gut miteinander vermengen und mindestens 10 Stunden lang durchziehen lassen, sonst schmeckt es nicht. In geschlossenem Glas, kühl, hält diese Vinaigrette 6–8 Tage.

Man kann sie (z. B. zum Kalbskopf) auch mit geschälten, in kleine Würfel geschnittenen Tomaten zubereiten. Dies hält aber nur 1–2 Tage. Die Tomaten also erst kurz vor Gebrauch an die schon fertige Vinaigrette geben und möglichst gleich aufbrauchen.

Roses Vinaigrette-Mayonnaise

zu Spargel, Kartoffeln, kaltem Fleisch, Pasteten, Fisch, Zunge, Kalbskopf, Bries etc.

4 mittelgroße gute Gewürzgurken
2–3 Schalotten
das Innere eines Staudenselleries (also das Helle, Zarte)
ein klein wenig Gewürzgurkenbrühe
grober Pfeffer, Salz, Sojasauce, Fondor
Selleriesalz oder Beau Monde (ein Gewürz mit Sellerie)
2 harte Eier
2 Bund Schnittlauch
200–250 g gute, feste Mayonnaise

Die Gurken, die Schalotten, den Sellerie, das Eiweiß und die Gewürze mit dem Pürierstab mit nur so viel Gurkenbrühe, wie unbedingt nötig, zerkleinern.

Das Eigelb durchpassieren und einrühren. Den Schnittlauch sehr fein schneiden und mit der Mayonnaise von Hand dazurühren.

Ist die Sauce zu dünn, eine sehr dicke Bechamelsauce machen, etwas erkalten lassen und so viel zugeben, wie man braucht.

Guacamole

Avocado-Sauce aus Mexiko

für 5–6 Personen, ergibt gut ½ l

Eine wunderbare, vitaminreiche kalte Sauce zu kaltem Fleisch, Braten, gebratenem Fisch, zu geräucherten Forellen etc., oder als Dip zu Chips und Crackers.

In Mexiko ißt man sie (sehr scharf angemacht) zu fast allen Gerichten, zusammen mit dunklem Bohnenpüree. In Californien nahmen wir sie als Dip zu Chips, Tortillas und Crackers beim Aperitif.

---

2 mittelgroße, reife Avocados
1–1 ½ EL Zitronensaft
3–4 EL Crème fraîche oder saure Sahne
1 EL feinstgewiegte milde Zwiebel
2–3 EL grüner *Paprika (kein roter: wegen der Farbe!), geschält und feinstgewiegt*
120 g Tomatenfleisch (ohne Schale, Kerne, Saft)
1 EL Cilantro (= asiatische Petersilie = frischer Koriander), ersatzweise *großblättrige Petersilie, feinstgewiegt*
Salz und eine Prise Zucker
einige wenige Tropfen Tabasco-Sauce (Vorsicht: sehr scharf)

Die Avocados schälen und den Kern entfernen. Das Fruchtfleisch kleinschneiden und mit der Gabel gut zerdrücken. Sofort den Zitronensaft zugeben, damit das Fruchtmus nicht braun wird! Dann die Crème fraîche und alle sehr feingewiegten Zutaten zufügen und fest verrühren. Würzen wie angegeben – probieren. Lieber nachwürzen. Als Dip und zu Fleisch kann Guacamole schärfer sein. Zu gebratenem Fisch oder geräucherten Forellen etc. milder zubereiten.

Gut luftdicht abdecken und baldigst servieren, da die Sauce trotz des Zitronensaftes schnell dunkel und unansehnlich wird!

Guacamole mit Curry

aus San Diego

für 5–6 Personen, ergibt gut ½ l

---

2 mittelgroße, reife Avocados
1–1 ½ EL Zitronensaft
3–4 EL Crème fraîche (saure Sahne)
1 EL feinstgewiegte milde Zwiebel
reichlich Madras-Curry (probieren!)
evtl. ein wenig Chinagewürz (ist etwas schärfer)
Salz, 1 Prise Zucker
2–4 Tropfen Tabasco-Sauce

Verarbeiten wie im vorhergehenden Rezept. Die Gewürze ebenfalls probieren und erst dann evtl. nachwürzen. Die Sauce schön kräftig machen. Baldigst servieren!

Vegetable Dip

Sauce aus San Diego
zu Karottenstiftchen, Stangensellerie, Radieschen, Crackers; über Tomatenscheiben zu Brot; mit viel Dill als Sauce zu Gambas, Langusten oder zu gebratenem Fisch etc.

je ¼ Tasse feingeschnittener Stangensellerie
feingeschnittene Radieschen
feingeschnittene Salatgurke (geschält)
feingeschnittener Paprika, grün (geschält)
feingeschnittene Frühlingszwiebeln
feingeschnittener Dill u. Schnittlauch
1 Tasse Crème fraîche
½ Tasse Mayonnaise
Salz, Pfeffer, etwas Zucker, Knoblauchpulver, etwas Tabasco

Alles gut vermischen. Gut verschlossen, kalt aufbewahren. Hält sich 3–4 Tage. Bei längerem Stehen (2–3 Tage) setzt sich unten etwas Flüssigkeit ab (von der Gurke). Diese dann abgießen und umrühren.

Sauce zu Krebsen, Hummer, Langusten etc.

Im Brenners Parkhotel in Baden-Baden wird sie ähnlich – zusammen mit Melonenkugeln – zu Krebsen serviert.

3–4 EL feste Mayonnaise
Salz und heller Pfeffer
3 EL Chili-Sauce
1 TL Cognac
1 EL Orangensaft
2 EL frischer Dill, feinstgehackt
4 EL sehr steif geschlagene süße Sahne

Erst im letzten Moment die Sahne zugeben und die Sauce erst kurz vor dem Essen zu den Krebsen (und Melonenkugeln) geben. Bei längerem Stehen zieht sie Wasser!

Sehr gut im Sommer oder in heißen Gegenden!

Pasteten

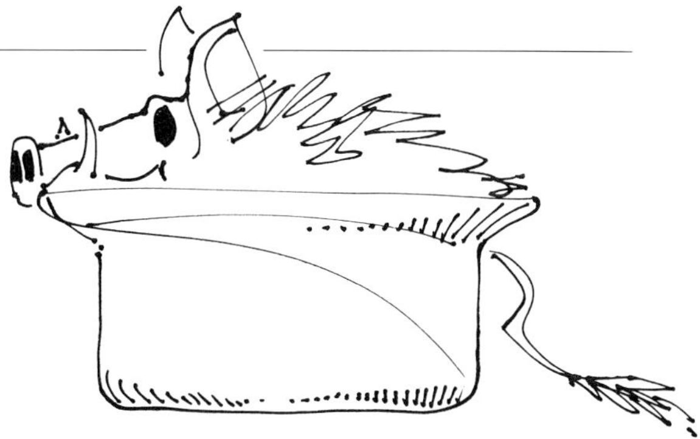

Roses Fleisch- und Leberpastete

Hausfrauenart

längliche, emaillierte Gußeisenform oder Edelstahlform verwenden.

200 g Kalbfleisch
200 g Schweinefleisch
150–170 g ganz frischer, gekochter Schinken
1–2 Scheiben Frühstücksspeck (Bacon)
250–300 g sehr frische Kalbsleber (wer den herben Lebergeschmack mag, kann 300 g nehmen)
1 ½ Tassen geblättelte frische Champignons
oder *eine gute ½ Tasse getrocknete Mischpilze (nicht nur Steinpilze, sie sind zu stark im Geschmack), 2–3 Stunden eingeweicht, gut gewaschen, ausgedrückt und kleingeschnitten*
2 mittelgroße Zwiebeln, feingeschnitten in Würfel
Butter zum Schmoren
30–35 ml Calvados (evtl. auch Cognac)
reichlich getrockneter Majoran (wenn frisch, mehr)
etwas Sojasauce, Fondor, Salz, frischer Pfeffer
Muskatblüte (ist feiner als Muskatnuß)
ein wenig getrockneter Thymian, milder, gemahlener Paprika
reichlich Zwiebelpulver

Kalbfleisch, Schweinefleisch, gekochten Schinken und geputzte Leber in Stücke schneiden und 2 × durch den Fleischwolf (feine Scheibe) drehen. Die vorgerichteten Pilze mit den Zwiebelwürfeln in reichlich Butter in einer Pfanne braten, bis alle Flüssigkeit verdampft ist (10–12 Min.). Ebenfalls durch den Fleischwolf drehen und an das gemahlene Fleisch rühren. Calvados und Gewürze zugeben, gut durchmischen und abschmecken.

Die Pastetenform ausbuttern. Die Farce einfüllen, oben 2 Scheiben Frühstücksspeck (Bacon) auflegen. Gut in die Form eindrücken; damit die Pastete keine Löcher bekommt: auf den Tisch stoßen.

Im vorgeheizten Ofen bei 170–200 °C 50–60 Min. backen. Die Pastete ist fertig, wenn sich oben reichlich klarer Fleischsaft gebildet hat (er zieht beim Erkalten fast ganz wieder in die Pastete ein, deshalb gar nichts oder nur sehr wenig abschöpfen). Wenn man mit einer langen Nadel einsticht, darf nichts mehr hängen bleiben.

Am Anfang der Backzeit die Pastetenform mit Alufolie abdecken. In den letzten 15–20 Min. abnehmen, damit der Bacon resch werden kann.

Tip: Wenn man den herben Geschmack der Leber etwas mildern möchte, kann man 1 Semmel (in halb Milch, halb Sahne) einweichen, gut ausdrücken und mit dem restlichen Fleisch durch den Wolf drehen und noch 1 Ei an die Masse rühren.

Roses große Pastete mit Kalbszunge

größere, breitere Pastetenform, in der Zunge und Farce Platz haben, verwenden

1 nicht zu große Kalbszunge
250 g Kalbfleisch und
250 g Schweinefleisch (beides 2 × mit feiner Scheibe durch den Wolf gedreht)
2 Tassen geputzte und fein gehackte frische Champignons
3–4 Schalotten
3–4 dünne Scheiben Frühstücksspeck (Bacon) fein geschnitten
Butter zum Schmoren
2 Eier
½ Tasse süße Sahne
1 Brötchen, eingeweicht und gut ausgedrückt
Salz, Pfeffer, Paprika, Sojasauce
Majoran (viel), Thymian (weniger)
wenig Knoblauchpulver (oder keines)
Zwiebelpulver, Fondor, Muskatblüte
300 g tiefgefrorener Blätterteig

Die Kalbszunge weich kochen, in kaltem Wasser abschrecken, häuten und putzen. Ganz lassen!

Die Champignons und die Schalotten putzen und sehr fein hacken, den Bacon klein schneiden, alles mit etwas Butter in einer offenen Kasserolle weichschmoren, zumindest so lange, bis die sich bildende Flüssigkeit wieder verdampft ist. In einer großen Schüssel das durchgedrehte Fleisch, 2 Eier, die Champignons mit den Schalotten und dem Bacon, das eingeweichte und gut ausgedrückte Brötchen, die Sahne und die Gewürze gut vermischen. Abschmecken.

Eine große Pastetenform (die Zunge soll darin im ganzen Platz haben) ausbuttern. Den Blätterteig ausrollen und so zurechtschneiden (mit dem Teigrädchen), daß er genau in die Form paßt. Einen Teigdeckel schneiden, der 1,5–2 cm auf allen Seiten überlappt (geht beim Backen dann ein), 3 Luftlöcher einstechen. Diesen Deckel einstweilen beiseite legen.

Ist der Blätterteig dann in die Form gebracht, einen Teil der Farce einfüllen, die Kalbszunge darauf legen und mit dem restlichen Teil der Farce zudecken.

Glattstreichen. Es darf keine Zunge mehr zu sehen sein. Mit Alufolie, in die man 3 Löcher geschnitten hat (damit der Dampf abziehen kann), abdecken und im vorgeheizten Ofen, unteres Drittel, bei 180–200 °C ca. 30 Min. backen.

Dann die Folie abnehmen und den Blätterteigdeckel auf die Pastetenform legen. Im Ofen bei gleicher Hitze, jetzt *evtl.* eine Schiene höher, nochmals ca. 30–35 Min. backen, bis der Blätterteig schön goldgelb und knusprig ist.

Trick: Man wartet mit dem Auflegen des Teigdeckels in jedem Fall so lange, bis die Pastete zu ¾ gar ist. Das probiert man durch Einstechen. Hat sich gar zu viel Bratensaft gebildet, kann etwas davon abgenommen werden. Aber nicht zuviel, denn beim Abkühlen zieht der Saft wieder zurück in die Pastete.

warm zu: Salzkartoffeln, warmer Eiersauce und Salat
kalt zu: Roter Sauce, kalter Eiersauce (siehe: Saucen)

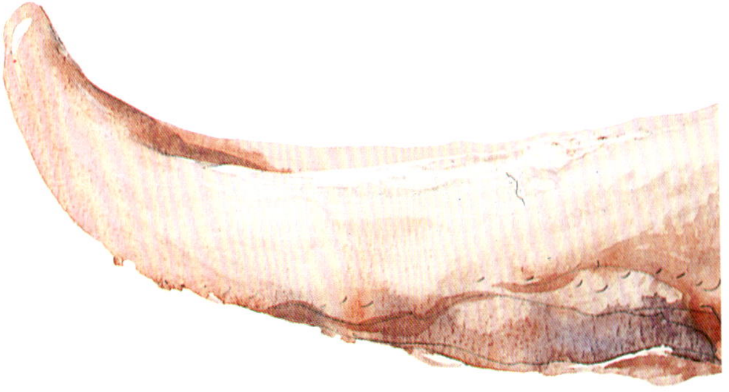

Pastete mit Schweinefilet

1 Schweinefilet, im ganzen gelassen
500 g Kalbfleisch
1 großes Ei
2 Brötchen (oder 80 g Weißbrot), in warmem Wasser eingeweicht
2 TL Schnittlauch, fein geschnitten
Pfeffer, Salz, 1 TL Paprika, Fondor, Knoblauchpulver
½ TL Majoran
½ TL Rosmarin
1 mittlere Zwiebel
1 ½ Tassen geschnittene frische Champignons oder Austernpilze
Sojasauce, Fleischextrakt; Butter u. Öl zum Dünsten und Braten
1–3 EL Fleischbrühe (Instant)
ca. 1–3 EL Semmelbrösel
4–6 dünne Scheiben Frühstücksspeck (Bacon)
Gelatine aus ¼ l kräftiger Fleischbrühe, mit Sherry oder *Portwein gewürzt*

Das Kalbfleisch putzen und in kleine Stücke schneiden. 2 × durch den Fleischwolf drehen (feine Scheibe). Mit dem Ei und dem Schnittlauch vermischen. Die Zwiebeln kleinschneiden und in Butter goldgelb dünsten, dann die Pilze zugeben und nochmals 8–10 Min. dünsten, ohne Deckel, unter ständigem Rühren, damit die Flüssigkeit, die sich von den Pilzen gebildet hat, verdampft. Mit Sojasauce und Fleischextrakt (reichlich) würzen. Das eingeweichte, *gut* ausgedrückte Brot und die Zwiebel-Pilz-Mischung 1 × durch den Fleischwolf drehen. Zum Schluß ein Stück trockenes Brot durchtreiben, das den Rest von Zwiebeln und Pilzen aus der Maschine drückt. Alle Zutaten nun miteinander vermischen und wie angegeben würzen. Probieren! Es soll schon recht kräftig schmecken.

Das Schweinefilet putzen und einreiben mit Salz, Pfeffer, Fondor, Paprika und etwas Knoblauchpulver. In einer Pfanne mit Öl und Butter von allen Seiten anbraten, 1–3 EL Brühe zugeben, zudecken und 10–15 Min. schmoren lassen, bis das Fleisch innen noch gut rosig, aber nicht mehr blutig ist. Dann herausnehmen und etwas abkühlen lassen. Den guten, kräftigen Bratensaft aus der Pfanne (wenn es nicht zu viel ist) an die Farce-Mischung geben. Erscheint sie zu flüssig, 1–3 EL Semmelbrösel daruntermischen.

Die Pastetenform ausbuttern. 2–3 dünne Scheiben Bacon auf den Boden legen. Gut die Hälfte der Farce hineinfüllen, das gebratene Filet daraufbetten und mit dem Rest der Farce zudecken. Mit der Hand gut eindrücken! Mit 2–3 Scheiben Bacon oben abdecken, mit Alufolie gut verschließen (2 Luftlöcher einschneiden) und im unteren Drittel des vorgeheizten Ofens bei 180–200 °C 50–60 Min. backen. Evtl. etwas länger. Die Pastete ist fertig, wenn viel klarer Saft oben austritt. Er zieht beim Erkalten fast gänzlich wieder in das Fleisch ein, also nur ein wenig vom »Zuviel« abschöpfen.

Mehrere Stunden lang auskühlen lassen. Dann vorsichtig stürzen und mit Gelatine überziehen. Oder gleich warm essen (sehr gut). Mit warmer oder kalter Eiersauce oder mit kalter Roter Sauce (siehe: Saucen).

Die Pastete kann auch mit einer Teighülle von 300 g Blätterteig gemacht werden.

Kalbsbries-Pastete

3 Kalbsbries – Stücke zu je 300–400 g
350 g Kalbfleisch und
150 g zartes Lammfleisch (beides 2 × mit feiner Scheibe durch den Wolf gedreht)
½ Tasse getrocknete Mischpilze, 2–3 Stunden eingeweicht, gut gewaschen und kleingeschnitten
4 Schalotten
Butter zum Anbraten
2 Eier
1 Brötchen, eingeweicht und gut ausgedrückt
½ Tasse (120 ml) süße Sahne oder Crème fraîche
Salz, Pfeffer, Fondor
gemahlenes Wildbretgewürz
etwas Thymian und Majoran
35–40 ml Cognac

Die Kalbsbries-Stücke putzen und in Wasser mit einem Schuß Essig und etwas Salz weichkochen. In kaltem Wasser abschrecken, häuten und in große Stücke (entsprechend der Pastetenform) schneiden.

Die Pilze mit den geschnittenen Schalotten in Butter weich dämpfen, ohne Deckel, damit alle Flüssigkeit verdampft.

Kalb- und Lammfleisch 2 mal durchdrehen, dann die gedämpften Pilze und das eingeweichte, gut ausgedrückte Brot. Alles in einer großen Schüssel mischen. Eier, Sahne, Cognac und Gewürze zugeben, abschmecken.

Den Blätterteig ausrollen und mit dem Teigrädchen so schneiden, daß man die Form damit auslegen kann. Ebenfalls einen Teigdeckel machen, der 1,5–2 cm über die Form lappt (geht beim Backen ein!). 3 runde Luftlöcher ausstechen. Diesen Deckel vorerst weglegen. Pastetenform ausbuttern, die Teigstücke einlegen und festdrücken. Einen Teil der Farce hineinfüllen, die Briesstücke darauf legen, den zweiten Teil der Farce darübergeben und mit Alufolie (in die man 3 runde Luftlöcher geschnitten hat) gut abdecken.

Im vorgeheizten Backofen (unteres Drittel) bei 180–200 °C ca. 30–45 Min. backen, bis das Fleisch ¾ gar ist (probieren durch Abnehmen der Folie und Einstechen). Dann die Folie abnehmen, den Teigdeckel darauf legen und bei gleicher Hitze nochmals 25–35 Min. backen, bis der Blätterteig schön knusprig und goldgelb–braun ist.

Pastete aus Weißbrot und Schinken

Sparsamer als andere Pasteten, einfach und sehr gut

für 1 längliche Form, 35 cm lang	*für 2 längliche Formen, 25 cm lang*
200 g abgelagertes Baguettebrot	*300 g Baguette-Brot*
1/8 l trockener Weißwein	*1/8 u. 1/16 l Weißwein*
1/8 l süße Sahne	*1/8 u. 1/16 l süße Sahne*
4 Eigelb, 4 Eiweiß	*6 Eigelb, 6 Eiweiß*
100 g Butter	*150 g Butter*
2 mittelgroße Zwiebeln, fein gewiegt	*3 Zwiebeln*
reichlich großblättrige Petersilie	*entspr. mehr Petersilie*
125 g guter Schmelzkäse	*ca. 190 g Schmelzkäse*
260–280 g ganz frischer gekochter Schinken	*ca. 400 g gekochter Schinken*
2 Bund Schnittlauch, fein geschnitten	*3 Bund Schnittlauch*

Pastetengewürz
Sojasauce, Fleischextrakt, Worcestershire-Sauce
sehr wenig (oder kein) Salz

Das Brot in sehr kleine, ca. 1 × 1 cm große Würfelchen schneiden. Wein, Sahne und Eigelb gut verrühren und über die Brotwürfel gießen. 1 Stunde ziehen lassen (hin und wieder mit den Händen zart wenden, damit alles gleichmäßig feucht wird).

Inzwischen in einer Pfanne die Butter erhitzen und darin die kleingeschnittenen Zwiebeln und die feingewiegte Petersilie weichdämpfen (die Zwiebeln sollen nicht dunkel werden!). Gegen Ende der Garzeit den Schmelzkäse in Stückchen zugeben und rühren, bis er völlig zerlaufen ist. Sojasauce, Fleischextrakt, Worcestershire-Sauce dazugeben (probieren) und alles gut verrühren. Sind nach 1 Stunde die Brötchen gut durchgeweicht, den Schinken sehr, sehr fein schneiden. Brot, Schinken, den Inhalt der Pfanne und den feingeschnittenen Schnittlauch gut vermengen. Mit Pastetengewürz abschmecken. Salz ist sicher nicht oder kaum mehr nötig, da Käse, Saucen, Extrakt und Schinken salzig genug sind. Probieren! Die Mischung mit den Händen gut zerdrücken und vermengen, sonst wird die Pastete löchrig. Zum Schluß das Eiweiß sehr steif zu Schnee schlagen. Den Ofen auf 180–200 °C vorheizen. Eine große Auflaufform oder ein tiefes Blech mit kochendem Wasser einstellen (auf mittlerer Schiene oder ein wenig tiefer). Die Pastetenmasse in gut gebutterte, mit Semmelbröseln ausgestreute Kastenform(en) füllen, gut eindrücken, daß keine Luftlöcher entstehen. In das Wasserbad setzen und 40–45 Min. nicht zugedeckt backen. (Das Wasserbad soll 3–4 cm hoch sein.) Gut abkühlen lassen (½ Tag), stürzen (vorsichtig!) und mit einer Gelatine von Fleischbrühe mit Sherry – gut gewürzt – überziehen.

Fleisch

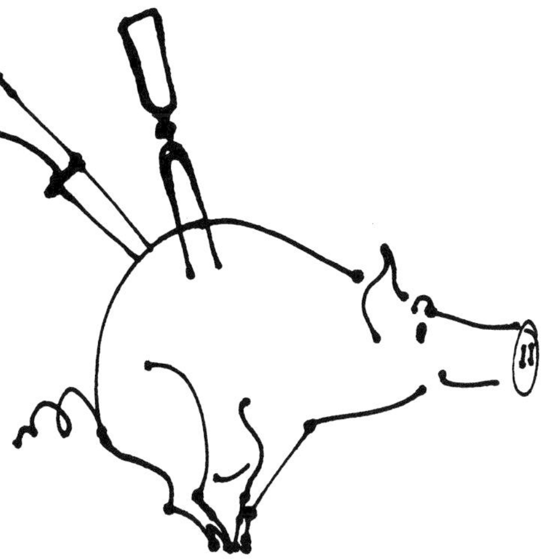

Roses gefüllte Kalbsbrust

für 8 Personen

1400–1800 g schweres Stück von der Spitze der Kalbsbrust, vom Metzger eine Tasche zum Füllen einschneiden lassen
einige Kalbsbratenknochen, klein gehackt

Füllung:
4–5 Karotten
3 Zwiebeln
15 g getrocknete Morcheln (auch gute andere getrocknete Pilze)
1 ½ Semmeln (20 Min. eingeweicht)
ca. 150 g Hackfleisch – Kalb/Rind oder Rind/Schwein
2 Eier (oder 2 Eier u. 1 Eigelb)
Salz, Pfeffer, Sojasauce, Fondor, Majoran
½ Gläschen Wacholderschnaps
Butter u. Öl zum Andämpfen und Braten
etwas Brühe

Trick: Man muß darauf achten, daß
- die Tasche nicht zu groß ist (deshalb Spitze der Kalbsbrust)
- und reichlich Fleisch die Tasche umgibt, sonst reißt sie ein
- man nicht zu viel Fülle eingibt, da diese sehr aufquillt, das Kalbfleisch aber sehr eingeht und so ein zu »dickes Kissen« entstünde, das dann aufplatzt.

Die Morcheln 2–3 Stunden einweichen, sehr gründlich waschen und Stiele abschneiden. Das Wasser ausdrücken und die Morcheln in Ringe schneiden. In Butter andämpfen. Die Zwiebeln in feine Würfel schneiden und in Butter mit Öl andämpfen, bis sie glasig-weich sind. Die Karotten in dünne Scheiben schneiden. Die angedämpften Morcheln und die Karottenscheiben zu den Zwiebeln geben und all dies noch weitere 4–5 Min. schmoren lassen. Vom Feuer nehmen und etwas erkalten lassen.

Dann die Eier, die eingeweichten Semmeln (gut ausgedrückt), das Hackfleisch, den Schnaps und die Gewürze dazugeben. Abschmecken!

Das Kalbsbruststück innen und außen (außen mehr) salzen und pfeffern. Von der Fülle so viel einfüllen, daß ein ganz flaches Kissen entsteht. Es quillt später auf. Mit einer großen Nadel und festem Zwirn zunähen. Nun weiter verfahren wie bei einem normalen Braten. In dem Fett von allen Seiten anbraten. Das Fleisch herausnehmen und in den Bratfond eine große, in Scheiben geschnittene Zwiebel und ein paar Bratknochen vom Kalb anrösten. Mit Brühe ablöschen (zur Not mit Wasser und Instant). Nicht zu viel Wasser, damit die Sauce kräftig wird. Das Fleisch wieder einlegen, den Deckel aufsetzen und im gut vorgeheizten Ofen bei 200–220 °C ca. 2–2 ½ Stunden lang schmoren lassen. Der Braten ist erst dann fertig, wenn auch die dicken, festen Kalbfleischteile durch und weich sind, nicht nur die Teile mit der Fülle!

Den Braten herausnehmen, etwas abkühlen lassen, die Fäden (sorgfältig) entfernen und aufschneiden. Die Sauce wie bei anderen Braten (evtl. mit 2–3 EL Crème fraîche oder süßer Sahne) zubereiten.

Dazu: Semmelknödel, Bratkartoffeln, Salzkartoffeln, Nudeln etc. sowie Salat(e) oder Gemüse.

Sicher bleibt von der Fülle etwas übrig. Das ist recht so! Davon kann man winzige Klößchen machen und läßt diese die letzten 20. Min. mit in der Sauce oder (noch besser) extra in Fleischbrühe mehr ziehen als kochen. Servieren als Beigabe zum Fleisch.

Roses Kalbskotelett-Braten

Pro Person rechnet man 2 Koteletts (das ist reichlich). Wenn man den Braten für mehr Personen macht, wird er saftiger und besser.

für 6 Personen

1 Stück vom oberen Teil der Kalbskoteletts (dem Kopf zu) mit 12 Koteletts, an einem Stück, mit Knochen, die der Metzger unten zwischen jeder Rippe einhacken oder, noch besser, einsägen soll (oben wird das Fleisch nicht geschnitten!)

Kalbsbratenknochen für die Sauce
vom Metzger sehr klein gehackt
Butterschmalz zum Braten
3 mittlere Zwiebeln
2–3 Karotten
etwas Mehl zum Bestäuben der Knochen
nur mit Salz und Pfeffer (nichts anderes) würzen

1. *Am Vortag oder 10 Stunden vor dem Essen bereitet man die Brühe für die Sauce zu.* Man brät die kleingehackten Kalbsknochen in heißem Bratfett gut an, fügt nach einiger Zeit die kleingeschnittenen Zwiebeln und Karotten zu, schmort und bräunt alles lange und gründlich (15–20 Min.). Man kann etwas Mehl darüberstäuben und dieses in den letzten Minuten mitrösten. Dann löscht man mit Wasser ab, bringt alles in eine mittelgroße Kasserolle (das Wasser soll die Knochen bedecken) und verschließt sie mit Alufolie und Deckel. Die Knochen läßt man 2 Stunden (oder

mehr) simmern. Die ausgekochten Knochen und das Gemüse bleiben in der Brühe, bis man den Braten fertig hat und im letzten Moment die Sauce zubereitet.

2. *Der Braten*
Den überschüssigen Fettschwartenteil oben am Kotelettstück entfernen. Ein wenig Fett jedoch lassen, sonst trocknet der Braten aus! Das Fleischstück mit Salz und Pfeffer würzen und in heißem Butterschmalz rundum gründlich anbraten. Ein wenig abkühlen lassen. Inzwischen den Ofen auf *220 °C* vorheizen (bei schwachen Öfen bis auf 240 °C). Ein paar Butterflocken auf die Oberseite des Bratens (die Knochen sind unten) setzen und das Fleischstück nun in *Alufolie* einpacken (aber nur einfach; die Folie oben fest verschließen, nicht doppelt über das Fleisch legen). Das Paket auf ein Bratenblech setzen und dieses ins untere Drittel des vorgeheizten Ofens schieben. Bei starker Hitze (220–240 °C) beträgt die Bratzeit in der Folie bei diesem Stück für 6 Personen ca. 45 Min., bei größeren Stücken etwas länger.

Dann die Folie abnehmen, den entstandenen Bratensaft auffangen und aufheben.

Das Fleisch wieder auf das Blech legen, mit ein wenig Butter einreiben und im Ofen jetzt bei 210–220 °C – eine Schiene höher – nochmals 15–20 Min. garbräunen. Man kann keine feste Zeit angeben; das Fleisch soll innen noch *zartrosa* sein (evtl. ein Fleischthermometer benutzen). Während des Bratens das Fleisch mehrmals mit dem Bratensaft aus der Folie begießen, der evtl. vermischt ist mit ein wenig Brühe, die man am Vortag aus den Knochen gewonnen hat.

3. *Die Sauce zum fertigen Braten*
setzt sich zusammen aus der – nun abgeseihten – Knochenbrühe vom Vortag und dem Bratensaft, der in der Folie war. Man gibt – außer Salz und sehr wenig Pfeffer – keinerlei andere Gewürze oder Extrakte bei, auch keine Sahne, höchstens, wenn man will, mit sehr wenig Mehl oder Instant-Saucenbinder ein bißchen andicken (nicht viel bitte!).

Dazu: jede Art junges Gemüse in bunter Farbe um den Braten angerichtet und Salzkartoffeln oder Nudeln und verschiedene Salate.

Frikassee vom Kalbfleisch

nach Omas altem Kochbuch

für 5–6 Personen

1300 g Kalbfleisch am Stück, ohne Knochen (Brustspitze, Hals oder Schulter)
1 Stengel Staudensellerie, kleinschneiden
2 Karotten, ganz lassen
1–2 Petersilienwurzeln, kleinschneiden
1 Stengel Lauch, in dicke Ringe schneiden
1 ganze mittelgroße Zwiebel
2 Nelken (man steckt sie in die Zwiebel)
1 Lorbeerblatt
ca. 100 g Butter
4 gute EL Mehl
1 großes Glas trockener Weißwein
200 g frische Champignons (ca. 150 g geputzte)
ca. 25 g Sardellenpaste
3 TL Kapern
1 Eigelb
ca. 125 ml süße Sahne
Salz, weißer Pfeffer, Fondor

Das Fleisch in mittelgroße Würfel schneiden und in kochendem Wasser 2 Min. lang blanchieren. Herausnehmen und in fließendem Wasser gut abwaschen. 1 ½ l Wasser mit dem Sellerie, den Karotten, der Petersilienwurzel, der ganzen, mit 2 Nelken besteckten Zwiebel, den Lauchringen und dem Lorbeerblatt zum Kochen bringen. Die blanchierten Fleischwürfel einlegen und mit Salz und Fondor würzen. Hitze reduzieren, so daß das Fleisch – ohne Deckel – nur noch zart köchelt. Eventuellen Schaum oben abschöpfen. Nach 25–30 Min. nachsehen und die Karotten herausnehmen, damit sie schnittfest bleiben und nicht verkochen. Die Kochzeit des Fleisches beträgt je nach Größe der Würfel und Fleischqualität 50–60 Min.

Von der Butter und dem Mehl eine helle Schwitze machen, mit Fleischbrühe und Weißwein ablöschen. Die in dünne Scheiben geschnittenen Champignons dazugeben und ca. 20 Min. kochen lassen (umrühren).

Die garen Fleischwürfel in die Mehl-Sauce legen, die Kapern und die verrührte Sardellenpaste zugeben und alles noch einmal ein wenig zart kochen, bis das Fleisch wirklich gut weich ist. Dann die in Scheiben geschnittenen Karotten zufügen und zum Schluß das Ganze mit Eigelb und Sahne binden. Von da ab nicht mehr kochen.

Wenn nötig: nachwürzen und sofort servieren.

Dazu: weißer Reis oder Reis mit Erbsen, Nudeln

Roses Kalbsfilet in Morchelsauce

für 6 Personen

2 ganze Kalbsfilets und einige kleingehackte Kalbsbratenknochen (wichtig!)
30 g beste getrocknete Morcheln, 2–3 Stunden eingeweicht, Einweichwasser aufheben!
3 mittelgroße Zwiebeln
⅛ l süße Sahne
Salz und Pfeffer (nichts anderes!)
etwas Mehl zum Bestäuben
Butterschmalz für den Braten
Butter für die Sauce

Die Kalbsfilets putzen und im ganzen in einem schweren Bräter von allen Seiten sehr heiß anbraten, am besten mit (selbstgemachtem) Butterschmalz. Das Fleisch aus dem Bräter nehmen und im Fett-Fond 1 kleingeschnittene Zwiebel und etwas später die kleingehackten Kalbsknochen gut anbraten, bis beides Farbe angenommen hat. Mit (nicht allzuviel) Wasser aufgießen und zum Kochen bringen. Die inzwischen mit Salz und Pfeffer gewürzten Filets hineinlegen, zudecken und im vorgeheizten Ofen bei ca. 220 °C 30–35 Min. schmoren, nicht länger, eher kürzer. Es sei denn, die Filets wären sehr groß.

Probieren: Ein klein wenig roter Saft soll beim Einstechen noch austreten.

Inzwischen die Morcheln vorbereiten: Das Einweichwasser (Sand!) durch Sieb und Filterpapier abseihen und aufheben. Die Morcheln gut waschen, putzen und in nicht zu kleine Ringe oder Stücke schneiden. Die 2 anderen Zwiebeln reiben und in *Butter* glasig dünsten.

Etwas Mehl darüberstreuen und hellgelb werden lassen, dann mit etwas Morchelwasser und Kalbsbratensaft ablöschen. Ohne Deckel unter ständigem Rühren 10 Min. kochen. Die Morchelstücke und die Sahne dazugeben und alles nochmals 10 Min. köcheln lassen (rühren!).

Diese Sauce soll sämig, weder zu dick, noch zu dünn sein. Man kann dies regulieren, indem man mehr Bratensaft und Morchelwasser zufügt oder durch Kochen ohne Deckel die Flüssigkeit etwas reduziert. Auf keinen Fall Mehl nehmen!

Schnell arbeiten jetzt: Das gerade fertige Kalbsfilet in nicht zu dünne Scheiben schneiden, in eine feuerfeste Form legen und die Hälfte der Morchelsauce darübergießen. Nochmals *kurz* im heißen Ofen erwärmen, dann *sofort* anrichten, damit das Fleisch nicht zäh wird.

Sollte das Filet evtl. noch ein wenig roh sein, die geschnittenen Scheiben einen Moment in der fertigen Sauce aufkochen (nur sehr kurz!).

Die andere Hälfte der Morchelsauce in einer Sauciere extra reichen.

Dazu: selbstgemachte Spätzle oder zarte breite Nudeln.

Osso buco

wie er uns schmeckt

für 4 Personen

4 Beinscheiben (5–6 cm dick) von der Kalbshaxe (hinteres Bein), gesägt, *nicht gehackt!*
4 mittelkleine Zwiebeln, fein geschnitten
1–2 Knoblauchzehen, fein gewiegt
2 Fleischtomaten, geschält, Kerne entfernt und kleingeschnitten
2 kleine Karotten, kleingeschnitten
Bratfett (Butterschmalz) und Öl (kein Olivenöl)
ca. 100 ml Tio-Pepe-Sherry oder
ca. 200 ml trockener Weißwein
etwas Mehl
evtl. etwas Instant-Saucenbinder
Gewürze: Salz, frischer Pfeffer
eine kleine Handvoll frisches Basilikum und/oder
getrockneter Majoran, Rosmarin (wenig)
evtl. etwas Fleisch-Extrakt sowie
etwas Steinpilz-Hefe-Extrakt

Die Fleisch-Beinscheiben gut salzen und pfeffern, leicht in Mehl wenden und in einer großen Pfanne in Bratfett von beiden Seiten anbräunen. Das Fleisch aus der Pfanne nehmen, dem Bratenfond nun etwas Öl zugeben und die Zwiebeln darin hellgelb anrösten. Jetzt den Knoblauch dazu und ein wenig später die Tomaten und Karotten. All dies soll noch ca. 10 Min. unter öfterem Rühren, bei mittlerer Hitze, ohne Deckel geschmort werden.

Nun den Tio-Pepe-Sherry bzw. Weißwein zugießen, dann 2 Tassen Wasser und den Fleischextrakt samt der Hefe-Steinpilz-Paste einrühren. Eine kleine Handvoll Basilikum (feingeschnitten) und evtl. noch getrockneten Majoran sowie etwas Rosmarin zufügen.

Die Fleischstücke in eine große, flache Kasserolle legen, das angeschmorte Gemüse aus der Pfanne darübergeben und noch so viel Wasser aufgießen, daß die flach in der Kasserolle liegenden Beinscheiben mindestens ¾ mit der Flüssigkeit bedeckt sind. Zudecken und im vorgeheizten Ofen bei 200–220 °C ca. 1 ½ Stunden lang (oder bis das Fleisch gut weich ist) garen.

Dann das Fleisch herausnehmen. Die Brühe durch ein Sieb gießen, dabei das Gemüse etwas ausdrücken (aber nicht passieren). Wer will, kann die Sauce jetzt mit etwas Instant-Saucenbinder andicken – oder man kocht sie ohne Deckel noch etwas ein.

Abschmecken und evtl. erst jetzt nachsalzen. Sauce über das Fleisch gießen und zusammen anrichten.

Dazu: Reis mit einigen Erbsen, Risotto, Teigwaren

Barbecued Spareribs

süß-sauer-scharfe Schälrippchen
oder Spanferkelstücke in Marinadensauce gegart

In Kalifornien begegnete ich Einflüssen aus Mexico, aber auch aus Hawaii.

für 4–6 Personen

ca. 1500 g Schweine-Schälrippchen, den Metzger bitten, noch etwas vom Kotelettfleisch dranzulassen!
oder ½ *kleines!! Spanferkel, vom Metzger in kleine Portionsstücke geschnitten*

Marinade
1 ½ Tassen Tomaten-Ketchup
1 ½ Tassen Wasser
3 EL brauner Zucker
3 EL Wein-Essig
3 EL Worcestershire-Sauce
2 TL Salz
1 TL Chilipulver
½ TL Pfeffer, gemahlen
¼ TL Cayenne-Pfeffer
¼ TL (oder etwas mehr) Sambal Badjak oder Sambal Manis
3 mittelgroße Zwiebeln, groß geschnitten in Halbringe.

Den Ofen auf 200–210 °C vorheizen. Hat er die Temperatur erreicht, den Grill dazuschalten. Die Schälrippchen (die sehr fett sind) auf der mittleren Schiene in einer tiefen Bratschale von beiden Seiten unter dem Grill anbräunen. Das überflüssige Fett tropft ab und wird weggegossen. Die Spanferkelstücke sind nicht fett, sondern werden mit etwas Öl oder Butter bepinselt und ebenfalls von beiden Seiten angebräunt.

Alle Marinade-Zutaten in einem Topf mischen, die geschnittenen Zwiebeln zugeben und unter Rühren zum Kochen bringen.

Die gebräunten Fleischstücke in eine große Kasserolle legen, die heiße Marinade samt den Zwiebeln darübergießen, zudecken und im Ofen bei 200 °C (ohne Grill) braten, bis das Fleisch sehr weich und zart ist. Bei den Rippchen kann das 2–2 ½ Stunden, beim kleinen Spanferkel 1½–2 Stunden dauern.

In der letzten ½ Stunde den Deckel abnehmen, damit die Sauce etwas einkochen kann. Dabei 1–2 × von der Sauce über das Fleisch gießen, damit es saftig bleibt.

Dazu: weißer Reis und Pinto Beans (dunkelbraune, getrocknete Bohnen) oder Yams (Süßkartoffeln aus Amerika)

P. S. Man kann die Marinade natürlich je nach Geschmack auch weniger scharf machen. Aber pikant sollte sie schon sein. Die Sambal-Würze läßt nach ½ Stunde an Stärke nach!

Kasseler Rippchen in Blätterteig mit Sauerkraut

ein deftiges Winteressen

Angenommen, es ist Sonntagmorgen und ihr macht mit Freunden einen langen Spaziergang durch die winterliche Landschaft und kommt hungrig und ausgefroren nach Hause. Dann wird euch dieses Essen gut schmecken. Man kann es leicht und ohne Mühe vorbereiten, ebenso eine kleine, dazupassende Suppe.

für 4 Personen

4 nicht zu dünne Kasseler Rippchen (gepökelte Schweinerippchen), alle gleichmäßig dick geschnitten, nach Belieben mit oder ohne Knochen
300 g tiefgefrorener Blätterteig
3 TL scharfer Senf (z. B. Dijon-Senf)
ein wenig Weißwein und
1 Prise Zucker zum Bestreichen der Rippchen – kein Salz!
Sauerkraut für 4 Personen (einen Tag zuvor zubereitet)

Die Kasseler Rippchen in Wasser mit Instant-Brühe (kein Salz, das Fleisch ist gesalzen genug) 30–40 Min. weichkochen. Probieren durch Einstechen. Sind die Rippchen weich, aus der Brühe nehmen, trocknen und abkühlen lassen. (Brühe nicht weggießen, sie kann wie »Wurstbrühe beim Schlachten« getrunken werden.) Rippchen jetzt von den Knochen, wenn vorhanden, befreien. Eine dickflüssige Paste zubereiten aus Senf, Weißwein und wenig Zucker. Diese Paste auf beide Seiten der Rippchen streichen.

Den aufgetauten Blätterteig nicht zu dünn ausrollen, in 4 Teile schneiden und jedes bestrichene Rippchen in 1 Stück Blätterteig einpacken, die Umschlagkanten nach unten. Auf ein Backblech legen und im vorgeheizten Ofen bei 200–220 °C 30–35 Min. backen (mittlere Schiene), bis der Blätterteig schön goldgelb und knusprig ist.

Das Sauerkraut aufwärmen (man macht es in jedem Fall vorher – schon des Geruchs wegen!) und beides mit hellem Bauernbrot und einem guten Bier (oder trockenem Weißwein) sofort servieren.

Hinterher braucht man einen – vielleicht doppelten – Schnaps, so kalt wie der Winter draußen.

Kasseler Rippchen
Die Schweine für dieses Rezept kommen längst nicht alle aus Kassel.
Im Bild ein quietschvergnügtes Exemplar aus Siena.

Unser gekochtes Ochsenfleisch

mit Beilagen und Saucen

Ein traditionelles Samstagsessen! Uns schmeckt es an allen Wochentagen. Ein Mittagsgericht. Die Kochbrühe, zusammen mit Rinderknochen, gibt eine herrliche Suppe! (siehe: Klare Fleischbrühe)

Fleisch pro Person: 200–250 g

Querrippe (= Zwerchrippe) *ein schmales, mit Fettstreifen durchwachsenes Stück, an dem noch etwas Knochen dran ist (schmackhaft, saftig, aber fett)*

oder: *ein gutes Stück vom sog. Bugblatt, aus der Schulter, ein gut zu kochendes Stück Fleisch, saftig und kurzsehnig. Es hat in der Mitte eine schmale Sehne, die aber nicht stört. In meinen Augen ist Bugblatt das beste Stück Suppenfleisch, evtl. zusammen mit etwas fetterer Querrippe.*

oder: *Tafelspitz – den muß man beim besten Metzger kaufen und – wenn gekocht – genau gegen die Fleischfasern schneiden. Ebenfalls sehr gut.*

oder: *Man kann auch noch andere, vom Metzger empfohlene Stücke ausprobieren.*

Zuerst macht man sich an die Vorbereitung der »*Klaren Fleischbrühe*« (siehe Rezept).

Wie darin beschrieben, setzt man das gute Suppenfleisch erst zu, wenn das Wasser zum Kochen gekommen ist (es laugt dann nicht so aus). Die Hitze jetzt schnell reduzieren (Topf kurz vom Feuer ziehen) und sehr darauf achten, daß das Fleisch stets nur *zart köchelt, nie* sprudelnd!! Also ständig die Hitze kontrollieren! Garzeit des Fleisches (je nach Größe des Stückes und Qualität) zwischen 1 ¾ und 2 ½ Stunden. Mit der Fleischgabel probieren. Ist das Fleisch gar, in Scheiben schneiden und, zusammen mit ein wenig heißer Brühe, anrichten.

Wichtig: Hebt man gekochtes Suppenfleisch auf, bitte stets – ganz bedeckt – in der Brühe, damit es nicht dunkel und trocken wird, oder mit etwas Brühe übergossen in Alufolie eingewickelt.

Dazu gibt es bei uns: warme Meerrettich-Sauce = Bechamelsauce aus ½ Brühe, ½ Milch, hell gewürzt, mit fein geriebenem frischem Meerrettich darin sowie Salz- oder Bouillon-Kartoffeln

und süßsaure Zwetschgen
süßsaure Gurken oder Kürbisse (siehe: Eingemachtes)
(nicht zu süße) Preiselbeeren
Rote-Beete-Salat oder/und Sellerie-Salat

Oder die 2 guten Wiener Saucen, die ich so liebe:

Schnittlauchsauce und Apfelkren (siehe: Saucen).

Kurz und Lang

oder wie Oskar sagt
die badische Art des gekochten Ochsenfleisches

pro Person ca. 250 g (alle Stücke zusammen)

Dazu nimmt man Stücke vom:
1. Bugblatt
2. Von der Querrippe (Zwerchrippe)
3. Von der Wade: genannt Beinfleisch (nicht Beinscheiben!)
4. Evtl. noch von der Backe (Kopf) – Metzger fragen.

Zubereiten wie im vorangegangenen Rezept.
(siehe auch unter Suppen: Klare Fleischbrühe)

Die einzelnen Fleischstücke mit Salz und wenig Pfeffer einreiben, dann in das kochende (Suppen-)Wasser geben (nicht kalt zusetzen!). Nur *zart – nie sprudelnd* – kochen, eher köcheln; probieren. Gare Stücke herausnehmen, mit etwas Brühe in Alufolie wickeln, damit sie nicht austrocknen und dunkel werden!

Aus der Brühe eine Suppe zubereiten

Dazu: warme Meerrettichsauce (siehe Gekochtes Ochsenfleisch) und süßsaure Zwetschgen, Gurken u. Kürbisse (siehe: Eingemachtes)
und – was Oskar besonders liebt – die sogenannten

Rahmblättle

die aber gar keinen Rahm haben, sondern eine Bechamelsauce.

für 4 Personen

Ca. 1 kg sogenannte »festkochende« Kartoffeln in der Schale weichkochen, dann pellen und in nicht zu dicke Scheiben schneiden.

Eine Bechamelsauce zubereiten aus Butter, Mehl und halb Milch – halb Fleischbrühe. 2 kleine Zwiebeln (mit je 1 Nelke eingesteckt) in der Sauce mitkochen. Kräftig würzen mit Salz, Pfeffer, Fondor, etwas Muskatnuß und etwas Fleischextrakt.

Ist die Sauce gut verkocht, die Zwiebeln herausnehmen, die Kartoffelscheiben einlegen und eine Handvoll Petersilie (fein gewiegt) dazugeben.

Vielleicht gibt es Leute, die dann noch etwas Rahm (süße Sahne) darangeben. In Baden sind alle Arten von »Sahnesößlen« ja sehr beliebt.

Roses Sauerbraten

für 6 Personen

ca. 1,5 Kilo Rindfleisch:
– Bugblatt aus der Schulter oder
– Schwanzfeder (= Hüfte) aus der Keule oder
– Buglende (= falsches Filet)

Marinade (Beize):
½ l guter Rotwein
Wasser
ca. 1 Weinglas bester Rotweinessig
Salz, grober Pfeffer
30–35 zerdrückte Wacholderbeeren
4–5 mittelgroße Zwiebeln
2–3 Karotten
1 Stengel Lauch (falls zu dünn, 2 nehmen)
2–3 Lorbeerblätter (nach Größe)
2 Nelken
ca. 12 Pimentkörner

Sauerbraten
Bratfett (z. B. Butterschmalz) zum Anbraten
2 Zwiebeln
Pfeffer, Salz, Sojasauce, Fleischextrakt
¼ l saure Sahne (25 % Fett)
ca. 3 TL Johannisbeergelee (probieren, evtl. etwas mehr)
Butter und ca. 4 EL Mehl für die Einbrenne zur Sauce

Zuerst macht man die *Marinade (Beize).* Man kocht das Wasser mit den angegebenen Zutaten (Rotwein und Essig erst in den letzten 3 Min. zugeben) eine Viertelstunde und läßt es ein wenig abkühlen. Dann legt man das ungewürzte Fleischstück in eine nicht zu breite Schüssel, gießt die Beize mit allen darin enthaltenen Zutaten darüber. Das Fleisch soll ganz mit Beize bedeckt sein! Zudecken und 3–4 Tage kühl stellen.

Vorsicht: Die Schüssel muß aus Glas, Porzellan, bestem Kunststoff oder Edelstahl sein, damit der Essig nichts angreift!

Am 4. oder 5. Tag: Das Fleisch aus der Beize nehmen und abtrocknen. Würzen und in einer passenden Kasserolle von allen Seiten gut anbraten. Das angebratene Fleisch aus der Kasserolle nehmen und in dem Bratenfond (evtl. noch ein wenig Fett dazu) die in Scheiben geschnittenen Zwiebeln gut anrösten. Das Fleisch wieder dazulegen und mit so viel Beize aufgießen, daß es halb bedeckt ist. Was in der Beize ist (Gemüse und Gewürze), kommt mit dazu. Zudecken und im vorgeheizten Ofen bei 175–200 °C 2–2½ Stunden schmoren lassen. Die Zeit richtet sich nach der Fleischqualität. Immer wieder von der Beize nachgießen und probieren, ob es nicht zu sauer wird. Falls zu sauer, evtl. ein wenig Fleischbrühe verwenden. Ist das Fleisch gar, aus der Brühe nehmen und diese durch ein Sieb passieren. In einer anderen Kasserolle aus Butter und Mehl eine nicht zu helle Einbrenne machen, mit der durchgesiebten Brühe ablöschen (evtl. ein wenig von der Beize dazugeben, die man unbedingt dafür aufheben sollte), die saure Sahne gut unterrühren und alles 8–10 Min. kochen. Mit Johannisbeergelee, Sojasauce und Fleischextrakt, evtl. noch mit etwas Salz und Pfeffer nachwürzen. Die Sauce soll dunkel, sämig und kräftig sein, gut säuerlich, mit einem kleinen Stich ins Süßliche. Manche älteren Hausfrauen (z. B. meine Großmutter) verkochten ein Stück sog. Sauce-Lebkuchen (brauner, einfacher Lebkuchen) in der Sauce statt Gelee.

Dazu: Nudeln oder Makkaroni oder gekochte Klöße, eingemachte Birnenhälften mit Preiselbeeren gefüllt und extra Preiselbeeren in einer Sauciere.

Filet Wellington

Rinderfilet in Blätterteig

für 6 Personen

Das mittlere (gleichmäßig dicke) Stück eines gut abgehangenen Rinderfilets (Spitze und dickes Ende kann für Filetgulasch oder Fleisch-Fondue etc. verwendet werden)
400 g sehr frische Champignons
1 mittelgroße Zwiebel oder 3 Schalotten
Butter, Salz, Pfeffer
1–2 EL nicht sehr scharfes Paprikamark
180–200 g gute, echte Straßburger Gänseleber
450 g tiefgefrorener Blätterteig

Das *Filet* putzen, gut salzen und etwas pfeffern. In sehr heißem Bratfett (z. B. Butterschmalz) schnell von allen Seiten anbraten. Wichtig ist: scharfes, kurzes Anbraten!

Die *Champignons* waschen, gut putzen und durch den Fleischwolf (feine Lochscheibe) drehen. In ein Haarsieb drücken und alle Flüssigkeit herauspressen. Was übrig bleibt, sieht nicht sehr schön aus.

Die *Zwiebeln* sehr fein würfeln und in reichlich Butter *hell* dämpfen (ja nicht braun). Die Champignonmasse dazugeben und unter ständigem Rühren 10–12 Min. köcheln lassen. Die Masse soll dicklich und recht trocken sein. Würzen mit Salz und Pfeffer und dem *Paprikamark*. Erkalten lassen.

Die *Gänseleber* oben auf das erkaltete, angebratene Filet streichen, dann die Champignon-Zwiebel-Masse.

Den aufgetauten *Blätterteig* zu einem 4 mm dicken (nicht dünner!) länglichen Viereck ausrollen. Das Filet darin so einpacken, daß der Teig über Gänseleber und Champignons gelegt wird und die Teigenden unten zusammenstoßen bzw. etwas übereinanderliegen, damit kein Saft herauslaufen kann. Mit etwas süßer Sahne bestreichen und im vorgeheizten Ofen bei 190–220 °C im unteren Drittel der Röhre ca. 30–35 Min. backen lassen.

Gut ist es, wenn man ein Fleischthermometer einsteckt und genau abliest, wie lange die Bratzeit zu gehen hat. Bei Umluft wird der Blätterteig schön hellbraun und knusprig. Bei konventioneller Hitze evtl. 1 Schiene höher stellen.

Das Fleisch soll beim Anschneiden innen zartrosa sein, aber nicht blutig, schon gar nicht völlig durch! Sofort servieren.

Dazu: Baguette-Brot
Zweierlei Saucen: Bearnaise und Rote Sauce (siehe: Saucen), Salate und guter französischer Rotwein

Bœuf Stroganoff

Filet-Gulasch

für 4 Personen

600 g Rinderfilet
3 EL Butter oder entsprechend Butterschmalz
ein wenig Öl ohne starken Geschmack (kein Olivenöl)
2 enthäutete Tomaten, in kleine Würfel geschnitten
2 mittlere Zwiebeln, klein in Würfelchen geschnitten
je ¼ Tasse (60 ml) süße Sahne und Crème fraîche, beides gut vermischt
scharfer Senf (Dijon-Senf)
Salz und frischer Pfeffer
gutes Fleischextrakt
1 Prise Zucker
evtl.: 1 Mini-Messerspitze indisches Sambal-Gewürz »fried chilli paste«, wenn man's pikant mag
200 g frische Champignons, geputzt und im ganzen in Wasser mit Zitronensaft weichgezogen (leise köcheln), dann in feine Blättchen geschnitten
1 mittelkleine Gewürzgurke, in feine Würfelchen geschnitten

Das Filetfleisch in längliche Streifen von ca. 2 × 4 cm schneiden. In heißer Butter, besser in Butterschmalz, kurz und kräftig anbraten, erst dann salzen und pfeffern. Aus der Pfanne nehmen und warm halten. In derselben Pfanne (jetzt evtl. etwas Öl zugeben) die Zwiebelwürfelchen und nach einiger Zeit die kleingeschnittenen Tomaten anschmoren. Später den Deckel darauf. Mit gemischter süßer Sahne und Crème fraîche verrühren, mit etwas Senf, Fleischextrakt, einer Prise Zucker und evtl. dem indischen Sambal-Gewürz (wenig!) abschmecken.

Die vorgekochten, geblättelten Champignons und die Gurkenwürfelchen zugeben und nochmals kurz durchkochen lassen; Hitze reduzieren und unzugedeckt 10–15 Min. nun mit den angebratenen Filetstücken leicht köcheln oder so lange, bis das Fleisch weich genug erscheint. Sofort servieren.

Dazu: breite Nudeln oder ähnliches, Spätzle, Reis, Bratkartoffeln, Salzkartoffeln oder nur Baguette-Brot.

Carpaccio

Carpaccio ist sehr dünn (fast durchsichtig) aufgeschnittenes rohes Fleisch von Rind, Kalb, von Salm und anderem Fisch.

Eine gute Vorspeise. Vom Rind finde ich es immer noch am besten. Ich mache eine gute Marinade dazu.

für 4 Personen

Rinderlende (unterer Teil) oder *Rinderkeule (oberer Teil)*
Parmesankäse (am Stück)
evtl. 12–16 sehr frische Champignons

Die Marinade *(eine cremige Sauce)*
4 Sardellenfilets
½–1 Knoblauchzehe
½ kleinere Zwiebel
14–18 große Basilikumblätter oder entsprechend viele kleinere
wenig Salz (Sardellen, Sojasauce und Käse sind salzig)
frischer Pfeffer
2 TL Dijon-Senf (pur – ohne andere Zusätze)
Balsamico-Essig nach Geschmack
Sojasauce, getrocknete Provencekräuter (Vorsicht: wenige! Probieren!)
Walnuß-Öl nach Geschmack (wer will, kann evtl. auch Olivenöl nehmen)

alle diese Zutaten mit dem elektrischen Pürierstab gut zerkleinern und zu einer sämigen Sauce verrühren. Abschmecken. Gut ist, diese Marinadensauce schon einige (4–5) Stunden vorher zu machen, damit sich alles gut vermischt im Geschmack.

Vom unteren Ende des Rinderfilets oder vom oberen Teil der Rinderkeule hauchdünne Scheiben schneiden und gleich auf die Teller legen. Restaurants nehmen meist die Keule. Für eine Hausfrau ist das Teilstück vom Filet praktischer zu schneiden. Wenn man das Fleisch leicht anfriert, gelingen einem sehr dünne Scheiben. Mit der Marinade reichlich bestreichen und fein gehobelten (nicht geriebenen) Parmesan (nur echten) darübergeben. Eventuell garnieren mit dünn aufgeschnittenen Scheiben von rohen Champignons, die man – damit sie nicht dunkel werden – mit ein wenig verdünntem Zitronensaft einreibt.

Linsen und Ochsenschwanz-Stew

San Diego 1985

für 6 bis 8 Personen

1. *3–4 EL Öl oder gut gewürztes Schweinegriebenfett*
   3 Karotten, klein in Ringe geschnitten
   2 mittlere Zwiebeln, klein gewürfelt
   1–2 Knoblauchzehen, fein geschnitten

2. *600 g getrocknete Linsen (nicht einweichen)*
   650 g »Schäufele« *(gepökeltes, leicht angeräuchertes rohes Schweinefleisch aus der Schulter)*
   1–2 TL getrockneter Majoran und ½–1 TL Thymian
   2–3 Lorbeerblätter
   *7 Tassen Wasser**

3. *Salz und frisch gemahlener Pfeffer*

4. *ca. 2,5 kg Ochsenschwanz, vom Metzger in Stücke geschnitten*
   60 ml Öl (kein Olivenöl) oder entspr. Butterschmalz

5. *Suppengemüse:*
   1–2 Knoblauchzehen, fein geschnitten
   2–3 Stengel Lauch, in Ringe geschnitten
   6–7 Stengel vom Staudensellerie, fein in Ringe geschnitten
   1 große Zwiebel, klein gewürfelt

6. *4 Tassen trockener Weißwein*
   3 gehäufte EL Tomatenmark

7. *120 ml saure Sahne oder Crème fraîche*

zu 1. Zwiebeln und Karotten mit dem Fett in einer Kasserolle 8–10 Min. anrösten. Knoblauch etwas später zufügen, damit er nicht braun und bitter wird.

zu 2. Das Schweinefleisch im Ganzen zufügen und gut anrösten, dann mit 7 Tassen Wasser* auffüllen, würzen wie angegeben.
Die Kasserolle zudecken und 1–1 ¼ Stunden zart kochen oder so lange, bis das Fleisch ¾ weich ist. Dann erst die Linsen zugeben und je nach Sorte 40 bis 50 Min. leicht köcheln lassen, bis sie gar sind, aber nicht zerfallen. Das Schweinefleisch jetzt herausnehmen und in kleine Würfel schneiden und wieder zu den Linsen geben.

zu 3. Jetzt erst pfeffern und salzen.

zu 4. Die Ochsenschwanzstücke vom Fett befreien, salzen und pfeffern und im Bratfett gut anbräunen. Am besten im sehr heißen Ofen bei 250 °C in tiefer Bratschale.

* Wenn die Linsen viel Flüssigkeit aufsaugen, kann man noch etwas Wasser nachgießen. Das Gericht sollte sämig sein, aber nicht flüssig!

zu 5. Lauch, Stangensellerie und Zwiebeln zufügen, etwas später den Knoblauch und alles noch ein wenig anbräunen.
Die Ochsenschwanzstücke hin und wieder umwenden. Das Fett am Schluß abgießen.

zu 6. Mit dem Wein und dem aufgelösten Tomatenmark ablöschen. Das Ganze nun in einen großen Bräter mit Deckel geben und zugedeckt 2 Stunden, bis das Fleisch gut weich ist, im mittelheißen Ofen schmoren lassen (180–200 °C).
Man kann nun das Ochsenschwanzfleisch vom Knochen lösen. Besser ist es, die ganzen Ochsenschwanzstücke zu verwenden. Man gibt das Fleisch zusammen mit dem verkochten »Suppengemüse« und dem Saft zu den Linsen und den Schweinefleischstückchen.

zu 7. Gut vermischen, nochmals abschmecken und ½ Tasse saure Sahne oder Crème fraîche unterrühren.

P. S. Das Stew läßt sich gut tiefkühlen. Besser ohne Sahne, diese erst nach dem Auftauen einrühren. Da es Schweinefleisch enthält: nicht länger als 6–7 Wochen einfrieren.

Roses Rind- und Lammstew

für 6 Personen

1200–1500 g (zusammen)
mürbes, kurzfaseriges Rindfleisch
(z. B. »Mürbschoß« = Hüfte, auch Schwanzfeder genannt)
und Lammfleisch (von Hals und Schulter)
Butterschmalz zum Anbraten des Fleisches
Öl (kein Olivenöl) zum Schmoren des Gemüses
ca. 2–3 EL Mehl
10 kleinere Karotten, in Scheibchen geschnitten
12–14 sehr, sehr kleine Zwiebelchen oder Schalotten, ganz lassen
ca. 250 g zarte grüne Bohnen, in 2,5–3 cm Länge gebrochen
3 Stengel Weißes vom Lauch, in Ringe geschnitten
3 Stengel vom Staudensellerie, in kleine Scheiben geschnitten
8–10 kleinste Kartöffelchen (oder entsprechend viel halbe von ebenfalls kleinen)
2 feingehacke Knoblauchzehen
Fleischbrühe
guter französischer Rotwein
Salz, frischer Pfeffer, etwas Sojasauce
evtl. etwas Fleischextrakt
nach Belieben 3–4 EL süße Sahne oder Crème fraîche

Das Fleisch in nicht zu kleine Würfel schneiden und in Butterschmalz gut anbraten. Salzen und pfeffern und mit 2–3 EL Mehl bestreuen. Unter Rühren weiter anbraten, bis alles eine hell-bräunliche Farbe angenommen hat.

Nun mit so viel Fleischbrühe aufgießen, daß die Fleischwürfel gut bedeckt sind. Zudecken und 60–70 Min. (je nach Größe der Fleischwürfel) *zart* kochen lassen.

Inzwischen in einer großen, breiten Kasserolle mit nicht gerade wenig Öl nach und nach anbraten: die Lauchringe, die ganzen, kleinen Zwiebeln, die Sellerie-Stückchen, die winzigen Kartoffeln, dann erst den Knoblauch, damit er nicht zu dunkel und bitter wird, und zum Schluß noch die Bohnenstücke. Etwas Sojasauce darüber, zudecken und (unter gelegentlichem Umrühren) 5–7 Min. lang alles zusammen schmoren lassen. Dann das Fleisch mitsamt seiner Brühe dazuschütten und – wieder zugedeckt – im vorgeheizten Ofen bei 175– 185 °C so lange schmoren lassen, bis Fleisch und alles Gemüse weich und gar ist. Während dieser Zeit 3–4 kleine Gläser guten (französischen) Rotwein dazugießen.

Scheint das ganze am Schluß zu flüssig, ohne Deckel auf der Herdplatte noch ein wenig einkochen lassen.

Evtl. 3–4 EL süße Sahne oder Crème fraîche dazurühren.

Dazu erscheint mir am besten nur Baguette-Brot und sehr guter Rotwein.

Carré d'Agneau

Kotelett-Braten vom Lamm

pro Person

3 Rippen vom Karree (gut gerechnet)
Butter
scharfer Dijon-Senf
Salz, frischer Pfeffer, etwas edelsüßes Paprikapulver
1–2 Knoblauchzehen, sehr klein geschnitten
reichlich feinstgehackte Petersilie
Semmelbrösel, feinstgeriebene

Vom Karree das überschüssige Fett entfernen, oben aber eine dünne Fettschicht übrig lassen, damit es nicht austrocknet.

Das Karree muß vom Metzger folgendermaßen bearbeitet worden sein: Unten am Knochen soll Rippe für Rippe eingehackt oder eingesägt sein, das Fleisch oben jedoch ganz gelassen werden. Am besten ist, man erklärt es dem Metzger (ein guter weiß es sowieso) und bleibt dabei, wenn er es macht.

Das Fleisch gut würzen mit Salz, Pfeffer und Paprika. 2 lange Spießnadeln aus Chromstahl in beide Enden des Karrees einstechen. So verhindert man, daß es sich beim Braten verbiegt.

Das so vorbereitete Fleisch auf ein tiefes Backblech – mit ein paar Butterflocken darunter und drumherum – setzen, Fettschicht nach oben, Knochen nach unten – und im vorgeheizten Ofen bei 220 °C 20–35 Min. braten.

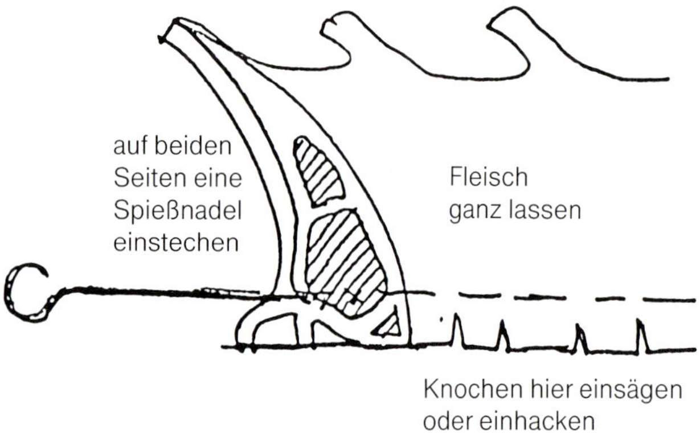

Die Zeit richtet sich nach der Größe des Fleischstückes und danach, ob man es sehr rosa oder etwas mehr durch will. Evtl. 1–2 mal zwischendurch mit dem Fett übergießen, das sich unten im Blech gebildet hat. Wenn das Fleisch fast gar ist, herausnehmen und auf der Oberseite mit einer dünnen Schicht Senf bestreichen, reichlich gehackte Petersilie und fast ebensoviel Semmelbrösel darüberstreuen und etwas festdrücken. 1–2 Knoblauchzehen fein schneiden und eindrücken.

Die Butterflocken obenauf setzen, wieder in den Ofen schieben und bei gleicher Hitze noch ein paar Minuten fertigbraten. Zum Schluß unter dem Grill überkrusten und bräunen (dabeibleiben!). Sofort anrichten auf einem Holzbrett mit Rille und am Tisch schneiden (die Knochen sind ja schon geteilt).

Garnierung: große Brunnenkresse (zur Not Petersilie) und gegrillte Tomaten

Dazu:
– etwas festen Kartoffelbrei (mit viel guter Butter)
– gratinierte Dauphin-Kartoffeln in der Auflaufform
– weiße Bohnenkerne (im Winter)
– grüne Bohnen (im Sommer)
– Kartoffelsalat und andere grüne Salate (an heißen Tagen)

Carre d'Agneau
Die Quadratur des Lamm-Rippenstücks.

Leg of Lamb ›Creole‹

Lammkeule karibisch, Südflorida 1989

für 5–6 Personen

1 (nicht zu große) Lammkeule mit Knochen (1200–1500 g)
Salz und Pfeffer zum Würzen
etwas Butterschmalz (oder Öl) zum Anbraten
1 größere Zwiebel, in kleine Würfel geschnitten

Würzsauce aus
2–3 EL Chilisauce (bei milder Chilisauce gut 3 EL, bei scharfer nur 2 EL nehmen)
2 EL Worcestershire-Sauce
2 EL Weinessig
350–460 ml (1½–2 Tassen) Rinderbrühe (evtl. Instant)
2 Lorbeerblätter
½–1 TL getrockneter Thymian, im Mörser fein zerstampfen
2 mittelgroße Zwiebeln, in kleine Würfel geschnitten
2–3 Knoblauchzehen, sehr klein geschnitten

Die Lammkeule bratfertig herrichten, d. h. alles überschüssige Fett abschneiden und mit Salz und Pfeffer einreiben. In einer entsprechend großen Kasserolle in etwas Butterschmalz (oder Öl) von allen Seiten gut anbraten. Gegen Ende die Zwiebelwürfel zugeben und diese dunkelgold (nicht dunkelbraun) rösten.

Den Ofen auf 210–220 °C vorheizen.

Die Keule mit den angerösteten Zwiebeln *nicht* zugedeckt im unteren Drittel des Ofens 15 Min. bei guter Hitze (210–220 °C) braten. (Nachsehen, ob die Zwiebeln nicht dunkel werden, dann gleich mit Würzsauce aufgießen.)

Die Zutaten der *Würzsauce* zusammen aufkochen und nach den 15 Min. Anbratzeit im Ofen über die Keule gießen. Nun mit dem Deckel verschließen und den Ofen zurückstellen auf ca. 160 °C. Während des Bratens (besser gesagt Schmorens) das Fleisch alle 15 Min. mit der Würzsauce aus der Kasserolle begießen (jedes Mal wieder zudecken). Falls trotz niedriger Temperatur und Deckel viel Flüssigkeit verdampft, ein wenig heiße Brühe oder Wasser nachgießen.

Wenn das Fleisch gar ist, aus der Sauce nehmen und aufschneiden. Die Sauce braucht man nicht durchzupassieren und auch nicht mit Mehl andicken. Aber man sollte das obenauf schwimmende überschüssige Fett abschöpfen (nicht alles). Die Hälfte der Sauce über das aufgeschnittene Fleisch gießen, die andere Hälfte extra servieren.

Dazu: weißer Reis und schwarze Bohnen (evtl. auch kleine rote)

Mir schmeckt dazu am besten ein herbes Bier.

Lammkeule mit einer Sauce aus Blaukäse

für ca. 6 Personen

1 (nicht zu große) Lammkeule mit Knochen (1200–1500 g)
Pfeffer und sehr wenig Salz (der Käse ist salzig)
½ TL getrockneter Thymian und
1 TL getrockneter Majoran
2–3 Knoblauchzehen, kleingeschnitten, im Mörser mit den Kräutern zerstampft
etwas Butterschmalz zum Anbraten
3–4 mittelgroße Zwiebeln, in kleine Würfel geschnitten
½ l guter trockener Weißwein
200–300 g englischer »Stilton«-Käse oder »Bavaria Blu«-Käse (bitte keinen Roquefort, er ist zu scharf und stark im Geschmack); die Menge des Käses richtet sich nach dem persönlichen Geschmack, ausprobieren.
250 g Crème fraîche
150 g normal fetter Joghurt
evtl. 1–2 EL Mehl zum Binden der Sauce

Die Lammkeule von überschüssigem Fett befreien. Einreiben mit *sehr* wenig Salz und etwas mehr Pfeffer, dann mit der zerstampften Mischung aus Thymian, Majoran und Knoblauch. In einer entsprechend großen Kasserolle in Butterschmalz rundum gut anbraten. Dann die Keule herausnehmen und im selben Fett (evtl. noch etwas zugeben) die Zwiebelwürfel golden rösten.

Den Ofen auf 210–220 °C vorheizen. Die Lammkeule in die Kasserolle zu den Zwiebeln legen, mit Wein aufgießen und 15–20 Min. ohne Deckel braten.

Während dieser Zeit den Blaukäse (mit einem elektrischen Passierstab) mit der Hälfte der Crème fraîche und dem Joghurt zu einer sämigen Paste verrühren. Die Paste auf die gerundete Oberseite der Keule streichen, den Ofen auf 175 °C zurückschalten und die so bestrichene Keule *nicht* zugedeckt ca. 50 Min. braten. Dann die Keule umdrehen, mit der Käse-Sahne-Sauce aus der Kasserolle begießen und nochmals 45–50 Min. *nicht* zugedeckt braten (weiterhin bei 175 °C).

Des öfteren mit der Käse-Sahne-Sauce übergießen und – wenn nötig – gegen Ende mit einem Deckel verschließen.

Ist die Keule gar, herausnehmen und (in Alufolie eingewickelt) warmhalten. Die 2. Hälfte der Crème fraîche an die Sauce rühren und sie mit 1–2 EL Mehl binden.

Keinesfalls die Sauce durch Einkochen reduzieren, sie wird sonst zu »mächtig«. Nochmals abschmecken und – wenn nötig – etwas nachsalzen. Ein Durchpassieren der Sauce ist nicht nötig. Das Fleisch aufschneiden, die Hälfte der Sauce darübergießen, die andere Hälfte extra servieren.

Dazu: mehlige Salzkartoffeln oder lockerer Kartoffelbrei, viel grüne Salate, guter trockener Weißwein (evtl. Elsässer) oder ein guter trockener Rosé.

Butterflied Leg of Lamb

San Diego (Lammkeule ohne Knochen, mariniert und gebraten)

für 5–6 Personen

1 Lammkeule, nicht zu groß! (1200–1500 g)
– kleinere Tiere sind besser und zarter!
250 ml Italian Dressing = fertige Salatsauce oder selbst herstellen aus:
Öl, wenig Essig, Zitronensaft, Salz und Pfeffer,
etwas Zucker, Kräutern und Knoblauch
2 größere Zwiebeln, grob geschnitten
Salz und Pfeffer für das Fleisch (nicht zu viel)
etwas Instant-Saucenbinder oder
Mehl zum Binden der Sauce

Vom Metzger den Knochen aus der Keule herausschneiden lassen, an der Seite einschneiden und flach eindrücken, so daß eine schmetterlingsartige Form (butterflied) entsteht.

Die Zwiebeln in Halbringe schneiden. Das Fleisch und die Zwiebeln mit der Dressing-Marinade übergießen und 3–4 Stunden darin marinieren. Des öfteren umwenden.

Den Ofen auf ca. 200 °C vorheizen. Hat er die Temperatur erreicht, den Grill dazuschalten.

Das Fleisch ohne Zwiebeln, aber noch feucht von der Marinade, in der Mitte des Ofens oder im unteren Drittel (je nach Stärke des Grills) auf einem tiefen Backblech auf jeder Seite ca. 15 Min. (nach Größe der Keule) bräunen. Alle 5 Min. mit der Marinade (ohne Zwiebeln) übergießen, damit das Fleisch saftig bleibt.

Die Zwiebeln inzwischen in einer Pfanne leicht anrösten. Man braucht kein extra Fett dazu, da die Marinade genügend Öl enthält.

Den Grill abstellen und kontrollieren, wie weit das Fleisch gar ist. Es soll zu 80 % gar sein, innen noch recht rosig, aber nicht mehr blutig und fast weich.

Die Zwiebeln aus der Pfanne nehmen und auf das Fleisch legen und noch so lange bei normaler Hitze (200–210 °C) braten, bis es vollends gar ist (je nach Stück Fleisch und Ofen kann das 10–15 Min. dauern – evtl. auch weniger). In jedem Fall soll es innen nicht völlig »durch« sein, sondern noch zart rosa. Die Sauce abseihen, evtl. nachwürzen und – wenn gewünscht – mit etwas Instant-Saucenbinder oder Mehl binden.

Gut dazu: Kartoffelbrei und zarte Erbsen oder Zuckererbsen, evtl. auch Nudeln mit grünem Salat

Butterflied leg of lamp
»Butterflied« bedeutet im Küchen-Englisch: Entbeint und flach ausgebreitet gebraten.

Roses Kitzbraten

junge Ziege

Dies ist der Schlager unserer Fleischküche von Ostern bis September.

für gut 6 Personen

2,5–3 kg Kitz (die Hälfte eines Kitzes)
(enthäutet, aber mit Knochen und dem halben Kopf gewogen)
Bratfett: Butterschmalz oder Öl gemischt mit Butter
3–4 Zwiebeln
Salz, frischer Pfeffer, Fondor und edelsüßes Paprikapulver
als Bratwürze alles zusammen in einer Tasse mischen. Das Salz sollte im Geschmack überwiegen.

Saucenwürze: gutes Fleischextrakt, etwas Sojasauce

Saucenbindung: wenig Mehl oder Instant-Saucenbinder, ca. ⅛ l süße Sahne

Kitz ist eine sehr junge Ziege, zur frühen Osterzeit und kurz danach geschlachtet. Man kann Kitz nur im Frühling kaufen, aber sehr gut tiefkühlen. Ich möchte sagen, tiefgekühltes Kitz schmeckt fast besser als ganz frisches. Es hält sich im Tiefkühler gut bis Ende September. Dann sollte man es aufgebraucht haben; von da ab gibt es ja die frischen Rebhühner und Fasanen.

Die Zeit, in der Kitz angeboten wird, ist sehr kurz, und Kitz ist rar. Es wird immer seltener, aber man bekommt es, wenn man danach fragt. Billig ist es auch nicht gerade, dafür aber ein Festessen! Wichtig ist, daß man vor dem Tiefkühlen das Fleisch putzt und in Portionsstücke schneidet bzw. hackt. Niemals ein ganzes oder halbes Tier unzerteilt einfrieren!

Ein Kitz soll 5–6 Kilo wiegen. Kleinere Tiere sind zu weich im Fleisch und fade im Geschmack, größere Tiere »bockeln«, d. h. sie schmecken zu stark.

Man zerlegt das Kitz in handtellergroße Portionsstücke, entfernt das Fett und die Häute und friert es – wenn man es nicht sogleich verwendet – sofort ein. Den Kopf kann man ebenfalls einfrieren, er ist gut für die spätere Saucenzubereitung (Knochen). Man nimmt aber vorher das zarte Hirn heraus. Hirn und Innereien (Leber, Herz, Lunge) friert man nicht ein, sondern verwendet sie sofort. (siehe: Frito Mallorquin). Häufig werden die Innereien (aus veterinär-ärztlichen Gründen) nicht mitgeliefert.

Zubereitung von frischem oder aufgetautem Kitz
Die portionsfertigen Stücke waschen, gut trocknen und mit der Würzmischung aus der Tasse einreiben. In einer größeren Pfanne in Bratfett nach und nach gut anbraten. Die goldbraun angebratenen Stücke in eine große Deckel-Kasserolle legen. Den Ofen vorheizen auf 220 °C. Die Zwiebeln in grobe Ringe schneiden und im Bratfettfond in der Pfanne goldgelb rösten. Fleischextrakt und etwas Sojasauce dazugeben, gut verrühren und kurz durchschmoren lassen. Dann mit reichlich Wasser aufgießen, kurz aufkochen lassen und alles über die angebratenen Kitzstücke in der Kasserolle gießen. Mit dem Deckel verschließen und im unteren Drittel der Bratröhre bei guter Hitze (200–220 °C) zugedeckt 45–60 Min. schmoren lassen. Zwischendurch, wenn nötig, noch etwas Wasser nachgießen (nicht viel, sonst wird die Sauce nicht kräftig genug).

Die Schmorzeit richtet sich nach der Größe des Tieres – probieren! Wenn das dickste Fleischstück weich ist, alle Stücke herausnehmen, die Sauce durchpassieren, mit etwas Mehl und Sahne binden und etwas einkochen. Die Sauce nochmals abschmecken. Möglichst *keine* weiteren Extraktzutaten zugeben, damit der Eigengeschmack erhalten bleibt.

Wenn die Sauce und die Beilagen fertig sind, also erst unmittelbar vor dem Essen: Die Fleischstücke neben- (nicht über-)einander in ein tiefes Backblech legen und mit ein wenig Butter oben bestreichen. Den Ofen auf Grill (oder starke Oberhitze) stellen, wenn der Grill zu glühen beginnt, das Fleisch ganz kurz (1–2 Min.) bräunen. Dann sofort auf heißer Platte anrichten. Die Sauce extra dazu reichen.

Trick: Während des Grillens muß man beim Ofen bleiben und das Fleisch beobachten! Es muß braun und knusprig werden, darf aber ja nicht austrocknen! Die Gäste sollten schon am Tisch sitzen. Auch sollte man immer nur so viel Fleisch knusprig grillen, wie man braucht. Später zu verwendendes Fleisch ungegrillt in der Sauce aufheben.

Beilagen: Salzkartoffeln und breite Nudeln (bei uns gibt es beides – sehr gut!)
Grüner Salat und Spargel-Salat oder Grüner Salat und Gurken-Salat; Weißwein oder Rosé

Hähnchen in Morchelsauce mit Champagner

für 4–5 Personen

2 frische, kleine Poularden, je 900–1100 g; auf keinen Fall gefroren
ca. 30 g getrocknete Morcheln, 2–3 Std. eingeweicht
2–3 mittlere Zwiebeln
Butter und ein wenig Öl (kein Olivenöl)
Mehl zum Bestäuben
ca. ⅛ l Crème fraîche oder süße Sahne
200 ml Champagner
Salz und Pfeffer

Die Poularden salzen und pfeffern und in Butter mit Öl gut anbraten. Etwas Wasser oder reine Fleischbrühe (ohne Gemüsegeschmack) aufgießen, zudecken und im vorgeheizten Ofen bei ca. 200 °C ca. 1 Stunde gar schmoren.

Inzwischen die Morchelsauce zubereiten
Die eingeweichten Morcheln abseihen. Das Morchelwasser durch ein Tuch (Sand!) laufen lassen und aufheben, die Morcheln putzen und in kleine Stücke schneiden. Die Zwiebeln *reiben* und in Butter glasig dämpfen. Etwas Mehl darüberstäuben und hellgelb werden lassen. Dann mit dem Morchelwasser und dem Poularden-Bratensaft ablöschen und ohne Deckel unter ständigem Rühren 10 Min. kochen. Die Crème fraîche und die Morchelstücke zugeben und weitere 10 Min. unter Rühren kochen lassen. Nach ca. 1 Stunde sind die Poularden weich. Etwas abkühlen lassen und dann in Portionsstücke schneiden, indem man Knochen und evtl. auch die Haut entfernt. Diese Portionsstücke in eine feuerfeste Form legen und warmhalten. Der Morchelsauce, die dicklich sein sollte, nun den Champagner zufügen, nochmals kurz aufkochen und sie über die Poulardenstücke gießen. Einen guten Rest in der Sauciere dazu servieren. Die Poularden *mit* der Sauce sollten vor dem Servieren noch gute 5 Min. sehr heißgehalten werden, damit alles gut durchziehen kann.

Dazu: Crèpes Parmentier (siehe: Beilagen) oder breite Nudeln

Soja-Honig-Poularde

asiatisch

Unsere Tochter Elisabeth war längere Zeit in Asien und brachte von dort viele Rezepte mit.

für 3 Personen

Wenn möglich, in einem Wok zubereiten; sonst eine tiefe Pfanne nehmen

1 Poularde (1000–1200 g)
2 EL Erdnußöl und 1 EL Sesamöl zum Anbraten
70 ml Sojasauce
2 EL Honig
2 EL trockener Tio-Pepe-Sherry
1 EL Erdnußöl und 1 TL Sesamöl für die Sauce
1–1 ½ EL feingeriebener frischer Ingwer
3 kleine, getrocknete rote Chili-Schoten oder noch besser:
1 Chili und ½ TL Szechuan-Pfeffer, ungemahlen
2–3 Knoblauchzehen
Reis (wenn möglich japanischer)
Broccoli
oder *Mischgemüse aus: Chinakohl, Sojasprossen und Karotten (oder ähnliches)*

Die Poularde in Portionsstücke zerteilen und ohne Salz und Gewürze in dem gemischten Öl scharf und rundum goldbraun braten.

Die Chili-Schote, den Szechuan-Pfeffer und den Knoblauch zermörsern, dann mit Ingwer, Sherry, Sojasauce, 1 EL Erdnußöl und 1 TL Sesamöl in einem Bräter erwärmen, den Honig einrühren und alles zum Aufkochen bringen. Die angebratenen Poulardenstücke einlegen, zudecken und bei mäßiger Hitze ca. 30–40 Min. zart schmoren, bis das Fleisch weich ist.

Inzwischen den Reis kochen und das Gemüse zubereiten: entweder gedämpften Broccoli oder (im Wok gerührtes) Mischgemüse aus Chinakohl, Sojasprossen und Karotten.

Das fertige Fleisch in der Sauce servieren (die Sojasauce hat Salz genug, aber wenn nötig, noch ganz leicht nachsalzen). Das Gemüse und den Reis extra dazugeben. Die Sauce nicht mit Mehl oder Stärkemehl binden.

Elisabeth sagt: »Vorher mache ich einen vietnamesischen Salat mit Erdnüssen und Glasnudeln. Und als Dessert Bananenreis mit Kokosmilch, Bananen und Papaya.«

Wer gerne asisatisch kocht, kann seine Phantasie walten lassen.

Poularde mit Gemüse im Tontopf

für 4 Personen

1 frische Poularde (1300–1400 g), nicht gefroren
ca. 80 g Butter
das Herz von 1 Eissalat oder von 2 × Kopfsalat
100 g Erbsen (können gefrorene sein, dann aufgetaut)
100 g zarte grüne Bohnen in 3–4 cm Stücke gebrochen
100 g kleinere Karotten, in nicht zu kleine Streifen geschnitten
4 kleine Zwiebeln, halbiert oder in Viertel geschnitten
eine Würzmischung aus: Salz, frischem Pfeffer, Fondor und mildem Paprikapulver
Sojasauce für's Gemüse
Evtl. 150 g tiefgefrorenen Blätterteig ausrollen und in Form des Topfes schneiden, etwas überlappen *lassen, denn der Teig läuft sehr ein.*

Die Poularde innen und außen gut würzen und mit Butterflöckchen (auch innen und außen) versehen. Eine Tonform mit Deckel (der Elsässer »Bäckeofen« ist ideal) oder einen Bräter mit Deckel verwenden. Die Poularde hineinlegen, das geschnittene Gemüse rund um die Poularde geben, Sojasauce darüberspritzen (nicht zu viel), kein Salz und keine Gewürze nehmen, das Hähnchen ist genug gewürzt und gibt seinen Saft ab. Mit Alufolie abdecken, dann den Deckel daraufsetzen. Den Ofen auf 210–220 °C vorheizen. Den Tontopf oder Bräter ins untere Drittel einstellen und die Poularde mit dem Gemüse ca. 1 ¼ Stunden schmoren lassen. Probieren, ob alles gar ist. Die Poularde herausnehmen, in Viertel teilen, das Gerippe entfernen. Wieder in den Topf zum Gemüse zurücklegen, nochmals gut erwärmen und nochmals abschmecken.

Dazu: Baguette oder Bauernbrot

Evtl. in den letzten 30 Min. statt der Alufolie und dem Deckel den ausgerollten Blätterteig überlappend über den Topf breiten (Teig läuft ein) und gut festdrücken (sollte er zu schnell braun werden, etwas mit Folie abdecken). Die Poularde kann dann natürlich erst am Tisch tranchiert werden, nachdem jeder seinen Teil Blätterteig bekommen hat.

Poularde oder Huhn in Noilly Prat

Meine Tochter Elisabeth macht dieses Gericht gern und oft; sie gab mir dieses Rezept.

für gut 3 Personen

1 größere Poularde (ca. 1100–1300 g) oder Maishuhn
½ l Noilly-Prat-Vermouth
Salz, Pfeffer, milder Paprika
ca. 1 TL Provence-Kräuter
4 Schalotten oder 1 mittlere Zwiebel
2 Knoblauchzehen
Öl zum Braten (kein Olivenöl)
2 Lorbeerblätter
Hefe-Würzmittel oder Hefe-Extrakt
Hühnerfleischextrakt oder Instant-Hühnerbrühe

Das Huhn in kleine Portionen zerlegen, mit einer Mischung von Salz, Pfeffer, Paprika und ein wenig Provence-Kräutern einreiben. Zwiebeln und Knoblauch klein schneiden.

Das gewürzte Huhn in einer Bratreine in Öl gut anbraten. Das Fleisch herausnehmen, noch ein wenig Öl zugeben und in der Reine die Zwiebeln anschmoren.

Wenn sie halb weich sind, Knoblauch und Thymian zugeben und alles noch ein wenig weiter schmoren.

Mit ¼ l Noilly Prat aufgießen, Hühnerextrakt bzw. Instant-Hühnerbrühe zugeben und die Lorbeerblätter sowie das Hefe-Würzmittel. Das Fleisch wieder in die Reine legen und den Rest vom Noilly Prat darübergießen; evtl. noch etwas mehr: das Fleisch soll ¾ damit bedeckt sein. Umrühren, den Deckel auflegen und bei mäßiger bis mittlerer Hitze ca. 30 Min. schmoren lassen, bis das Huhn weich und gar ist. Das Fleisch auf eine warme, hochrandige Platte legen, die Sauce darüberseihen.

Dazu: am besten ein guter *Couscous* oder auch Reis und Zuckerschoten oder Zucchini.

Hähnchen im Römertopf

Bitten Sie doch nächstes mal Ihren Metzger, das Viech vorher für Sie zu dressieren.

Roses Entenbraten

Für 6–8 Personen (3 Enten)

Die Geschichte mit dem Abkochen ist wahr, jeder, der's probierte, war begeistert und macht es seither nur noch so.

Mein Vater sagte stets: »Die beste Gans sind 2 oder 3 Enten.« Auch das ist wahr, wobei ich Gänsebraten-Liebhabern nicht zu nahe treten möchte.

Früher kamen die besten Enten aus Norddeutschland: die sog. Vierländerenten. Heute kommen sie vornehmlich aus Frankreich. Die beste Ente ist die sog. Barberie- oder Flugente und zwar die weibliche, die kleiner und zarter im Fleisch ist. Sie fliegt nicht, wie ihr Name sagt, läuft aber im Freien herum, was ihrer Fleischqualität gut tut.

1 weibliche Barberie- oder Flugente wiegt ca. 1400–1500 g und reicht für 2–3 Personen (je nach Appetit).

Möglichst eine frische, ungefrorene nehmen; eine gefrorene eignet sich aber auch.

1. Enten abkochen

1–2 Zwiebeln
3 Stengel Staudensellerie (oder 1/8 mittlere Knolle)
2–3 Karotten
2 Stengel Lauch
1 Petersilienwurzel
alles grob zerschnitten

Im allergrößten Suppentopf Wasser mit sehr *wenig* Salz und den angegebenen Suppengemüsen zum Kochen bringen. (Die Brühe soll neutral, fast ungesalzen sein für die spätere Verwendung für Sauce oder auch Suppe.) Hat man Füße, Hals und Magen der Ente, so kocht man diese in der Brühe beim Abkochen der Enten mit. Die sorgfältig geputzten Enten in das kochende Wasser geben und nach kurzer Zeit die Hitze herunterschalten, so daß sie – unzugedeckt! – *nur leise simmernd köcheln.* In keinem Fall sprudelnd oder zugedeckt! Wenn nötig, den Schaum oben abschöpfen. Die Kochzeit beträgt je nach Größe der Ente *ca. 30 Min.*

Die Enten herausnehmen und auf einem Rost abtropfen lassen, am besten mit der Halsöffnung nach unten.

2. *Enten braten:*

Ofen auf *200–220 °C* vorheizen. Die Enten innen und außen gut einreiben mit einer Würzmischung von:

reichlich Salz, Pfeffer, edelsüßes Paprikapulver und Fondor (keine getrockneten Kräuter!)
alles zusammen in eine Tasse geben und gut verrühren

Nun legt man sie auf einen Bratrost, unter dem ein tiefes Backblech ist, und schiebt alles in das untere Drittel des Ofens. (Bei Umluft ist es gleich, ob unten oder weiter oben plaziert.) Die Bratzeit beträgt bei 200–220 ° ungefähr 1 Stunde.

Die Enten öfters wenden. In das untere Backblech reichlich Enten-Kochbrühe gießen und diese Brühe (in die nun das Fett der Enten tropft) des öfteren über die Enten gießen. Evtl. noch mehr Brühe zugeben, wenn viel verdampft.

3. *Sauce:* Im Backblech unten ist jetzt, wenn die Enten gar sind, die ganze Brühe fast verdunstet und nur noch ein »Bratfond« übrig. Dieser ist wichtig! 1–2 kleinere Zwiebeln klein schneiden und in diesem Blech im Entenfett anrösten, bis sie dunkelgelb sind (nicht schwärzlich, bitter!). Mit der Entenbrühe aufgießen und den ganzen festgeklebten Bratfond abkratzen. So entsteht eine kräftige, gute Sauce. Nicht zu viel Brühe aufgießen – probieren – die Sauce lieber kräftiger halten. *Keinerlei* andere Gewürze zugeben, keinerlei Fleischextrakte etc.! Das ist ganz wichtig, nur so kommt der wunderbare Entengeschmack heraus! Höchstens binden mit ein ganz klein wenig Mehl.

Wir füllen die Enten nicht, da sie sonst einen anderen Geschmack bekommen.

Dazu: Klöße oder Semmelknödel (siehe Rezept), deftiges Rotkraut und säuerliches Apfelmus.

Jeronima aus Mallorca kocht die Sauce so:

Sie nimmt die »Abfälle« der Ente: Flügelenden, Füße, Hals, Magen und Herz (nicht die Leber!), hackt alles klein und brät es im Ofen mit etwas Fett bei starker Hitze (225–250 °C) auf einem tiefen Backblech, bis es etwas gebräunt ist.

Dann fügt sie – kleingeschnitten – hinzu:

2–3 Zwiebeln
1 Tomate
3 Stengel Staudensellerie
1 Stengel Lauch

und brät alles einige Zeit, bis es gut durchgeröstet, aber ja nicht dunkelbraun ist.

Danach nimmt sie alles aus dem Ofen, gießt das überflüssige Fett ab und füllt mit ca. 1 l Wasser auf.

Auf mäßigem Feuer wird die Sauce zugedeckt 1–1 ½ Stunden in einer Kasserolle ausgekocht, dann abgeseiht und zusammen mit dem (entfetteten) Bratfond aus dem Backblech, in dem die Enten gebraten wurden, und evtl. noch mit etwas Enten-Kochbrühe zur Sauce verarbeitet. Das Anrösten von Zwiebeln im Entenfett entfällt dann.

Entenbraten

Gute Suppe aus der Enten-Kochbrühe

Jeronima macht aus der Entenbrühe stets eine wunderbare Suppe. Man sollte nicht glauben, wie gut sie schmeckt:

Die Brühe über Nacht kalt stellen. Am anderen Tag fast alles Fett abnehmen (es ist jetzt fest geworden). Die Brühe würzen nach Geschmack und Nudeln einkochen oder auch noch (wenn man es gerade hat) etwas kleingeschnittenes, gekochtes Rindfleisch oder Hühner- bzw. Hähnchenfleisch etc.

*4 gefüllte gebratene Täubchen**

wie meine Mutter sie oft gemacht hat

4 frische Täubchen (nicht gefroren)
1 Zwiebel
Brühe für die Sauce

Fülle

*Herz, Magen und Leber von 4 Täubchen**
ca. 150 g mageres Kalbfleisch
ein kleines Stück Speck (nur weißes Fett)
1–2 Scheiben Kalbsleber
1–2 Zwiebeln, 3 EL gehackte Petersilie
Butter und Öl (kein Olivenöl)
1 eingeweichte Semmel und ½ trockene Semmel für den Fleischwolf
1 Ei und 1 Eigelb, evtl. etwas süße Sahne
Salz, Pfeffer, ein wenig Majoran und Thymian
Sojasauce und eine Spur von Peperoni oder Chili-Paste, evtl. etw. Instant-Saucenbinder

Die Zwiebeln und die Petersilie fein hacken. Die Zwiebeln in Öl und Butter weichdämpfen, jedoch nicht dunkel werden lassen. Die Petersilie gegen Ende dazugeben und auch noch ein wenig mit durchdünsten. Fleisch, Innereien, Kalbsleber, Speck (alles zerschnitten), die eingeweichte und ausgedrückte Semmel, die gedünsteten Zwiebeln und die Petersilie durch den Fleischwolf drehen (feine Lochscheibe). Da immer ein Rest von Farce im Fleischwolf zurückbleibt, dreht man am Schluß ½ trockene Semmel durch. Sie bleibt dann als Rest in der Maschine und drückt alle Farce heraus. Die Eier an die Farce rühren, und wenn sie zu fest erscheint, noch etwas süße Sahne darübergeben. Die Farce soll weich, aber nicht zu flüssig sein. Würzen.

Die Masse in die Täubchen füllen und diese zunähen. Die Fülle quillt auf! Also nicht zu viel einfüllen.

* Man kann statt der Täubchen auch ganz kleine Hähnchen füllen und braten: 1 Hähnchen pro Person.

Täubchen braten:

Die Täubchen in Butter rundum gut anbraten. Aus der Kasserolle nehmen. Die kleingeschnittene Zwiebel im gleichen Fett gut durchrösten. Mit nicht zu viel Brühe, so daß es eine gute Sauce gibt, aufgießen. Die Täubchen wieder einlegen und im vorgeheizten heißen Ofen (200–220 °C) zugedeckt garen, bis sie weich sind. Zum Schluß die Täubchen herausnehmen, mit Butter bestreichen und mit Oberhitze bräunen (nur kurz, damit sie nicht austrocknen, dabeibleiben!) Die Sauce mit den angegebenen Zutaten abschmecken, evtl. mit etwas Instant-Saucenbinder andicken.

Von der Farce bleibt bestimmt etwas übrig! Davon formt man winzige runde *Klöße* und zieht sie in kochendheißer Brühe ca. 20 Min. auf. Man serviert sie mit den Täubchen, die man halbiert anrichtet. Die Sauce extra reichen.

»Turkey« – Truthahn

der berühmte Festtagsbraten aus den USA

Kein Thanksgiving Day (Erntedankfest – ein großer Feiertag in USA) oder Weihnachten ohne Truthahn. Fast immer wird er gefüllt, und die Fülle ist das Wichtigste.

Ein sehr altes, klassisches Gericht.

Es gibt viele klassische Zutaten dazu (ich werde sie aufzählen), und die amerikanische Hausfrau ist ab 7.30 Uhr morgens, mit roten Backen vor Eifer, in der Küche, damit ihr umfangreiches Essen am frühen Nachmittag fertig ist, wenn die Gäste kommen. Man ißt sehr früh, so gegen 16.00 Uhr, lange und viel, jedermann ist vergnügt und gesellig. Zwischen dem Hauptgericht und dem Nachtisch wird eine längere Pause eingelegt. Immer ist es der Familienvater, der den Braten aufschneidet. In vielen Familien wird an diesem Tag vor dem Essen gebetet.

Pro Person rechnet man 500 g Truthahn. Am besten ist ein Tier von etwa 5,5 kg (10–12 Pfund).
Für 5,5 kg rechnet man im Ofen bei 175 °C 3 ½– 4 ½ Stunden Bratzeit und dann noch 20 Min. Ruhezeit für das Fleisch im abgeschalteten offenen Ofen, bevor es aufgeschnitten wird.*

Zubereitung des Bratens
Den Turkey innen und außen mit einer Mischung von Salz, Pfeffer, Fondor (oder anderer Fleischwürze) und Paprika einreiben. Lose füllen und zubinden oder zunähen. Die Außenseite mit zerlassener Butter einpinseln, in den vorgeheizten Ofen (175 °C) auf den Bratrost legen, der auf einer etwas tieferen Bratpfanne liegt, in der Fett und Bratensaft aufgefangen werden. Bei 175 °C 3 ½–4 ½ Stunden braten, bis das Fleischthermometer die richtige Temperatur anzeigt. Kein Wasser in die Bratpfanne geben, aber alle 20–30 Min. mit (nur sehr leicht gesalzener) Hühnerbrühe begießen oder/und mit dem Bratensaft aus der Pfanne. Man kann etwas später ein sogenanntes »cheesecloth« (ein dünnes Mulltuch, ähnlich einer Kinderwindel, nur weniger dicht) auf den Turkey legen, das mit flüssiger Butter bestrichen ist. Dies hält den Turkey saftig. Das Tuch darf aber nie austrocknen, also fleißig begießen. In den letzten 45 Min. das Tuch abnehmen, damit der Turkey bräunen kann. Bräunt er zu stark, ein Dach aus Alufolie leicht darübersetzen. Ist der Turkey gar, noch 20 Min. im abgeschalteten, offenen Ofen lassen, bevor man ihn aufschneidet.

* Die Bratzeit variiert etwas, je nachdem, wie kalt der Turkey ist, wenn er in den Ofen kommt. In jedem Fall muß er völlig aufgetaut sein und nicht mehr eiskalt, wenn man ihn tiefgefroren gekauft hat. Zum Auftauen rechnet man – je nach Größe – 32–36 Stunden im Kühlschrank.
Hat der Turkey vor dem Braten Raumtemperatur, muß man die Bratzeit verkürzen.
Am besten ist ein gutes Fleisch-Thermometer. In die dicke Keule gesteckt, soll es *77–80 °C* zeigen, wenn der Braten fertig ist. In die Füllung gesteckt (also weiter innen) soll es *70–73 °C* zeigen. Wenn man kein Fleischthermometer benutzt, sollte man 30 Min. *vor* der berechneten Zeit nachprüfen. Man bewegt den (dünnen) Flügel des Truthahns auf und ab: wenn das Gelenk gut nachgibt oder abbricht, ist der Turkey gar. Oder: Man preßt das Fleisch des Flügels zwischen den Fingern – es sollte sehr weich sein.

Turkey kann man sehr gut auch in einer entsprechend großen, geschlossenen *Bratfolie* machen. Nach Beschreibung der Packung verfahren. In den letzten 20–30 Min. den Beutel aufschlitzen und das Fleisch bräunen lassen. Mit dieser praktischen Bratfolie hat man kein ewiges Begießen mehr, keinen schmutzigen Ofen und einen saftigen Braten samt kräftiger Sauce. Da Truthahnfleisch viel weniger fett ist als Gans oder Ente, ist die Gefahr des Austrocknens sehr groß und der Bratfolien-Beutel sehr nützlich.

Der Turkey darf nicht zu klein sein: 10–12 Pfund. Deshalb soll man zu diesem Festessen immer ein paar liebe Gäste einladen. Bleibt etwas übrig: um so besser! So bald wie möglich nach dem Essen vom Rest-Turkey die Füllung herausnehmen und alles gesondert aufbewahren: Füllung, Fleisch und Sauce. Sauce und Füllung sollten, wenn im Kühlschrank aufbewahrt, nach 1–2 Tagen gegessen werden. Das Fleisch hält sich gut 2–3 Tage (gefroren hält es sich bis zu 3 Wochen).

Vom übrigen Turkey-Fleisch kann man einen guten *Turkey-Pie* machen: eine Art salzigen Kuchen in runder Form, mit Fleisch und etwas Sauce gefüllt und mit Kuchenteig-Deckel verschlossen.

Füllung für den Truthahn (aus USA)

Pro Kilo Truthahn rechnet man gut 1 ½ Tassen Füllung, für den 5,5-kg-Truthahn also etwa 9 Tassen (oder etwas weniger). Das folgende Rezept ergibt mehr, als man zum Füllen braucht. Den Rest füllt man lose in eine feuerfeste, nicht zu hohe Form und bäckt ihn 45 Min. bei 160–165 °C im Ofen, die ersten 30 Min. zugedeckt, die letzten 15 Min. ohne Deckel, damit oben eine Kruste entsteht. Diese Extra-Füllung wird gern als Beilage gegessen.

1 ½ Tassen kleingeschnittener Stangensellerie (mit Blättern, wenn vorhanden)
1 ½ Tassen kleingeschnittene, gewürfelte Zwiebeln
1 ½ kleingeschnittene frische Champignons
evtl. 1 Dose (ca. 250 g) Wasserkastanien (Waterchestnuts), in dünne Scheiben geschnitten. Sie sind und bleiben knackig.
⅓ Tasse feingewiegte Petersilie
1 Tasse zerlassene Butter
9 Tassen in kleine Würfel geschnittenes, 2 Tage altes Weißbrot
ca. 1 ½ TL Salz oder Gewürzsalz
ca. ¾ TL Pfeffer
1 ½ TL getrocknete Salbeiblätter, fein zerrieben
1 TL Thymian, getrocknet, fein zerrieben
1 ½ TL Majoran, getrocknet, fein zerrieben
ca. ½ TL Geflügelgewürz (oder etwas mehr, probieren)
4–6 EL Sojasauce

Champignons (und evtl. Wasserkastanien), Sellerie, Petersilie und Zwiebeln in Butter anschmoren. Ein Drittel der Brotwürfel mitrösten, dann alles in eine große Schüssel geben. Die restlichen Brotwürfel mit den Gewürzen bestreuen, ebenfalls in die Schüssel geben und leicht, aber gründlich mischen.

Falls die Füllung zu trocken ist – sie soll nur ganz leicht feucht sein, nicht matschig –

etwa ¾–1 Tasse Hühnerbrühe, mit der Sojasauce vermischt, dazugeben. Sonst nur die Sojasauce allein. Den Truthahn erst kurz vor dem Braten füllen. Die Füllung locker eingeben und den Truthahn verschließen (zubinden oder zunähen).

Reis-Füllung mit Gemüse und Gewürzen (USA)

Eine gute Füllung für Truthahn, Gans, Poularde oder kleine Hähnchen. Ist auch gut extra, als Beilage zum Geflügel (siehe *Anmerkung*)

150 g Butter
1 Tasse Wildreis
1 Tasse weißer Reis (Langkorn)
2 mittelgroße Zwiebeln, in kleine Würfel geschnitten
1 ¼–1 ½ Tassen Stangensellerie, gut geputzt (Fäden abgezogen) und in kleine Stücke geschnitten
450–500 g (ungeputzt gewogen) frische Champignons, in Scheiben geschnitten
3–4 EL sehr fein gewiegte Petersilie
2 Tassen Hühnerbrühe (evtl. Instant)
3–4 EL Soja-Sauce
evtl. etwas Instant-Bratensaft (oder ähnliches)
1 Tasse geröstete Mandeln, gemahlen oder grob gehackt
1 EL Salbei
1 EL Majoran } *getrocknet*
1 EL Bohnenkraut
1 EL Sellerie-Samen
sehr wenig (oder evtl. gar kein) Salz (Soja-Sauce, Instant-Produkte haben genügend Salz)
etwas Pfeffer, frisch gemahlen

In einer größeren Kasserolle die Zwiebeln in Butter einige Minuten schmoren, die Selleriestückchen und Champignonscheiben zugeben und die 2 Sorten Reis. Alles 6–8 Min. gut durchrösten, dann mit Hühnerbrühe und Sojasauce aufgießen und evtl. etwas Instant-Bratensaft dazurühren, ebenso alle Gewürze, die Petersilie und die Mandeln bei geringer Hitze gar kochen, was ca. 25 Min. dauert. (Evtl. ist es nötig, noch ein wenig Brühe zuzugeben.)

Ergibt ca. 9 Tassen Füllung. Kann schon am Tag zuvor gemacht werden.

Anmerkung: Wenn ich nur einige kleine Hähnchen fülle und noch viel Füllung übrig habe, koche ich nochmals 1 Tasse Wildreis und 1 Tasse weißen Reis (mit etwas Salz und einem nußgroßen Stück Butter) und mische dies dann unter den Gemüse-Kräuter-Reis. *Als Beilage* zum Geflügel ist dies besser als die sehr stark gewürzte Füllung allein.

Truthahnbraten

Hier ist eine Aufzählung all dessen, was man in den USA zu einem festlichen Turkey-Essen serviert.

Zum 10–12 Pfund schweren Truthahn gibt es:

Truthahnfüllung im Braten
und extra als Beilage

»*Yam Casserole*« (*süße Kartoffeln*), gewürzt mit Zucker, Orangensaft, und -schale, Sherry und Butter – in feuerfester Form)

Kartoffelbrei

Rosenkohl oder grüne Bohnen

Erbsen und/oder Perlzwiebeln in heller Sauce

Cornpudding (ein Maisgericht)

Muffins – Cranberry-Orange-Muffins oder Corn-(Mais)-Muffins (das sind kleine, nicht zu süße Kuchen, die man noch warm, wie Brötchen ißt)

Cranberry Relish (Cranberries sind eine Art etwas größerer Preiselbeeren – gibt es jetzt auch bei uns. Das Relish ist eine süß-würzige Sauce aus diesen Beeren, mit braunem Zucker, Orangen, Zimt und Nelken etc.).

Cranberry-Mold (ein Gelatine-Pudding aus Cranberries, Orangen mit Schale, Wein und Pecan-Nüssen; manche Rezepte enthalten noch zusätzlich kleine Ananasstücke und feingehackten Stangensellerie).

Zum Nachtisch gibt es
Pumpin-Pie (ein Kuchen mit gut gewürztem Kürbispüree als Füllung)

Mincemeat Pie (Ein für uns etwas ungewöhnlicher Kuchen, der seinen Ursprung in England hat. Mit einer Füllung, dem Mincemeat, aus Rindertalg und vielen getrockneten Früchten, z. B. Rosinen, Sultaninen, Korinthen, Feigen, kandierten Kirschen, Zitronat, Orangeat, Nüssen, Äpfeln, braunem Zucker, Brandy und trockenem Sherry – gewürzt mit Zimt, Nelken, Muskatnuß, Muskatblüte und Piment (Nelkenpulver).

Apple Pie (Apfelkuchen)
und eine Schüssel voll *Schlagsahne*

Kaffee

Das alles wird auf einem Buffet angerichtet, und jeder kann sich selbst bedienen.

Roses Wildragout vom Reh

Am besten eignet sich das *Fleisch vom hinteren Schlegel*,
pro Person 200–250 g.

für 4–6 Personen

1,2–1,5 kg Rehfleisch (ohne Knochen)
Fleischreste und Knochen vom Reh, klein gehackt (wenn man es vorbestellt, bekommt man es)
2–3 Zwiebeln
1–2 Karotten, kleingeschnitten
Bratfett (Butterschmalz oder Öl mit Butter)
Wildgewürz, ungemahlen
25–30 Wacholderbeeren, zerdrückt
Salz, Pfeffer (wenig)
Sojasauce
Fleischextrakt und ein wenig Hefeextrakt mit Steinpilzen
(französischer) Rotwein
süße Sahne
Johannisbeergelee (ersatzweise brauner Zucker)

Am Tag zuvor bereitet man eine Brühe aus den Fleischresten und Knochen.

Man säubert die Fleischreste und Knochen gründlich, entfernt Fett und Haare, wäscht sie gut und trocknet sie. Sie werden in heißem Bratfett angebraten, die geschnittenen Zwiebeln und Karotten zugefügt und alles zusammen 10–12 Min. durchgeschmort. Dann füllt man so viel Wasser auf, daß alle Knochen bedeckt sind.

Das Wildgewürz (nicht mehr als 2 EL) und die zerdrückten Wacholderbeeren fügt man schon jetzt zu, aber kein Salz oder sonstiges Gewürz.

Mit Alufolie und Deckel gut verschließen und mindestens 2 Stunden lang (im Ofen bei 180–200 °C oder auf dem Herd bei mäßiger Hitze) die Knochen auskochen.

Man läßt diese Brühe mit den Knochen darin bis zum nächsten Tag im Kalten stehen.

Ragout
Das Fleisch in nicht zu kleine Würfel schneiden. In heißem Bratfett (z. B. Butterschmalz) in einer Pfanne (evtl. auf 2–3 mal) gut anbraten. Dann salzen (noch nicht pfeffern, erst zum Schluß) und mit der abgeseihten Knochenbrühe vom Vortag aufgießen (Rest der Brühe aufheben).

In eine Kasserolle geben und gut verschlossen im vorgeheizten Ofen bei 200–220 °C ungefähr 1 ½ Stunden garen. Währenddessen 1–2 mal noch etwas Knochenbrühe vom Vortag zugießen, wenn viel eingekocht ist. Probieren: Erscheint die Ragoutbrühe sehr stark gewürzt, dann evtl. ein wenig Wasser zugeben. Die Garzeitangabe von 1 ½ Stunden ist nur ungefähr, man muß nachsehen, wann das Fleisch gar ist. Ist es gar, bereitet man

Die Sauce:

Man macht eine nicht zu helle Einbrenne aus Butter und Mehl, löscht diese ab mit der Ragoutbrühe, in der die Fleischwürfel geschmort wurden und nimmt zusätzlich noch so viel wie nötig von der Knochenbrühe vom Vortag. Gut verkochen lassen und abschmecken mit Rotwein, Sojasauce, Fleischextrakt, Hefe-Steinpilz-Extrakt, Johannisbeergelee (wichtig) und etwas süßer Sahne. Jetzt erst probieren, ob nachsalzen und ob Pfeffer nötig ist. Hat man den Eindruck, man bräuchte noch mehr »Wildgewürz«, so kann man etwas gemahlenes zufügen oder – noch besser – 1 EL ungemahlenes Wildgewürz mit ½ Tasse Wasser kurz kochen, den »Würztee« abseihen und davon löffelweise so viel an die Sauce geben, wie einem wünschenswert dünkt. Mit dieser Methode kann man das Gewürz am besten dosieren.

Beilagen:
– Spätzle oder Teigwaren oder
– Klöße ›halb und halb‹ (aus gekochten und rohen Kartoffeln)
– Kastanien
– Preiselbeeren
– Birnen, in Rotwein mit Zucker und Zimt gekocht

Kalbsleber

Kalbsleber, gebraten – klassisch

pro Person je nach Größe 1–2 Kalbsleberscheiben

Haut und Flexen entfernen. Leicht mit Pfeffer und Fondor würzen. In Butter mit ein wenig Öl (kein Olivenöl) sehr kurz auf beiden Seiten braten. Salzen. Sofort aus der Pfanne nehmen. Die Leber ist fertig, wenn sie beim Eindrücken mit dem Finger noch weich ist und beim Einstechen kein Blut mehr austritt.

Leber ist schnell fertig und muß stets sofort gegessen werden. Deshalb immer ganz zum Schluß zubereiten.

Dazu: Kartoffelpüree, in Butter gedämpfte Apfelringe (geschält), Zwiebelringe oder Streifen, in Butter goldbraun gebraten; evtl. dünne Frühstücksspeck-Scheiben (Bacon), knusprig gebraten
Grüner Salat, Selleriesalat, Bohnensalat

Kalbsleber mit Zwiebeln und Tomaten

pro Person

1–2 Scheiben Kalbsleber
⅓–½ Zwiebel
½ Fleischtomate
Pfeffer, Salz, Sojasauce
etwas Knoblauchpulver
Butter und Öl
Crème fraîche oder süße Sahne

Die Leber putzen (Flexen und Haut entfernen) und in nicht zu kleine, längliche Streifen schneiden. In einer Pfanne mit Butter und ein wenig Öl (nicht Olivenöl) sehr kurz anbraten, so, daß die Leber gerade nicht mehr blutet, aber noch sehr weich ist. Nun erst salzen und pfeffern und Sojasauce dazugeben. Die Leberstücke aus der Pfanne nehmen und auf warmem Teller aufheben.

In die Pfanne noch ein wenig Öl hinzugeben und darin die feingeschnittenen Zwiebelringe sehr hellgelb dämpfen. Knoblauchpulver darüber streuen. Inzwischen die Tomaten brühen, enthäuten, Kerne ausdrücken und in kleine Würfel schneiden. Wenn die Zwiebelringe weich sind, die Tomaten dazugeben und alles ohne Deckel 8–10 Min. gut durchkochen. Rühren! Von der Tomatenflüssigkeit soll recht viel verdampft sein. 1–2 EL Crème fraîche oder süße Sahne einrühren. Nochmals abschmecken.

Zum Schluß die vorgebratenen Leberstücke hineingeben, nochmals kurz aufkochen und dann sofort servieren.

Dazu: Salzkartoffeln, Reis oder nur Brot

Kalbsleber, sauer

pro Person

1½–2 Scheiben Kalbsleber (je nach Größe)
Butter, Mehl, Fleischbrühe
etwas feingeschnittene Zwiebel
oder Zwiebelpulver
Pfeffer, Salz, Sojasauce, Fondor, Essig
1 Prise Zucker
saure Sahne, evtl. etwas Fleischextrakt

Zuerst macht man die Sauce:
Die sehr fein geschnittenen Zwiebeln in Butter goldgelb dämpfen, Mehl darüber streuen (evtl. noch etwas Butter dazunehmen) und eine goldbraune Schwitze zubereiten. Will man nur Zwiebelpulver nehmen: das Mehl gleich in der Butter anrösten. Mit Fleischbrühe aufgießen und gut durchkochen. Die Sauce soll dicklich sein, da noch Sahne, Essig und Leberbratsaft dazukommen. Man kann die fast verkochten Zwiebeln in der Sauce lassen oder sie durchpassieren.

Abschmecken mit Essig, Zucker*, Pfeffer, Salz, Fondor, Sojasauce und Fleischextrakt. Zum Schluß nicht zu wenig saure Sahne unterrühren. Die Sauce muß kräftig gewürzt und säuerlich sein, denn es kommt ja noch die ungewürzte Leber dazu.

Leber zubereiten
Die Leberstücke von Haut und Flexen befreien, in schmale Streifen schneiden. In Butter sehr kurz anbraten, daß sie gerade nicht mehr blutig, aber noch sehr weich sind. Die warme Sauce darübergießen, nochmals *kurz* aufkochen, abschmecken und dann sofort servieren.

Dazu: Pfannkuchen, luftig, aber nicht zu dick, zum Rollen geeignet, Reis, festes Kartoffelpüree, Bratkartoffeln

* *Trick zum Erlangen einer dunklen, braunen Sauce (Zuckerjüs):*
2 EL Zucker läßt man in einer kleinen Kasserolle oder Pfanne unter ständigem Rühren braun werden (nicht zu dunkel, angebrannt schmeckt er bitter). Gießt (Vorsicht – spritzt heiß auf) dann einige Löffel *heißes* Wasser hinzu, verrührt ihn gut und bewahrt diesen gebrannten Zuckerjüs in einem Fläschchen zum Färben von braunen Saucen auf.
Verwendet man diesen Zuckerjüs, dann natürlich keinen weiteren Zucker an die Sauce geben.

Kalbsnieren, sauer

pro Person:

½–¾ Kalbsniere
Butter, Mehl, Fleischbrühe
etwas feingeschnittene Zwiebel oder Zwiebelpulver
Essig und Rotwein
1 Prise Zucker, besser: *gebrannter Zuckerjüs (siehe: Kalbsleber, sauer)*
Pfeffer, Salz, Sojasauce
Fleischextrakt, saure Sahne

Kalbsnieren sauer

Eine Sauce zubereiten wie bei »Kalbsleber, sauer«. Sie soll kräftig gewürzt und recht dunkel sein. Die Nieren einige Stunden vorher aufgeschnitten wässern oder in Milch legen. Herausnehmen, trocknen. Sorgfältig das Fett entfernen und Nieren in Streifen oder auch etwas größere Stückchen schneiden.

Wie die Leber nur sehr kurz braten. Dann genauso verfahren wie bei »Kalbsleber, sauer«.

Dazu: Röstkartoffeln, Reis, Pfannkuchen (luftig, aber nicht zu dick, zum Rollen geeignet), Salzkartoffeln, festes Kartoffelpüree, Brot

Verschiedenes

Curry

für 4 Personen

Curry-Pulver entwickelt sein Aroma besser, wenn es in Fett angedünstet wird. Das Fett darf aber nicht zu heiß werden, sonst verbrennt der Curry. Deshalb: Das Fleisch in Fett anbraten und zum Schluß das Curry-Pulver daraufstäuben, kurz durchrühren und dann sofort mit Flüssigkeit ablöschen.

Curry-Gerichte mit Fleisch, Shrimps oder Fisch kann man zubereiten vom Kalb, jungem Lamm, Rind, Schwein, (jeweils saftiges, kurzfaseriges Stück, evtl. vom Hals oder Schulter) und Poularde (700–1200 g); außerdem von Gambas (Shrimps) oder anderem festem Fischfleisch

pro Person

200–250 g Fleisch
1/3–1/2 Poularde (je nach Größe)
6–8 Gambas (große Krabben, Shrimps)
200 g Fischfleisch

Curry-Pulver-Mischung aus:
2/3 Madras Curry, der milder und sehr fein ist
1/3 schärferer Curry
evtl. etwas Chinagewürz (probieren), das ebenfalls Curry enthält

Zwiebeln
Kalbs- oder Fleischbrühe (auch Instant)
frische Sahne oder Crème fraîche
Mango Chutney
Salz
Fett und Öl (kein Olivenöl) zum Anbraten
(etwas Mehl zum Binden)

Fleisch in längliche Streifen oder in Würfel schneiden. Poularden entbeinen, häuten und in kleine Stücke schneiden. Gambas schälen, Fisch enthäuten, entgräten und in mittelkleine Stücke schneiden.

In einer großen Pfanne in Bratfett die Fleischstücke (ungwürzt) gut anbraten. Langsam und lange Zeit! Wenn das Fleisch gut goldbraun angebraten ist (ca. 15–25 Min.), salzen und 2 TL gemischten Curry (⅔ u. ⅓) darüberstäuben und kurz durchrühren. Der Curry soll nicht anbrennen, also bald mit der Brühe ablöschen.

In einer anderen Pfanne oder Kasserolle dämpft man in Öl (oder Butter mit Öl) 2 mittelgroße, sehr fein geschnittene Zwiebeln glasig bis hellgelb (nicht dunkel). Dann gibt man das Fleisch mit der Brühe dazu. Gut umrühren und nochmals nachwürzen, wenn nötig. Es soll so viel Brühe in der Kasserolle sein, daß die Fleischstücke knapp bedeckt sind. Jetzt zudecken und bei schwacher Hitze so lange *zart* köcheln lassen, bis das Fleisch gar und weich ist und schon fast ein wenig zerfallen will. Das kann bei der zarten Poularde 25–35 Min. dauern, bei Lamm oder Rind über eine Stunde oder länger. Evtl. noch etwas Brühe nachgießen. Nie stark kochen lassen!

Im letzten Drittel der Kochzeit würzen mit

2–3 gehäuften EL Mango Chutney (dessen große Mangostücke man klein schneidet, harte evtl. aussortiert)
⅓–½ TL Chinagewürz (probieren)
5–7 EL süße Sahne
evtl. noch etwas mehr Curry-Pulver, je nach Geschmack vom milderen oder schärferen

Im letzten Viertel der Kochzeit den Deckel entfernen, Hitze etwas vergrößern und gut durchrühren. Dies soll die Flüssigkeit reduzieren und die Sauce dicklich machen.

Die Zwiebeln sind inzwischen völlig verkocht, das Chutney verbindet sich zur sämigen Sauce. Zusätzliches Binden mit sehr wenig Mehl ist meist nicht nötig.

Curry-Gerichte brauchen *Zeit und Geduld!* Immer leise köcheln lassen! Sie sollen milder oder schärfer, in jedem Fall nie fad sein! Mango Chutney ist unerläßlich!

Für Shrimp- oder Fischcurry die Sauce mit weniger Mango Chutney und mit weniger Zwiebeln zubereiten. Milder in der Curryzugabe.

Dazu: weißer Reis und in kleinen Schüsseln angerichtet:
- kleine Apfelschnitze (so groß wie für Apfelstrudel), mit Orangensaft und einigen Tropfen Zitronensaft benetzt
- Bananenscheiben, mit Orangensaft benetzt
- gestoßene Cashney-Nüsse oder gemischte Salznüsse
- Mango Chutney, wie es aus dem Glas kommt
- kleine Stückchen von *frischer* Ananas
- feingeraspelte *frische* Kokosnuß

evtl. nach Geschmack noch:
- Rosinen, zuvor gut und heiß waschen
- gehackte harte Eier
- kleinstgewürfelte Salatgurke (ohne Kerne)
- feinstgehackte Zwiebeln (milde Sorte)

Zum Curry schmeckt außer Wein auch Bier!

Mousaka aus Griechenland

für 5–6 Personen

1000–1250 g Auberginen
1 große Zwiebel
Butter und Öl zum Ausbacken
600 g Hackfleisch
3 mittelgroße Tomaten
etwas Tomatenketchup
Salz, Pfeffer, etwas Zimt und sehr wenig Nelkenpulver
etwas ital. Gewürzmischung (mit Oregano)
wenig Majoran und Thymian
evtl. helle Instantsauce oder
Mehl zum Binden des Hackfleisches
½ Tasse Weißwein
2–3 EL Semmelbrösel oder geriebene Crackers
2 Eiweiß, leicht geschlagen
Öl zum Ausbacken der Auberginen
2 Eigelb, geschlagen
¾ Tasse geriebener Käse (z. B. Gruyère)

Die *Auberginen* schälen und in knapp 1 cm dicke Scheiben schneiden. Diese in sehr salzigem Wasser 1 Stunde (beschwert) einweichen.

Die *Zwiebeln* klein schneiden in Würfelchen und in Butter und Öl weich dämpfen.

Die *Tomaten* brühen, schälen und in kleine Stücke schneiden und den Zwiebeln beigeben, leicht durchkochen lassen. Dann das Hackfleisch, gut zerpflückt, beigeben, und ½ Tasse Weißwein. Das Fleisch mit einer Gabel nochmals gut zerteilen. Zudecken und 50–60 Min. zart kochen lassen. Mit den angegebenen Zutaten würzen und am Schluß mit etwas Mehl (aufgelöst in Sahne oder Milch) oder heller Instantsauce binden. Es soll dicklich und nicht mehr so naß sein.

Eine *Bechamel-Sauce* zubereiten aus Butter, Mehl und Milch. Würzen mit Pfeffer, Salz und etwas Zimt und ganz wenig Nelkenpulver (vorsichtig bei Nelken!). Die Sauce dickt nach. Sie soll am Ende *sehr* dick sein!

Auberginen gut ausdrücken und gleichzeitig in 2 Pfannen mit viel Öl hellgelb braten (nicht zu weich werden lassen).

Der *Bechamelsauce* die ½ Tasse geriebenen Käse zufügen und die 2 geschlagenen Eigelb. Man sieht jetzt, ob sie dick genug oder zu dick ist und kann dies noch regulieren, dabei bedenken, daß auch die Eier noch ein wenig dicken.

Eine hohe Gratinform ausbuttern, mit Semmelbrösel bestreuen und mit der Hälfte der gebackenen Auberginen belegen. Darauf das Hackfleisch-Zwiebel-Tomaten-Gemisch geben, dem 2–3 EL Semmelbrösel und die 2 leicht geschlagenen Eiweiß untergemengt wurden.

Mit dem Rest der Auberginen bedecken und zum Schluß die sehr dickliche Bechamel-Sauce darübergießen (evtl. passieren).

Bei mittlerer Hitze (160–175 °C) im Ofen (unteres Drittel bis Mitte) ohne Deckel ca. 45 Min. backen.

Zwiebelkuchen aus dem Elsaß

für eine Springform mit 26 cm ∅

Boden
200 g Mehl mit
½ TL Backpulver
100 g sehr kalte Butter in Flocken
1 großes Ei und 1–2 EL Wasser
nicht zu wenig Salz
1 TL Kümmel, etwas zerstoßen

Belag
800 g Zwiebeln – geputzt gewogen! (keine milden, süßlichen »Gemüsezwiebeln«!)
4 EL Öl (ohne besonderen Geschmack)
ca. 50 g Frühstücksspeck (Bacon), fein in Würfel geschnitten
1 TL Kümmel, zerstoßen
Salz, Pfeffer, etwas Fondor, etwas Muskatnuß
3 EL Mehl
1 EL saure Sahne
150 ml süße Sahne
4 Eier, leicht verquirlt

Den Teig für den Boden wie Mürbteig schnell verkneten, zur Kugel formen und einige Stunden kaltstellen.

Belag: Die geschälten Zwiebeln halbieren und in nicht zu feine Halbringe schneiden. Mit dem rohen, kleingewürfelten Bacon und 4 EL Öl in einer breiten Kasserolle ganz kurz anrösten, dann zudecken und bei mäßiger Hitze glasig-hell dämpfen, was ca. 15 Min. dauert.

3 EL Mehl darüberstreuen und gut verrühren, dann 1 guten EL saure Sahne, 150 ml süße Sahne, die 4 verquirlten Eier unterrühren und würzen mit Kümmel, Salz, Pfeffer, Fondor und 1 Prise Muskatnuß. Alles gründlich in der Kasserolle vermischen; probieren, ob es gut gewürzt ist. –

Den Mürbteig so ausrollen, daß er ein gutes Stück größer ist als die Springform und man somit einen ca. 3,5–4 cm hohen Rand formen kann, den man oben schön gerade abschneidet.

Den Ofen auf 200 °C vorheizen. Die abgekühlte Belag-Masse aus der Kasserolle auf den Teigboden gießen; sie ist recht flüssig und dickt beim Backen. Die Springform in das untere Drittel des Ofens setzen und ca. 40 Min. backen.

Den Kuchen noch gut warm essen. Nie kalt! Man kann Zwiebelkuchen jederzeit aufwärmen, auch kürzere Zeit einfrieren. In jedem Fall soll er stets gut warm serviert werden.

Zu neuem Wein und zu jeder Art von anderem Wein.

Tellersülze

für 8–10 Suppenteller oder entsprechend große Schüsseln

an 2 Tagen zu machen

Da die Tellersülze etwas Arbeit macht (es lohnt sich), sollte man ruhig eine so große Menge auf einmal zubereiten. Wenn man Freunden etwas davon abgibt, werden diese sich freuen.

Sülze eignet sich *nicht* zum Tiefkühlen!

---

1. Sud für Sülze
2 Kalbsfüße, gespalten und kleingehackt (sollte beim Metzger vorbestellt werden)
2 mittelgroße Zwiebeln
3–4 Karotten
3 Stengel Lauch
½–¾ Sellerieknolle (je nach Größe)
4 Stengel Staudensellerie
wenn vorhanden: 3 Petersilienwurzeln
3 l Wasser mit ⅜ l (375 ml) bestem hellen Weißweinessig (je nach Stärke mehr oder weniger)
Salz, Fondor, schwarze und weiße Pfefferkörner
10–12 Allspice-Körner (= Piment oder = Neugewürz)
(keinen gemahlenen Pfeffer, keine dunklen Gewürze verwenden!)

2. Einlage
800 g Schweinehals, roh, vom Metzger leicht gesalzen und
800 g Kalbs-Nachwade, roh (aus der Keule, am Hinterbein, nach der Haxe)
2 Päckchen weiße Gelatine (12 Blätter oder gemahlene für insgesamt 1 l Flüssigkeit)

3. Dekoration
3–4 hartgekochte Eier, in runde Scheiben geschnitten
3–4 Karotten (nicht zu dicke), ganz lassen
4–5 mittelgroße Gewürzgurken

---

1. Tag: Die Kalbsfüße mit Wasser, Essig, Gewürzen und dem kleingeschnittenen Suppengemüse 1 ½ Stunden kochen. Gut zudecken, damit nicht zuviel Dampf entweicht. Die Brühe abseihen, das Gemüse wegwerfen. Die Kalbsfüße nochmals in die geseihte Brühe geben und wieder zum Kochen bringen. Jetzt die Fleischstücke einlegen und so lange kochen (gut 1 Stunde), bis das Fleisch gar und schnittfest ist. Die Dekorationskarotten in den letzten 25 Min. mitkochen. Die Fleischstücke und die Karotten vorsichtig herausnehmen, das Fleisch in Alufolie gewickelt im Kalten aufbewahren. Die Brühe in eine Schüssel abseihen und über Nacht *sehr* kalt stehen lassen.

2. Tag: Am anderen Tag das kaltgewordene Fett oben sorgfältig abnehmen (sehr gründlich, da die Sülze sonst nicht klar wird). Die gelierte Masse aus der Schüssel stürzen und die sich am Boden der Schüssel abgesetzte Schicht aus dunklen Schwebstoffen entfernen (sie ist gestürzt jetzt oben). Sülze zurück in den Kochtopf. *Noch kalt* probieren, ob genügend Essig und Salz dran ist (sie soll sauer und deftig sein). Dann erst *leicht* erwärmen, nur bis sie schmilzt – und evtl. nachwürzen. Inzwischen die Gelatine nach Vorschrift zubereiten und in die laukalte Sülzbrühe einrühren. Jetzt zügig weiterarbeiten!

In Suppentellern oder entsprechend großen Schüsseln (ca. 12–14 cm ∅, niedriger Rand) anrichten: das in 1 cm dicke Streifen oder kleine Scheiben geschnittene Fleisch (eher kleinere als größere Stücke), die in dünnere Scheiben geschnittenen Karotten, die Gewürzgurken und die Eier. Die Brühe nochmals (1–2 mal) durch Sieb und Passiertuch abseihen: Nur so bleiben Fett und Schwebstoffe zurück. Über die vorbereiteten Teller gießen (den Strahl nicht auf die Eier, da das Eigelb sich sonst auflöst). 10–12 Stunden erkalten und erstarren lassen.

Dazu: Bratkartoffeln

Tellersülze

Kaltes Hähnchen in Thunfischsauce

ein Sommeressen für 4 Personen

4 Hähnchenschlegel
4 Hähnchenbrüste
2 Eier, hartgekocht
200–220 g Thunfisch in Öl (aus der Dose)
1–2 Knoblauchzehen
etwas Butter zum Hähnchenbraten
2 große Fleischtomaten
großblättrige Petersilie und/oder
Basilikum, frisch
30 g Kapern
1/8 l (125 ml) süße Sahne
1 Eigelb
1/16 l (62 ml) Olivenöl
Salz, Pfeffer
evtl. etwas Beau Monde (Gewürz mit Sellerie)

Den Thunfisch aus der Dose nehmen und das Öl abtropfen lassen. Die Hähnchenstücke mit Butter anbraten, dann zudecken und weich schmoren. Wenn sie fertig und abgekühlt sind, ausbeinen und in kleine Stücke schneiden (Haut weglassen). Den Bratensaft aufheben. Die hartgekochten Eier schälen, das Weiße in kleine Würfel schneiden.

Sauce
Thunfisch
die Hälfte der Kapern
2 gekochte Eigelb
Sahne
Knoblauch (geschält und kleingeschnitten)
alles mit dem elektrischen Pürierstab gut sämig pürieren

2–3 EL vom Bratensaft und das rohe Eigelb dazurühren und – nach und nach – das Olivenöl. Würzen mit Salz, Pfeffer und evtl. Beau Monde. Die Tomaten enthäuten, Saft und Kerne ausdrücken und das Fleisch in kleine Würfel schneiden. Auf einer etwas tieferen Platte die Hähnchenstücke verteilen, die Thunfischsauce darübergießen, das gehackte Eiweiß, die restlichen Kapern und die Tomatenwürfel darüberstreuen und mit Petersilie und/oder Basilikum dekorieren.

Dazu: getoastetes Weißbrot oder Bauernbrot, Butter und ein leichter Wein.

Enchiladas

gefüllte mexikanische Pfannkuchen

Aus San Diego, wo man diese »Pfannkuchen«, genannt *Tortillas*, fertig kaufen kann, da es viele Mexikaner dort gibt.

1 Tag vorher zubereiten; in flacher, viereckiger, feuerfester Form

für 4 Personen

---

4 mittelgroße dünne Pfannkuchen oder Tortillas
die Pfannkuchen ohne extra Eischnee machen und ½ Tag stehen lassen, damit sie etwas austrocknen.
Füllung:
1 Tasse gekochter Schinken, feingeschnitten in Streifen
¼ Tasse Frühlingszwiebeln, fein in Ringe geschnitten
¼ Tasse grüner Paprika, geschält und fein geschnitten
1 ¼ Tassen geriebener Käse (Gruyère, Appenzeller, Gouda etc.)
2 Eier
½ Tasse Milch
½ Tasse süße Sahne
1 ½ TL Mehl
würzen mit: Salz (wenig wegen des Schinkens und des Käses), Pfeffer, Fondor und evtl. Beau Monde, Knoblauchpulver, etwas Tabasco

---

Den geschnittenen Schinken mit Zwiebeln und Paprika mischen und auf die Pfannkuchen verteilen. Darüber 3–4 EL vom geriebenen Käse streuen. Die Pfannkuchen zusammenrollen und mit dem Verschluß nach unten in eine gebutterte, feuerfeste, flache Form legen.

Die 2 Eier etwas schlagen, das Mehl, das Milch-Sahne-Gemisch und die Gewürze zufügen und alles glattrühren. Über die gerollten Pfannkuchen gießen und im Kühlen ½ Tag lang (besser noch über Nacht) stehen lassen; die Sauce zieht fast völlig in die Tortillas ein.
Dann unbedeckt bei ca. 170 °C im vorgeheizten Ofen backen, 45–50 Min. Wenn nötig: Gegen Ende mit Alufolie abdecken.

a) Zum Schluß mit dem restlichen Käse bestreuen und nochmals 4–5 Min. mit Oberhitze backen, bis der Käse geschmolzen und golden ist. Dies ist die »*trockene Version*«.

b) Die »*saucige Version*« ist recht gut: Statt des übergestreuten Käses eine dickliche Bechamelsauce machen aus Butter, Mehl und Milch, mit Champignonblättchen darin und dem Rest des geriebenen Käses. Am Ende der Backzeit wird diese Sauce über die Pfannkuchen verteilt (im letzten Drittel der Zeit und bei der gleichen Hitze, evtl. noch etwas Oberhitze dazu), überbacken und *golden gebräunt*.

Roses gefüllte Champignons

für 4 Personen

24 sehr große, sehr frische Champignons, 20 zum Füllen, 4 für die Sauce
Saft von 2 Zitronen
6–7 Scheiben Frühstücksspeck (Bacon), dünn geschnitten
ca. 40 g Butter
1 mittelgroße Zwiebel } *feinst gehackt und geschnitten*
½–¾ Bund Petersilie } *feinst gehackt und geschnitten*
80 g gekochter Schinken } *feinst gehackt und geschnitten*
1 Ei (leicht geschlagen)
2 TL Semmelbrösel
60 g geriebener Käse (Gouda, Appenzeller, Gruyère)
Gewürze: Pfeffer, kein Salz
1 TL Steinpilz-Hefe-Extrakt
½ TL Beau Monde (Sellerie-Gewürz)

Bechamelsauce
40 g Butter
4 Pilze sowie die ausgedrehten Stiele gehackt (blanchiert)
4 EL Mehl
evtl. 1 EL helle Instant-Sauce
gut ½ l Milch
Gewürze: *wenig Salz, weißer Pfeffer, Fondor*
Beau Monde, Rest vom geriebenen Käse

Die Enden der Champignonstiele abschneiden und wegwerfen (sie sind hart). Bei 20 Pilzen die im Kopf verbliebenen Stielreste herausdrehen (geht leicht, wenn man sie anknackt). Das entstandene Loch (mit einem Grapefruitmesser) von Lamellen befreien und damit etwas vergrößern. Die Champignons sofort in eine Schüssel mit Wasser und Saft von 1 Zitrone legen, damit sie hell bleiben. Den Saft der anderen Zitrone mit Wasser zum Kochen bringen und die 20 ausgehöhlten samt den 4 ganzen Pilzen sowie den ausgedrehten Stielen 10–13 Min. blanchieren (abkochen). Je fester die Champignons sind, desto besser ist ihr Geschmack. Wer sie lieber weich möchte, wähle die längere Blanchierzeit. Danach kalt abschrecken.

Inzwischen in einer Pfanne den sehr fein gewürfelten Bacon mit der Butter zerlassen, etwas ausbraten, die feinstgeschnittenen Zwiebeln zugeben und ca. 6–8 Min. weichdämpfen. Zum Schluß die feingewiegte Petersilie noch 1 Min. mitdämpfen, das Steinpilz-Extrakt und die anderen Gewürze einrühren (kein Salz: Bacon, Schinken, Extrakt und der Käse obenauf sind salzig genug). Die Pfanne vom Herd nehmen, den sehr fein gewürfelten Schinken und das leicht geschlagene Ei unterrühren sowie 2 TL Semmelbrösel. Von den blanchierten Champignons die 20 ausgehöhlten mit der Masse füllen und die Hälfte des Käses darüberstreuen.

Eine Bechamelsauce zubereiten aus Butter, den feinstgehackten 4 ganzen blanchierten Champignons, den Stielen und dem Mehl. Mit Milch ablöschen und wenn nötig mit ein wenig heller Instant-Sauce dicken; die andere Hälfte des Käses dazurühren. Die Sauce sollte sämig sein, nicht zu dick und nicht zu dünn.

Die Sauce nun in eine flache, feuerfeste Form gießen, die gefüllten Champignons hineinsetzen und im vorgeheizten Ofen bei ca. 200 °C ca. 20 Min. auf der mittleren Schiene backen, bis der darübergestreute Käse Farbe angenommen hat, aber noch nicht dunkel ist.

Gut zu: Fleischgerichten oder zu Spinat mit Kartoffelbrei oder nur zu Toastbrot etc.

Amerikanische Marinade

für gegrilltes Fleisch und Schälrippchen etc.

aus San Diego

1 TL feinstgehackter Knoblauch
1 EL feingeriebener frischer Ingwer (evtl. 1 ½ EL)
2 EL feingeschnittene und gehackte Frühlingszwiebeln
2 EL gehackter Cilantro (frischer Koriander)
ersatzweise: großblättrige Petersilie
3 EL feingeschnittene und gehackte Schalotten
1–2 EL fein abgeriebene Orangenschale (unbehandelt)
4 EL Hoison Sauce (aus dem Asien-Geschäft)
2–3 EL trockener Tio-Pepe-Sherry
2–3 EL leichte Sojasauce
2 EL Erdnußbutter (crunchy: d. h. noch mit kleinsten Nußstückchen drin)
1 EL Sesamöl
1 EL Honig
2 EL Chili-Sauce (ist sie nicht so scharf – 3 EL)
¼ TL Szechuan-Pfeffer (hat man Körner, im Mörser zerreiben)

Diese Sauce über das Fleisch geben, gut 1 Stunde marinieren, dann braten oder grillen.

Hausgemachtes Butterschmalz

Butterschmalz ist meiner Meinung nach das beste, schmackhafteste Bratfett. Es kommt häufig in meinen Rezepten vor. Man sollte *stets* ein kleines Tontöpfchen davon im Kühlschrank haben. Frisch gemacht hält es sich gut 4 Wochen.

300 g sehr gute, sehr frische Butter

in einer kleinen Stiel-Kasserolle auf mittlerer Flamme zum Schmelzen bringen und unter *häufigem Rühren* (mit einem Holzlöffel) *leicht* sprudelnd (nicht stärker) kochen lassen. Eventuell Hitze ein wenig reduzieren oder – wenn es zu sehr schäumt – den Topf am Stiel einen Moment hochheben. Das Fett muß sichtbar, aber nur leicht kochen.

Dabei bleiben! Erst ab ca. 7–8 Min. verschwindet der Schaum, und das Fett wird klar. Dann noch eine kleine Minute weiter köcheln. Vorsicht, nicht zu lange, es kann leicht anbrennen.

Gutes Butterschmalz muß fein-würzig riechen.

Hat es gar keinen Geruch, so ist es nicht genügend lange und gut gekocht worden.

Auf dem Boden der Kasserolle befindet sich nun eine erstaunliche Menge von Satz: Rückstände der Butter.

Das fertige Schmalz ca. 1 Stunde ruhen lassen und dann durch ein feines Haarsieb in ein irdenes Töpfchen abgießen; gut verschließen und im Kühlschrank aufbewahren.

Man braucht zum Braten und Anbraten von Fleisch viel weniger Butterschmalz als Butter, und alles Bratgut bräunt weitaus besser und schöner.

Beilagen

Spätzle

Badisches Kochbuch:
375 g Mehl
4 Eier
1 TL Salz
ca. 1/8 l lauwarmes Wasser
1 TL Öl

Schwäbisches Kochbuch:
500 g Mehl
5 Eier
1 1/2 TL Salz
ca. 3/4 Tasse lauwarmes Wasser

Alle Zutaten zu einem glatten Teig verrühren und schlagen, bis er Blasen wirft. 20 Min. stehen lassen (wichtig, damit das Mehl ausquellen kann). Leicht gesalzenes Wasser mit 2 EL Öl zum Kochen bringen. Mit einer Spätzlesmaschine (Presse oder Hobel) oder von Hand »vom Brett geschabt«. Immer nur eine kleine Menge Teig ins Wasser bringen und nur so lange kochen lassen, bis die Spätzle obenauf schwimmen. Dann mit der Lochkelle herausnehmen, in ein großes Sieb geben und unter fließendem kalten Wasser abseihen.

Meistens werden die Spätzle getrocknet und vor dem Servieren in der Pfanne mit wenig Butter warm gemacht.

Käse-Spätzle

feuerfeste Schüssel-Form

Badische oder Schwäbische Spätzle und
1 ⅓ Tassen geriebener deutscher Emmentaler oder geriebener junger Gouda
2 mittelgroße Zwiebeln, in feine Halbringe geschnitten
Ausbackfett für die Zwiebeln (Öl oder Butterschmalz)

Die Spätzle zubereiten wie im vorstehenden Rezept. Noch warm in einer feuerfesten Schüssel immer eine Lage Spätzle und ca. ⅓ Tasse geriebenen Käse übereinander schichten. Die oberste Schicht soll ein wenig Käse sein.

Im gut heißen Ofen so lange überbacken, bis der Käse geschmolzen ist (aber nicht dunkel werden lassen).

Inzwischen in sehr heißem Öl oder Schmalz die Zwiebelringe resch braten (Trick: Sie geraten rescher, wenn man sie vor dem Backen mit etwas Mehl bestäubt). Über die fertigen Käsespätzle streuen.

Dazu: Salat

Roses Semmelknödel

ergibt 9–10 Stück
dauert insgesamt (mit Einweichzeit) 1 Stunde 40 Min.

8 Semmeln à 40 g oder (fast noch besser)
320 g bestes Baguette-Brot, das 1–2 Tage alt sein soll
4 große Eier (oder 4 normale und 1 Eiweiß)
60 g Butter
knapp ¼ l Milch
Salz, etwas Muskatnußpulver, evtl. etwas Fondor
etwas Mehl zum Bestäuben

Die Semmeln (mit der Brotschneidemaschine) in 2 mm dünne Scheiben schneiden, die harten Endkanten weglassen. In eine große Schüssel geben. Die knapp ¼ l Milch gut erwärmen, Butter, Salz und Gewürze darin auflösen und über die Brötchen gießen. Diese nun genau 1 Stunde lang ziehen lassen. Dann die Eier hineinschlagen, gut vermengen und daraus 9–10 nicht zu große Knödel formen. Leicht in Mehl wälzen und in kochendem, leicht gesalzenem Wasser 20 Min. mehr ziehen als köcheln lassen (ja nicht sprudelnd kochen!)
Die Klöße gehen recht groß auf.

Gut zu allen Braten (besonders Ente, Gans und Schwein), zu Wildragout und zu Pilzen.

Achtung: Semmelknödel kann man gut einfrieren, aber nicht länger als 6 Wochen.

Aus vorher tiefgefrorenem Weißbrot sollte man keine Semmelknödel machen, sie zerfallen leicht beim Kochen!

Varianten der Semmelknödel:

- Feinstgewürfelte Zwiebel (1 mittlere) und 1 Handvoll feinstgewiegte Petersilie in Butter oder Butterschmalz weichdämpfen. Die Zwiebeln sollen goldgelb sein, nicht dunkel. Unter die rohe Knödelmasse mischen und kochen wie im Originalrezept oben.

- Speck-Knödel: Sehr fein und klein geschnittene Würfelchen von 100–120 g Bacon (Frühstücksspeck) mit einer feinstgeschnittenen Zwiebel braten, bis die Zwiebel goldgelb und der Speck etwas resch ist. Ausbackfett dann weggießen. Unter die rohe Knödelmasse mischen.

Wenn man genügend Bacon verwendet hat, kann man die Butter vom Originalrezept weglassen.

Diese Knödel sind – ohne Fleisch – gut zu Pilzen und zu Sauerkraut.

Kartoffelpuffer

Reiberdatschi

500 g geschälte, rohe Kartoffeln
1 Ei
2 EL saure Sahne
1 gestr. EL Mehl
Salz, Fondor
ein wenig Zwiebelpulver
Ausbackfett: *geschmacksneutrales Öl (kein Olivenöl) oder am besten: frisches Butterschmalz, selbstgemacht.*

Die Kartoffeln mittelfein reiben. Sie müssen sofort in Wasser fallen, dem einige Spritzer Zitronensaft zugegeben sind, damit sie nicht braun werden.
Ei, Sahne, Mehl und die Gewürze gut miteinander verrühren. Die geriebenen Kartoffeln fest ausdrücken (im Sieb oder in einem Tuch) und dazurühren.

In einer eisernen Pfanne mit reichlich Öl oder Butterschmalz bei starker Hitze sehr dünne, kinderhandgroße Puffer ausbacken. Sie müssen dünn, ganz resch und goldbraun sein und sofort heiß gegessen werden, bevor sie weich werden. Überflüssiges Fett an den Puffern mit Küchenkrepp oder Papierservietten entfernen.

Dazu: Apfelmus oder auch ganz fein: eisgekühlter Kaviar mit Crème fraîche oder saurer Sahne.

Die Puffer ganz heiß servieren!

»Nackte Bubenspitzle«

Sie werden nicht in Fett gebacken, sondern *ca. 5 Min. in 2–3 Liter kochendem Salzwasser gargezogen* (wie Klöße, nicht sprudelnd kochen, nur ziehen).

500 g am Vortag in der Schale gekochte Kartoffeln pellen und durch die Presse drücken
2 Eier (etwas verquirlt) dazurühren
Salz, Fondor und ein wenig Muskatnußpulver
4 EL Mehl

(Den Teig nicht stehen lassen, sondern gleich verarbeiten.)

Am besten probiert man 2 Bubenspitzle, bevor man alle ins kochende Wasser gibt. Zerfallen sie, fügt man noch ein wenig Stärkemehl, mit Ei verquirlt, hinzu.

Die garen Bubenspitzle herausnehmen, abtropfen und trocknen lassen. Später kann man sie in Butter schmälzen.

Bubenspitzle

Schupfnudeln

Dieses Rezept gab mir vor vielen Jahren Herr Fritz vom Restaurant Schloß Neuweier.

500 g in der Schale gekochte Kartoffeln (am besten vom Vortag) pellen und durch die Presse gedrückt.
vermischen mit: 1 großen Ei,
Salz, Pfeffer, Muskatnuß,
etwas feingewiegter Petersilie und
1 in Butter angedämpften, feinstgeschnittenen Schalotte *sowie einem Hauch von Mehl*

Diesen Teig rollt man auf einer nassen Unterlage (z. B. nasses Küchentuch) zu Bubenspitzle (kleinen, fingerlangen Würstchen) aus, die an den Enden schmal zulaufen.
Man brät sie in der Pfanne in Öl (kein Olivenöl) oder anderem guten Bratfett (Butterschmalz).

Gut zu: allem roten Fleisch, Wild, Gans und Ente etc.

Variation: Man schmälzt (brät goldgelb) in Fett noch mehr feinstgeschnittene Schalotten und anschließend das Fruchtfleisch einer großen Fleischtomate. Dies über und zwischen die gebackenen Bubenspitzle geben und als kleine Zwischenmahlzeit essen.

»*Crêpes Parmentier*«

gebackene Plätzchen aus Pfannkuchenteig und Kartoffelbrei

Antoine Augustin Parmentier (1737–1813) war ein französischer Apotheker, Militär und Arzt. Er führte den Kartoffelanbau in Frankreich ein.

für 4–5 Personen

Pfannkuchenteig

4–5 Eier (Eigelb u. Eiweiß getrennt)
wenig Mehl
Milch
etwas Salz
die etwa gleiche Menge Kartoffelbrei (auch Instant)
Ausbackfett (Öl, Butterschmalz)

Einen Pfannkuchenteig machen aus Eigelb, Milch, Mehl und etwas Salz. Den Kartoffelbrei dazurühren und zum Schluß das zu steifem Schnee geschlagene Eiweiß unterheben.
Der Teig muß so dicklich sein, daß man gut flache Plätzchen in das heiße Fett in der Pfanne geben kann und diese beim Backen nicht auseinanderlaufen. (Man gibt den Teig mit einem Saucenlöffel in das gut heiße Fett und drückt ihn zu ca. 6 cm ∅ runden, flachen Plätzchen zurecht.) Bei recht hoher Hitze gebacken, werden die »Crêpes« schnell goldbraun. Auf Küchenpapier abtropfen lassen und im heißen Ofen aufbewahren, bis alle gebacken sind. Dann sofort servieren.

Besonders gut zu: Hähnchen in Morchelsauce mit Champagner (siehe: Rezept)

Mais-Salat aus San Diego

als Beilage zu Fleisch

3–4 Tassen gekochte Maiskörner (tiefgefrorene sind am besten)
2 Tassen grüner, geschälter Paprika, auf Maiskorngröße gewürfelt
2 Tassen Fleischtomaten, geschält, ohne Kerne und Saft – nur das Fleisch, ebenso klein geschnitten (wegstellen und erst kurz vor dem Essen untermischen)
½ Tasse feingewürfelte Schalotten oder andere milde Zwiebeln
½ Tasse Frühlingszwiebeln mit reichlich Grün, in feine Ringe geschnitten
½ Tasse Crème fraîche
¾ Tassen gute, feste Mayonnaise
4 EL milder Gewürz-Essig (evtl. etwas weniger)
Salz, Pfeffer, evtl. Beau Monde (Selleriegewürz) und etwas Zucker

Alles gut mischen, bis auf die Tomaten. Diese erst vor dem Essen dazugeben, sie ziehen sonst Saft! Macht man etwas auf Vorrat für den nächsten Tag: Die Tomaten weglassen und erst im letzten Moment zufügen.

Mallorquinische Gerichte

Gazpacho

Kalte Suppe aus rohem Salatgemüse

Wer in einem heißen Land lebt, z. B. im Sommer im Mittelmeergebiet, in Mexiko oder in der Karibik, und wer diese köstliche Suppe einmal kennengelernt hat, wird sie fast jeden zweiten Tag wollen. Sie ist nahrhaft, gesund und erfrischend und sehr dekorativ (hübsch zu präsentieren). Aber sie schmeckt wirklich nur gut im Sommer, wenn die Gemüse in der Sonne voll ausgereift sind und ihr bestes Aroma entfalten. In Deutschland oder noch weiter im Norden kann man den Gazpacho nur an sehr warmen Sommertagen genießen, wenn Tomaten und Paprika sonnengereift sind und man evtl. die guten kleinen Gartengurken bekommt. Gazpacho braucht Sonne – auch beim Essen! Bitte niemals Tomaten aus Dosen oder andere Zutaten (wie Karotten, Sellerie etc.) verwenden! Auch wenn dies in manchen Rezepten steht.

Der Gazpacho kommt aus Andalusien. Dort enthält er etwas mehr Wasser als in Mallorca und mehr Essig und Knoblauch, auch immer etwas eingeweichtes Brot – durchgemixt – was ich weglasse. Früher wurden alle Gemüse mühsam im Mörser zerstampft und dann passiert. Die Arbeit des Mörser-Zerstampfens macht jetzt der Mixer.

Im Sommer steht in fast jeder spanischen Familie ein Topf voll Gazpacho im Kühlschrank. Wer Appetit und Durst hat, holt sich eine Tasse voll.

Zutaten Gazpacho
für ca. 10 große Tassen

6–8 größere, sehr reife Fleischtomaten (oder entsprechend mehr normale Tomaten)
1 große, milde Gemüsezwiebel
1 Salat-(Schlangen-)Gurke oder 2–3 kleine Gartengurken
1 grüne (oder gelbliche) u. 1 große rote Paprikaschote
Salz, Pfeffer, etwas Sojasauce, (Rotwein-)Essig
Wasser: so viel, wie man für eine sämige Suppe braucht
1–2 Knoblauchzehen
3–5 EL (Oliven-)Öl
2–3 EL Tomatenketchup
2–3 EL gute Mayonnaise

Zutaten für die Dekoration (Cosas)

milde Zwiebel, roter Paprika, geschält
Gurke
2 harte Eier
Weißbrot

Gazpacho
Struktur: amorph
Konsistenz: sämig
Farbe: frisch
Effekt: appetitanregend
Temperatur: kühl
Prädikat: köstlich

Das Gemüse waschen und putzen. Nur Gurke, Zwiebel und Knoblauch schälen. Alles in grobe Stücke schneiden und mit ein wenig Wasser im Mixer gut zerkleinern. Öl und Mayonnaise im Mixer mitwirbeln, damit sich alles gut verteilt. Durchpassieren, damit Kerne und Schalen zurückbleiben. Mit den angegebenen Zutaten würzen. Den Essig etwa wie für einen Salat für 5–6 Personen, probieren – ist Geschmackssache! Sehr kühl stellen und 1 Tag lang ziehen lassen, erst dann ist alles harmonisch verbunden. Kalt in großen Suppentassen servieren mit der Zugabe der dekorativen Cosas: kleinstgeschnittene Würfel von: Zwiebeln, rotem, geschältem (!) Paprika, Gurke (nur das feste Fleisch), Weißbrot und harten Eiern. Jedes extra angerichtet in einer kleinen Schüssel. Wer einen empfindlichen Magen hat, sollte Zwiebel und Paprika weglassen. Gazpacho hält sich im Kühlschrank gut verschlossen 3–4 Tage.

Ravolas

Fleischküchle aus den Resten einer Bouillon

---

3 Tassen gekochtes Fleisch (Rind und Huhn)
1–2 große Karotten
1 gekochte Kartoffel
evtl. 1–2 Stengel Lauch und Staudensellerie
reichlich frische Petersilie
1 mittlere rohe Zwiebel
würzen *mit Pfeffer, Salz und Majoran*
1/3–1/2 Tasse Milch
keinerlei Brot und Ei (wie sonst üblich bei Fleischküchle)

Man kocht eine kräftige »Fleischbrühe auf mallorquinische Art« (siehe: Suppen), diesmal evtl. aus Huhn (Poularde) und Rind mit all den angegebenen Gemüsen.

Man dreht alle Zutaten durch die feine Scheibe des Fleischwolfes. Gut durchmengen. Es wird eine recht weiche Masse. Aus ihr formt man mit einem Eßlöffel länglich-ovale Plätzchen, die man in reichlich Öl (evtl. mit etwas Butter) resch herausbäckt. Man drückt sie mit dem Kochlöffel oder Spatel noch etwas zurecht, wenn sie in der Pfanne liegen. Kurze Bratzeit.

Paella con verdura y carne

Reis in der Pfanne mit Gemüse und Fleisch

Die Mengenangaben sind ungefähr. Sie richten sich nach der Größe der Paellapfanne und wie viele Gemüsesorten und Fleisch man hat. Eine Paellapfanne von ca. 35 cm ∅ ist für 4–5 Personen gedacht.

Eine Paella kann folgende Gemüse enthalten:
Artischocken. Man verwendet entweder kleine, zarte, von denen man nur Stiel und obere Blattspitzen abschneiden muß und die man nach dem Kochen halbiert oder viertelt. Von großen Artischocken *nimmt man nach dem Kochen* nur die gut geputzten Böden. *Halbweich kochen (in separatem Wasser, da es dunkel wird).*
Erbsen, frische oder tiefgefrorene
grüne Bohnen, in Hälften gebrochen
einige Karotten, länglich gestiftelt
Weißes vom Lauch, in Ringe geschnitten
evtl. frischer Spargel, in Stücke geschnitten
getrocknete Pilze (Mischpilze, chinesische Pilze, Steinpilze, Morcheln etc.), in Wasser 2–3 Stunden einweichen, danach gut waschen.
Paprika (grüner und roter, evtl. gelber) im Ofen toasten, Haut abziehen und in Streifen schneiden
kleingeschnittene Würfel von Schwein und Lamm (Hals und Schulter) und Keulen mit Knochen von zarten, kleinen Hähnchen
Bratfett (Butterschmalz oder hier besser: Butter und Öl)
Olivenöl
2 mittelkleine Zwiebeln
2 Fleischtomaten
ital. oder spanischer Rundreis (kein Langkorn)
für 1 Paella-Pfanne (4–5 Pers.) etwa 2 Tassen
gute Fleischbrühe (doppelt soviel Tassen wie Reis und noch ein wenig mehr in Reserve, bei 4–5 Pers. also 4–5 Tassen)
Salz, Pfeffer
Safran ist obligatorisch (wenige Fäden und 1 Messerspitze gemahlener)
evtl. ein wenig Hühnerleber mit Petersilie und 1–2 Knoblauchzehen, geschält und geschnitten, zusammen mit dem Safran im Mörser gut zerstampfen und erst in den letzten 10 Min. unter die Paella (die schon im Ofen ist) mischen. Gibt einen kräftigen Geschmack.

Das Gemüse ½–¾ weichkochen, die Artischocken extra. Die Paprika im Ofen (bei 250 °C) 25 Min. toasten – öfters wenden. Die Haut abziehen und in Streifen schneiden. Die Fleischwürfel und die Hähnchenkeulen im Bratfett gut anbraten. Dann salzen und pfeffern. Aus der Pfanne nehmen. Evtl. etwas Olivenöl zugießen, wenn nötig. In diesem Fett nun die Zwiebeln anschmoren, dann die Tomatenwürfel zugeben und beides zusammen einige Minuten dünsten. Dann die Fleischstücke in die Pfanne zu Zwiebeln und Tomaten und alles zusammen 5–8 Min. (je nach Fleischart und Größe) gut durchschmoren lassen (umrühren).

All dies hat man in einer großen, normalen Pfanne gemacht. Jetzt nimmt man die Paellapfanne, die dann in den Ofen kommt. In ihr röstet man den Reis und die eingeweichten, gut ausgedrückten Pilze ein wenig in Öl an. Gießt mit Fleischbrühe auf, läßt einmal kräftig aufkochen und gibt die Gemüse und Fleischstücke mit Tomaten und Zwiebeln dazu, zart umrühren, nicht zerrühren! Den Safran jetzt zugeben oder mit Leber, Petersilie und Knoblauch vermischt, dann aber erst 10 Min. vor Ende des Kochvorgangs.

Den Ofen auf 200 °C vorheizen. Die Paellapfanne ins untere Drittel einschieben und 18–20 Min. lang (probieren, manche mögen den Reis noch mit Biß) garen. Die Fleischbrühe aufheben zum evtl. notwendig werdenden Nachgießen während des Garens im Ofen (nachsehen). Die Paella im Ofen sollte in den letzten 10 Min. nicht mehr umgerührt werden, wenn fertig, sofort servieren!

Tortilla Española

Omelett mit Kartoffeln und Zwiebeln

Dies wurde früher ungeheuer häufig in spanischen Familien gegessen. Als Elisabeth einmal drei Wochen bei einer Madrider Familie war, gab es jeden Abend – zumindest für die Kinder – eine Tortilla.
Als wichtiger Bestandteil eines spanischen Picknicks (kalt und in Stücke geschnitten) darf die Tortilla nicht fehlen.

pro Person

1–2 Eier
1 mittelgroße Kartoffel
½ mittlere Zwiebel
Pfeffer und Salz, evtl. ein Hauch Knoblauchpulver
Öl

Die Kartoffeln schälen und in Scheiben wie für Kartoffelsalat schneiden oder auch in sehr schmale kleine Stifte. Die Zwiebeln in dünne Scheiben oder Streifen schneiden. In einer großen Pfanne mit reichlich Öl erst die Zwiebeln weich dämpfen: sie sollen aber noch hell sein. Herausnehmen und im Sieb gut das Fett abtropfen lassen. Dann in derselben Pfanne im gleichen Fett die Kartoffeln weich und gar braten. Auch sie nicht dunkel werden lassen. Herausnehmen und das Fett wiederum abtropfen lassen (evtl. auf Küchenpapier oder im Sieb). In einer Schüssel die Eier gut verrühren, die Zwiebeln und Kartoffeln dazugeben, alles fest vermischen und mit Salz und Pfeffer und evtl. mit einem Hauch Knoblauchpulver würzen.

Eine mittlere oder kleine Pfanne (in jedem Fall keine große!) nehmen und vom Anbratöl aus der großen Pfanne so viel hineingeben, daß man einen dicken Pfannkuchen backen kann (viel Fett ist nicht nötig, lieber nach dem ersten Wenden

Tortilla Española
Ängstliche Naturen nehmen zum Wenden einen flachen Topfdeckel …

noch einen Löffel voll nachgeben). Die Pfanne mit dem Öl heiß werden lassen, vom Tortillateig aus der Schüssel so viel in die Pfanne geben, daß ein ca. 2–2,5 cm dickes Omelett entsteht. Von beiden Seiten bei mittlerer Hitze – eher langsam – backen. Das Omelett soll nicht braun werden wie ein Pfannkuchen.
Manche Leute mögen die Tortilla gut durch und trocken, andere noch ein wenig feucht und weich.

Gut dazu: eine kräftige Tomatensauce, die nicht durchpassiert wird.

P. S.: Zwiebeln, Kartoffeln und später die Eier nicht in derselben großen Pfanne backen! Die Tortilla brennt in dieser Pfanne viel zu leicht an oder man braucht, um dies zu vermeiden, viel zuviel Öl!

Tumbet

Mittelmeer-Gemüse in feuerfester Tonform

Ein köstliches Gericht, wenn Tomaten, Paprika und Auberginen sonnenreif sind! Es ist so nahrhaft, daß man kein Fleisch dazu braucht. Auf Mallorca, wo man stets viel gutes Gemüse und Olivenöl hat, wurde es – und wird noch heute – häufig gemacht. Die Hausfrauen nahmen sich viel Zeit dazu; und ich habe oft gesehen, wie sie am Herd standen, in den Pfannen rührten und dabei sangen. Diese idyllischen Zeiten sind auch auf Mallorca (fast) vorbei. Die runde, feuerfeste Tonschüssel, genannt *Grexoneira*, wird nicht mehr so oft benutzt, und die Frauen sind so beschäftigt mit dem »modernen Leben«, daß sie nur noch selten singen.

Mein Tumbet ist weniger fett und mit leichterem (Sonnenblumen-, Distel-) Öl gekocht. Wer will, kann natürlich Olivenöl nehmen, es schmeckt herrlich kräftig.

Einige Stunden vor dem Essen mit der Zubereitung beginnen, damit alles gut durchziehen kann im Ofen.

pro Person

½ kleine Kartoffel
½ größere Zwiebel
½ mittelgroße Paprikaschote (rot, grün und/oder gelb)
½ nicht zu große und nicht zu dicke Aubergine
½ Tasse gute Tomatensauce (Beschreibung im Zubereitungsteil)
1 Ei (ausreichend für 1–3 Personen)
und Mehl zum Panieren der Auberginenscheiben
reichlich Öl (Sonnenblumen-, Distel- oder Olivenöl)
Salz, Pfeffer

Die Kartoffeln in der Schale weich kochen und etwas abkühlen lassen. Für die ½ Tasse Tomatensauce nimmt man *reife Tomaten*, Zwiebeln und etwas roten Paprika. Nicht durchpassiert, sondern nur gut verkocht. Also muß man Tomaten und Paprika vorher schälen und die Zwiebeln klein würfeln. Gut einkochen und nur wenn nötig evtl. noch mit wenig Mehl (oder Instant-Saucenbinder) binden. Würzen mit Pfeffer, Salz und 1 Prise Zucker (kein Oregano oder ähnliches!)

Die Zwiebeln schälen, halbieren und in nicht zu dünne Halbringe schneiden.

Den Paprika fein schälen und in fingerlange, 1 ½ cm breite Streifen schneiden.

Die Auberginen nur waschen, nicht schälen. (Schmale, *kleinere* Auberginen sind am besten. Sind sie groß und dick: Der Länge nach halbieren.) In ca. ½ cm dicke Scheiben schneiden – möglichst alle Scheiben gleich dick, damit sie gleichmäßig braten. In einer Schüssel mit Salzwasser einweichen, mit einem Teller beschwert, damit sie nicht obenauf schwimmen. Dies macht man (solange man Zwiebeln und Paprika brät), damit sie dann beim Braten nicht so viel Fett saugen. In einer Pfanne mit reichlich Öl die *Zwiebeln* glasig weichdämpfen (nicht bräunen). In ein großes Drahtsieb geben, das über einer Schüssel hängt, und alles Fett abtropfen lassen.

In einer zweiten Pfanne mit ebenfalls reichlich Öl die *Paprikastreifen* weich dämpfen. Sie sollen nicht braun und zerkocht sein. Im Sieb alles Fett abtropfen lassen. Beides – Zwiebeln und Paprika – wird in der Pfanne gesalzen und leicht gepfeffert.

In einer *Greixoneira* oder einer anderen feuerfesten Form die abgetropften Zwiebeln auf dem Boden verteilen. Die gekochten *Kartoffeln* schälen, in dünne Scheiben schneiden und auf die Zwiebeln schichten. Salzen und leicht pfeffern. Dann als weitere Schicht die abgetropften *Paprikastreifen* anordnen.

Die *Auberginenscheiben* aus dem Wasser nehmen und gut ausdrücken. Zuerst in Ei (das mit einer Gabel leicht geschlagen wurde), dann in Mehl wenden und in 2 Pfannen mit dem abgetropften Öl (und evtl. noch etwas frisches hinzufügen) braten. Das Öl soll heiß, aber nicht zu heiß sein, die Scheiben sollen nicht aufeinander liegen und brauchen Platz, da man sie umwenden muß. Sie sollen etwas Farbe annehmen, aber nicht zu dunkel werden.
Wenn sie gerade weich sind, herausnehmen und auf einem Küchenpapier abtropfen lassen. Dann auf die in der Form liegenden Paprikastreifen legen. Ebenfalls salzen und leicht pfeffern. Den Ofen auf *200 °C* vorheizen.

Die sämige *Tomatensauce* als letzte Schicht über das Ganze gießen.
Die *Greixoneira*-Form in das untere Drittel des Ofens stellen und nicht zugedeckt (je nach Menge und Schüsselgröße) 35–45 Min. durchwärmen. Evtl. auf 175 °C zurückdrehen.

Dazu: Baguette-Brot und für jeden 1 Spiegelei; Landwein (weiß, rosé oder rot)

Man kann auch ein kleines Stück gebratenes Fleisch oder Fisch oder resch gebratenes Spanferkel dazu geben. Dann wird's aber schon fast zu mächtig.

Das Originalrezept des Tumbet in Mallorca ist: Ohne Zwiebeln und mit in Öl gebratenen, etwas größeren Kartoffelstücken. Und alles mit reichlich Olivenöl. Geschichtet wird dann: Kartoffeln – Paprika – Auberginen – Tomatensauce.

Manche Leute oder Restaurants nehmen auch nur Kartoffeln, Paprika und Auberginen und lassen die Tomatensauce weg.

Ensalada rusa aus Mallorca

Kartoffelsalat mit Gemüse, Fisch und Kapern

Als sommerliches Essen zu Brot und Butter oder – dann ohne Fisch – als eine schöne Zugabe zu gekochtem Hummer (Langusten), zu kaltem, pochiertem Salm oder zu kaltem Braten.

1–1 ½ Tassen gute Mayonnaise
je ½ Tasse zarte grüne Bohnen und Karotten
nicht zu weich gekocht und in sehr kleine Würfel geschnitten
½ Tasse Erbsen, frische: gekocht; tiefgefroren: kurz blanchiert
ca. 3 Kartoffeln (2 × soviel, wie das Gemüse insgesamt)
ebenfalls nicht zu weich gekocht und in kleine, feine Würfel geschnitten
2–3 EL Kapern
ca. 200 g Thunfisch aus der Dose (Öl abgießen)
oder etwa dieselbe Menge gekochter oder gebratener Fisch (Rest einer Fischmahlzeit), sorgfältig entgrätet und in kleine Stücke zerteilt
Würzen: Salz und Pfeffer, ganz wenig Tabasco, Fondor, evtl. etwas Beau Monde (Selleriegewürz)

Alles gut mischen und einige Stunden kühl stehen lassen (auch über Nacht). Probieren und evtl. nachwürzen. Dann wie einen länglichen Brotlaib auf einer großen Platte anrichten, mit etwas Mayonnaise bestreichen und mit Scheiben von gekochten Eiern und Streifen von getoastetem Paprika (siehe: Saucen) hübsch dekorieren.

Pollo en salsa de almendras

Hähnchen in Mandelsauce

für 4 Personen

1 frisches Hähnchen (Poularde) ca. 1200–1400 g
Salz und Pfeffer aus der Mühle
etwas Mehl
reichlich Öl und weniger Butter
3 mittelgroße Zwiebeln auf dem Reibeisen reiben; es bleibt, da man nicht alles reiben kann, ohne sich die Finger aufzuschaben, so viel übrig wie 2 ganze Zwiebeln.
100 g gemahlene »geröstete Mandeln« am besten ohne Salz und Geschmackszutaten, nur natur. (Wenn man sie nicht kaufen kann, röstet man die ungeschälten Mandeln im Ofen gut braun, reibt ein bißchen von der braunen Haut ab, nicht alles, und zerkleinert sie fein zusammen mit dem Wasser im Mixer.)
gut 2 Tassen Wasser, später evtl. noch etwas mehr

Das Hähnchen in 8 Stücke teilen. Die Haut und die inneren Keulenknochen belassen, die Brustknochen jedoch entfernen. Salzen und pfeffern, mit Mehl bestäuben und in einer Pfanne in reichlich Öl rundum goldbraun anbraten. In Mallorca wie im ganzen Mittelmeerraum wird an Öl nicht gespart. Es kommt aber nicht alles in das Gericht, sondern wird nur zum Braten verwendet. Die angebratenen Hähnchenteile gut abtropfen lassen (auf Küchenkrepp). In einer größeren Kasserolle mit ein wenig Butter und, wenn nötig, ein wenig vom Bratöl aus der Pfanne, die feingeriebenen Zwiebeln hell-glasig anschwitzen. Gut 2 Tassen Wasser, vermischt mit den gemahlenen Mandeln, dazurühren. Die angebratenen Hähnchenstücke einlegen. Nachwürzen mit Salz und Pfeffer, wenn nötig, evtl. auch mit ein klein wenig gutem Fleischextrakt. In Mallorca nimmt man nur Wasser. Dort sind die gerösteten Mandeln so gut im Geschmack, daß man nichts anderes braucht. Die Kasserolle zudecken und alles bei mäßiger Hitze zart köcheln lassen (das kann auch im Ofen geschehen).

Das Hähnchenfleisch muß gut weich sein und fast vom Knochen fallen. Das kann, je nach Hähnchen, zwischen 30–40 Min. dauern.

Vor dem Anrichten: Obenauf schwimmendes Fett gründlich abschöpfen. Evtl. die Haut der Hähnchenstücke entfernen. Die Keulenknochen bleiben.

Die Sauce weder binden noch mit anderen Gewürzen versehen, allenfalls ganz wenig Fleischextrakt und eine Minispur Tabasco oder Sambalwürze.

Dazu: Reis, evtl. Nudeln oder nur Weißbrot.

Estofado en Greixonera

Fleisch mit Gemüse und Mandeln in Tonform

(Anstelle der mallorquinischen Tonschüssel kann man eine Kasserolle nehmen.)

für 5–6 Personen

1000–1200 g saftiges, kurzfasriges Lamm- oder/und Rindfleisch, in Würfel geschnitten (Hals oder Schulter vom Lamm, Hüfte oder Bug etc. vom Rind)
ca. 20 sehr kleine, runde Kartöffelchen (oder größere, rund zugeschnitten)
ca. 20 sehr kleine Zwiebeln (Perlzwiebeln, Schalotten)
ca. 10 kleinere Karotten, fingerlang und fingerdick zugeschnitten
frischgemahlener Pfeffer und Salz
1–2 Zehen Knoblauch, geschält, im ganzen
1–2 Lorbeerblätter
evtl. etwas Fleischextrakt und Sojasauce
2–4 Fleischtomaten (je nach Größe)
1 ½ Tassen frische oder tiefgefrorene Erbsen
2–3 EL gemahlene »geröstete Mandeln« ohne Salz und Geschmackszutaten (wenn man sie nicht kaufen kann, ungeschälte Mandeln in der Schale gut im Ofen rösten, braune Haut etwas abreiben, dann mahlen).

In einer großen Pfanne mit reichlich Öl hintereinander gut anbraten: die ganzen kleinen Kartoffeln, die ganzen kleinen Zwiebeln, die geschnittenen Karotten, das in

Würfel geschnittene Fleisch und zuletzt die 1–2 ganzen Knoblauchzehen. Von allem das Fett gut abtropfen lassen (evtl. auf Küchenkrepp legen). In eine größere Kasserolle ein wenig von dem Anbratfett aus der Pfanne geben und darin die geschälten, in Würfel geschnittenen Tomaten anschmoren (ohne Deckel). Das angebratene Fleisch dazugeben und die angebratenen Kartoffeln, Zwiebeln und Karotten, zum Schluß die Erbsen und das Lorbeerblatt und den Knoblauch. Salzen und pfeffern und – auch wenn es nicht gerade mallorquinisch ist – evtl. noch ein wenig würzen mit Fleischextrakt und etwas Sojasauce.

Mit ca. 1 Tasse Wasser aufgießen. Ofen auf 170 °C konventionelle Hitze ⊟ vorheizen. Die Kasserolle im unteren Ofendrittel plazieren und zuerst ein wenig bei stärkerer Hitze, bis es kocht, dann bei reduzierter Temperatur alles sehr zart köcheln lassen. Nachsehen, ob es besser ist, die Kasserolle zuzudecken und, wenn nötig, noch etwas Wasser zufügen. Hin und wieder leicht herumstochern, nicht umrühren.

Vor dem Anrichten die gemahlenen »gerösteten Mandeln« daruntermischen, nochmals – jetzt auf oberer Herdplatte – kurz aufkochen, die Würze überprüfen und sofort servieren. Die Mandeln machen die Sauce dicklich und schmackhaft, also ist keinerlei Mehlbindung nötig.

Dazu: nur gutes Brot und Landwein oder Bier.

Gefüllte Auberginen

für 4 Personen

4 mittelgroße bis große Auberginen
250–300 g Kalbfleisch
250–300 g Rindfleisch
1–2 Zwiebeln, gehackt
1 Handvoll Petersilie, gehackt
1–2 Knoblauchzehen, fein geschnitten
1 Ei
Salz, Pfeffer, Fleischwürze, evtl. Sojasauce
3 EL Semmelbrösel
Tomatensauce (siehe Anmerkungen am Rezeptschluß)
reichlich Öl (Es bleibt etwas übrig. Wer will, kann darin Kartoffeln als Beilage braten.)

Die Auberginen waschen und der Länge nach halbieren (nicht schälen!). Ca. 10 Min. in leicht gesalzenem Wasser kochen, dann mit einem scharfen Löffel so viel vom Fruchtfleisch herauskratzen, daß nur noch eine relativ dünne Hülle zurückbleibt zum Füllen. Diese zum Abtropfen auf Küchenkrepp legen.

Inzwischen in einer Pfanne in Öl die Zwiebeln andämpfen, etwas später die Knoblauchzehe und die Petersilie zugeben. Alles gut durchdünsten lassen.

Dann die 2 Fleischsorten, den Inhalt der Pfanne (Zwiebeln, Knoblauch, Petersilie) und das ausgekratzte Auberginenfleisch durch den Fleischwolf drehen (mittelfeine Scheibe). Das Ei, ein wenig Semmelbrösel (1–2 EL) und die Gewürze zugeben und gut abschmecken. (Wenn man will, kann man das Auberginenfleisch auch in der Pfanne mitdämpfen und dann erst durchdrehen.) Nun füllt man die ausgehöhlten Auberginen mit der Farce, drückt sie gut in die Frucht ein und streut ein wenig Semmelbrösel obenauf.

In einer großen Pfanne in reichlich Öl die gefüllten Auberginen – zuerst auf der Fleischseite – gut anbraten, dann noch ein wenig auf der anderen, der Fruchtseite.

Den Boden einer flachen Auflaufform mit einer dünnen Schicht Tomatensauce bedecken, die angebratenen Auberginen (Fleischseite nach oben) daraufsetzen, mit ein wenig Tomatensauce oben überziehen und in die Mitte des vorgeheizten Ofens stellen. Bei mittlerer Hitze 25–35 Min. backen.

Dazu: Baguette-Brot oder in Öl gebratene Kartoffeln (mir wäre das fast zu viel, ist aber gut), leichter Rotwein oder Rosé (trocken)

P. S. Ziehen die Auberginen in der Form beim Backen zuviel Wasser, dann etwas abgießen. Die Tomatensauce kann aus geschälten, kleingeschnittenen Tomaten mit Öl, Knoblauch etc. selbstgemacht werden. Nicht durchpassieren, nur gut verkochen und ohne Deckel eindicken lassen.

Bullit

Gekochtes aus Huhn, Rind und Gemüse

ein köstliches Gericht, leicht und fettarm, mindestens für 5–6 Personen

1 frische Poularde, nicht größer als 1200–1300 g oder
1 frisches, junges Suppenhuhn
ca. 1000 g kurzfasriges, mürbes Suppenfleisch vom Rind (Hals, Querrippe, Bugblatt, Wade etc.)
2–4 Knochen
evtl. 700–800 g Fleisch vom jungen Lamm (z. B. vom Hals, von der Schulter)
2 mittlere Zwiebeln, in dickere Ringe geschnitten
ganz wenig Öl und Butter zum Anbräunen
3 Stengel Staudensellerie und
1–2 Stengel Lauch in grobe Stücke geschnitten
10 mittlere Karotten
10 mittelgroße Kartoffeln, gleichmäßig groß, geschält, ganz
ca. 800 g zarte grüne Bohnen
1 kleinerer Kopf Weißkraut (ist er im Spätwinter zu alt, nimmt man lieber einen kleineren Wirsingkopf), in 8 Segmente teilen, die äußeren Blätter und Strunkteile entfernen
würzen: Salz, Pfeffer, Suppenextrakt, etwas Sojasauce

In einem sehr großen Suppentopf mit sehr wenig Öl und einem nußgroßen Stückchen Butter die Zwiebelstücke stark dunkel anbraten (wie für Fleischbrühe). Den Sellerie und den Lauch zugeben, und wenn man hat, noch ein paar Knochen. Dies alles gut durchrösten und bräunen. Dann mit Wasser aufgießen (ca. 3 l oder etwas mehr), zudecken und zum Kochen kommen lassen. Wenn das Wasser kocht, das vorher etwas mit Salz eingeriebene Rind- (und Lamm-)Fleisch einlegen, Hitze reduzieren und alles offen so lange zart köcheln, bis es weich ist (je nach Art und Größe 1 ¾– 2 ½ Stunden).

In einem anderen großen Topf, der etwas breiter sein sollte, Wasser aufsetzen (2 ½–3 l), würzen mit Salz, etwas Pfeffer, Sojasauce und Suppenextrakt. Wenn das Wasser kocht, setzt man der Reihe nach zu: die in Portionsstücke geteilte Poularde, ca. 5–8 Min. später die ganzen Kartoffeln und die Kohlstücke, ca. 3–5 Min. später die geputzten, in Drittel gebrochenen Bohnen und die Karotten, die in große, nicht zu dünne Stifte geschnitten sind. Je nachdem, wie groß und zart die Poularde ist oder das Huhn (letzteres braucht etwas länger), muß man sich die Zeit einteilen – ein count-down. Ist die Poularde klein und zart, kann man sie mit Kartoffeln und Kohl fast gleichzeitig einlegen. Die Garzeiten ca.: Poulardenstücke brauchen 30–40 Min., Kartoffeln und der Kohl 30 Min., Bohnen und Karotten 25–30 Min.

Wenn alles in den 2 Töpfen gar ist, seiht man die Brühe vom Rindfleischtopf ab und würzt sie. Die Poulardenbrühe seiht man ebenfalls bis auf einen Rest ab und gibt sie zur Rinderbrühe. Nochmals nachwürzen. Das Rindfleisch schneidet man in Scheiben, die Poulardenstücke putzt man, indem man Haut und Brustknochen entfernt. Das Gemüse holt man (vorsichtig!) mit einer flachen Lochkelle heraus. Die Rind-Poularden-Brühe als Consommé servieren. Die Fleisch- und Poulardenstücke und alles Gemüse (Kartoffeln ganz lassen) auf einer großen, warmen Platte hübsch anrichten. Etwas Brühe darübergießen und mit Senf und Mayonnaise servieren (Mallorquiner nehmen Öl). Es bleibt immer so viel Brühe übrig, daß man Fleisch und Gemüse darin warmhalten kann, bis man es auf die Platte legt.

Conejo con cebolla

Stallhase mit Zwiebeln

für gut 4 Personen

1 Kaninchen (nicht *allzu groß und* fett)
gut 1 kg Zwiebeln (normale; keine milden, sie wären dafür zu süß)
Öl
frisch gemahlener Pfeffer, Salz
1–2 Knoblauchzehen
1–2 Lorbeerblätter
½ Tasse starker Espresso
1 Gläschen span. Cognac (Brandy)

Die Zwiebeln in feine Scheiben oder Streifen schneiden. In einer großen Pfanne in reichlich Öl hell-glasig dämpfen (sie sollen keine Farbe annehmen). In einem Sieb das Fett gut abtropfen lassen. Zwiebeln beiseite stellen.

Den Hasen in kleine Portionsstücke teilen (2–3 Portionen pro Person). *Vorsicht:* Beim Durchhacken der Knochen entstehen oft kleine scharfe Splitter, möglichst alle entfernen. Die Fleischstücke salzen und pfeffern.

In derselben Pfanne und in demselben Öl die Hasenstücke (ohne Mehl!) gut anbraten. Gegen Ende den feingewiegten Knoblauch dazugeben. Die angebratenen Hasenstücke und den Knoblauch aus der Pfanne nehmen, das Fett gut abtropfen lassen. Alles in eine Kasserolle (mit Deckel) legen, die angedämpften hellen Zwiebeln darüberschichten, das Lorbeerblatt dazu, den frisch gemachten Espresso und den Cognac. Keinerlei Wasser! Es zieht genug Flüssigkeit!

Zugedeckt 60–80 Min. zart schmoren lassen. (Schmoren im vorgeheizten Ofen ist besser als oben auf der Herdplatte. Im Herd zwischen 170–180 °C.) Das Fleisch ist erst dann gut, wenn es sehr weich ist und beginnt, vom Knochen zu fallen. Keine Mehlbindung an die Sauce und keine anderen Gewürze!

Das Fleisch mit all den Zwiebeln (sie sind inzwischen gut weich und etwas verkocht) anrichten.

Dazu: Reis, fester Kartoffelbrei, Kartoffeln, Teigwaren, Weißbrot (ist am besten!); Rotwein oder Rosé.

Conejo con Cebolla
Ober zum Gast: »Na, wie fanden Sie denn unser Kaninchen?«
Gast zum Ober: »Ach, so zufällig hinter den Zwiebeln.«

Frito mallorquin

Innereien, gebraten mit Kartoffeln, Zwiebeln etc.

von Jeronima aus Mallorca

für 4–5 Personen

Innereien
Herz und Lunge
Leber und Nieren
vom jungen Lamm oder jungen Kitz (Ziege) oder Spanferkel
jeweils immer nur Innereien von ein und demselben Tier nehmen, nie gemischt; höchstens zusätzlich (geht zu allem) ein wenig Leber vom jungen Kalb.
2 mittelgroße Zwiebeln, in Halbringe geschnitten
5–6 Frühlingszwiebeln mit Grün, in Ringe geschnitten
1 grüner, 2 rote Paprika, geschält
4 Kartoffeln, geschnitten wie für Pommes frites
1 nicht allzu große Peperone-Schote (getrocknet, frisch oder aus dem Glas), halbiert, aber nicht klein geschnitten; sie wird zum Schluß wieder herausgefischt, da sie zu scharf und nicht gut für den Magen ist.
Öl (Olivenöl ist Originalrezept)
2 Lorbeerblätter und Fenchelsamen für Herz und Lunge
2 Lorbeerblätter für das Frito
2 Knoblauchzehen, geschält und fein geschnitten
Salz, frischer Pfeffer, etwas mildes Paprikapulver

Zuerst muß man *Herz und Lunge* vorbereiten: Man schneidet sie auf, entfernt Adern und Stränge, wäscht sie sehr gut, wässert sie einige Zeit und kocht sie zusammen in Wasser und Salz, etwas Fenchelsamen und 2 Lorbeerblättern so lange, bis sie weich sind (ca. 30 Min. oder etwas mehr). Man nimmt sie aus dem Wasser und läßt sie abtropfen, dann schneidet man sie in Streifen von 2,5–3 cm Länge.

Leber und Nieren schneidet man ebenso in Streifen.

Nun brät man in reichlich Öl zuerst die Herz- und Lungenstreifen an – kurz, aber kräftig. Dann – etwas kürzer noch – die Streifen von Leber und Nieren. Alles gut abtropfen lassen, evtl. auf Küchenkrepp, damit so viel Fett wie möglich wegbleibt. Die abgetropften Streifen legt man in eine vorgewärmte, nicht zu kleine Kasserolle.

In der Bratpfanne, in der man die Innereien angebraten hat (im selben Fett), dämpft man jetzt die *zweierlei Zwiebelarten* zusammen mit dem kleingehackten *Knoblauch* an: nur hell, nicht bräunen.

In einer zweiten Pfanne – gleichzeitig – schmort man ebenfalls in reichlich Öl die geschälten, in Streifen geschnittenen *Paprikaschoten*, aber nur kurze Zeit an.

Die Zwiebeln und den Paprika aus den Pfannen nehmen, gut abtropfen lassen und dann auf die Innereien in der Kasserolle legen. Die 2 Lorbeerblätter zugeben und würzen mit Pfeffer, Salz und Paprikapulver.

Zum Schluß brät man in einer der Pfannen noch die *Pommes frites* (das Öl aus beiden Pfannen sollte dafür genügen), läßt sie ebenfalls gut abtropfen und stellt sie warm.

Das »*Frito*« (Innereien, Zwiebeln, Paprika und Gewürze) in der Kasserolle aufs Feuer bringen und nur wenige Momente noch einmal durchkochen, indem man alles gut verrührt. Die Kartoffeln gibt man erst im allerletzten Moment dazu, damit sie nicht zu weich werden. Den Peperone herausnehmen!

Sofort anrichten.

Dazu: nur Brot und Landwein.

Ein fettes, aber gutes Essen. Meist ist es ein wenig scharf durch den Peperone. Man macht es in Mallorca immer, wenn man ein Lamm oder eine Ziege oder ein Spanferkel schlachtet.

Vielleicht kann man statt der Pommes frites Salzkartoffeln kochen und dazu geben. Es ist dann weniger original, aber auch weniger fett und dadurch bekömmlicher.

Mallorquinische Kroketten

Jede gute Hausfrau auf Mallorca macht sie –

etwas aufwendig; aber es *lohnt sich!*

½ große oder 1 normale Zwiebel, fein gerieben
3 EL Butter
** 3 Tassen sehr fein durchgedrehtes gekochtes Fleisch vom:*
Huhn (auch Hähnchen oder Poularde) oder
Rind und Huhn oder *nur Rind* oder *evtl. auch Kalb und Huhn*
4 ein wenig gehäufte EL Mehl
1 gute Tasse Milch
1 Eigelb (bei kleinen Eiern 1 ½)
Salz, Pfeffer, Muskatnuß oder Muskatblüte
etwas Fondor, einige Spritzer Worcestershire-Sauce

---

* Das Fleisch erhält man, indem man es wie für eine »*Fleischbrühe auf mallorquinische Art*« kocht (s. Rezept) mit 1 Zwiebel, 1 Tomate, 1 Kartoffel, einigen Stangen Staudensellerie und 1 Stange Lauch. Das Fleisch erst bei sprudelnd kochendem Wasser zusetzen, damit es saftig bleibt. Bei Mischfleisch: Rind zuerst, dann Kalb, dann Huhn oder Poularde. Bei zerteiltem Huhn nur 20–30 Min. Kochzeit.

zum Formen der Kroketten:
1–2 Eiweiß, leicht angeschlagen
1 Suppenteller voll feinstgemahlener Crackers (Man kann dieses Salzgebäck schnell und bequem im Mixer zerschlagen. Kein Paniermehl verwenden, es ist viel zu grob!)

Zubereitung der Kroketten-Masse
In einer großen, runden mallorquinischen Tonform (feuerfest bis 300 °C) oder in einer entsprechend großen Kasserolle die Butter heiß werden lassen und darin die geriebenen Zwiebeln hell-glasig dämpfen (5–6 Min.). 3 gut gefüllte Tassen vom gekochten, feingemahlenen Fleisch (feine Lochscheibe) zugeben, verrühren und ca. 8–10 Min. bei mittlerer Hitze mitschmoren, ständig rühren. Wenn die Masse beginnt, sich vom Boden der Tonform (oder der Kasserolle) zu lösen, vom Herd nehmen. Dann das Eigelb einrühren und mit den angegebenen Zutaten gut würzen.

Die Masse ist jetzt noch etwas weich, aber sie dickt nach. Sie soll an kühlem Ort 8–12 Stunden stehen, bevor man sie weiterverarbeitet.

Formen der Kroketten
Das Eiweiß leicht anschlagen. Von der Kroketten-Masse mit einem TL so viel abstechen, daß man kleine Kroketten daraus formen kann. In das angeschlagene Eiweiß tauchen, dann im feinen Crackermehl wenden. Das überschüssige Cracker-Mehl durch Hinundherschütteln in den Händen abklopfen. Es soll nur ein feiner Hauch Crackermehl an den Kroketten sein. Das unterscheidet sie von den deutschen, die mit hartem Paniermehl gemacht sind.

Diese so vorbereiteten Kroketten kann man im Kühlschrank 8–12 Stunden lang aufbewahren, bevor man sie brät.

Braten der Kroketten
In kleiner Pfanne, 2,5–3 cm hoch mit Öl gefüllt, auf mittlerer Flamme, jeweils nur 8–10 Kroketten braten. Die Pfanne dabei stets ein wenig rütteln und die Kroketten des öfteren wenden. Sie brauchen nicht lange, bis sie gar sind, da die Masse aus Gekochtem besteht. Sie müssen schön goldbraun werden. Auf Küchenkrepp abtropfen lassen und noch warm oder lauwarm servieren. Man kann sie aber auch kurz (Micro) wieder aufwärmen.

Mallorquinische Kroketten
Was in ihnen steckt, weiß man; was in sie gefahren ist, kann man nur ahnen.

Solo: zum Aperitif (kleinere Kroketten)
oder: als Beilage zu Gemüse (größere Kroketten); nicht zu Braten, da sie ja selbst aus Fleisch sind.

P. S.: Mallorquinische Kroketten können auch aus gekochtem Schinken und gekochtem Blumenkohl oder aus Hühnerfleisch und geriebenem Käse mit Bechamelsauce gemacht werden. Hier muß die Masse etwas fester sein, da sie nicht so sehr nachdickt.

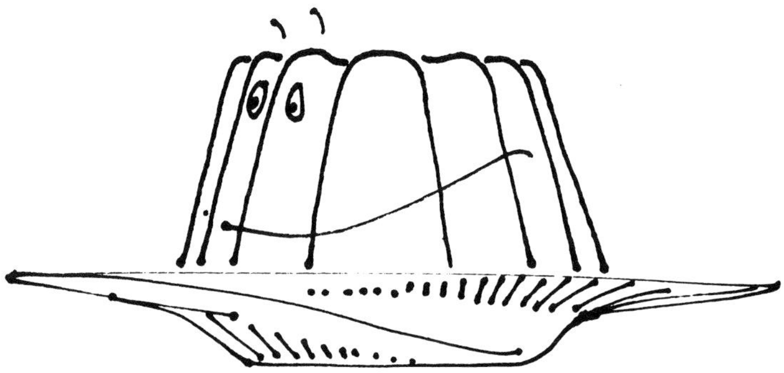

Omi Manns Scheiterhaufen

(Brotauflauf mit Obst)

für 4 Personen

ca. 250 g dünnes, französisches Stangenweißbrot, 1–2 Tage alt, schon etwas trocken, aber nicht ganz hart (oder Toastbrot)
2–2 ½ Tassen Milch
5 große Eier
4–6 EL Zucker, nach Geschmack
Butter, Früchte

Das Stangenbrot in 2–3 mm dicke Scheiben aufschneiden. Die Eier gut verrühren, den Zucker dazurühren und mit Milch aufgießen. Alles gut verquirlen. Die geschnittenen Brotscheiben in eine große, flache Schüssel legen, die Milch-Ei-Zucker-Mischung – ½ Tasse davon aufheben! – über das Brot gießen und 1 Stunde durchziehen lassen. Ein paarmal mit zarten Fingern oder mit einer Gabel leicht umrühren, nicht zermanschen. Die Brotstücke sollen ganz bleiben.

Inzwischen eine mittelgroße Auflaufform mit nicht zu hohem Rand (ca. 8 cm) gut ausbuttern. Sind die Brotschnitten ganz durchgeweicht, legt man eine dünne Schicht getränktes Brot in die Auflaufform, streut das Obst darüber, legt wieder eine Schicht Brot auf, wieder Obst und zum Schluß nochmals Brot. Den Rest der Milch-Ei-Zucker-Mischung (½ Tasse) gießt man nun über die oberste, letzte Brotschicht, legt kleine Butterflocken auf und stellt die Form in das untere Drittel des vorgeheizten Ofens.

Zuerst ca. 10–15 Min. auf 200 °C, dann auf 150 °C. Je nach Größe und Höhe der Auflaufform bzw. Höhe des Inhalts *40–50 Min.* backen. Wenn nötig, gegen Ende mit Alufolie abdecken. Die obere Brotschicht soll leicht knusprig und goldgelb (nicht hart und braun) sein.

Noch lauwarm servieren, mit Vanillesauce oder evtl. mit einem Kompott aus denselben Früchten.

Trick: Am besten ist eine Auflaufform aus feuerfestem Glas, dann sieht man, ob das Brot auch unten fertiggebacken ist. Die Form sollte nicht höher als 8 cm sein, oder zumindest nicht höher als 7 cm eingefüllt; in zu enger und zu hoher Form ist die obere Decke oft zu braun, das untere Brot und Obst noch halbgar und naß.

Das Brot immer gut durchweichen lassen. Niemals gleich einlegen und die Milch-Ei-Zucker-Mischung einfach darübergießen. Die Flüssigkeit läuft nach unten und stockt am Boden der Form, das Brot weiter oben bleibt zu trocken.

Obstsorten zum Scheiterhaufen
Grundsätzlich nur säuerliches Obst verwenden. Zusätzlich immer mit Zitronensaft säuern, sonst wird der Auflauf hoffnungslos fade.

1. *säuerliche Äpfel:* Geschält, gespalten und in kleine Schnitze, wie zum Apfelstrudel geschnitten. Mit dem Saft von 1 ½–2 Zitronen und etwas Zucker mischen und vor dem Einlegen in die Auflaufform ½ Stunde ziehen lassen.

2. *Aprikosen:* und ½– 1 Zitrone (kleinschneiden)

3. *Zwetschgen:* Je nach Jahreszeit; die frühen sind sauer und saftiger, die späten süßer und trockener.
Kleinschneiden und den Saft von ½– 1 ½ Zitronen darüberträufeln.

4. *Heidelbeeren (sehr gut):* Mit dem Saft von ½–1 Zitrone. Sie sind von Natur aus schon recht sauer.

5. *Himbeeren (sehr gut):* Mit dem Saft von ½–1 Zitrone. Sie sind meist etwas säuerlich.

Apfelküchlein

von meiner Mutter

Mürbe Äpfel (Boskop) werden geschält, in fingerdicke Scheiben (1 ½ cm) geschnitten, das Kerngehäuse gründlich ausgestochen. Sie werden in den Backteig getaucht* und in reichlich Ausbackfett herausgebacken, mit Puderzucker bestreut und noch warm serviert.

Backteig
1 Tasse Weißwein, Bier oder Mineralwasser
2 Eigelb
1 EL Rum
1 EL zerlaufene Butter
verrührt man mit so viel Mehl, daß ein dicklicher Teig entsteht, der Blasen werfen muß. Ein wenig salzen und zuckern *und* 2 Eiweiß, *steif zu Schnee geschlagen, zum Schluß daruntergezogen.*

Brandteig
¼ l Milch mit
walnußgroß Butter, etwas Zucker und
1 Prise Salz heißmachen.
125–135 g Mehl auf einmal hineinschütten und rühren, bis es einen Kloß gibt, der sich vom Topf löst. Vom Feuer nehmen und abkühlen lassen.
Dann 3–4 Eier (je nach Größe – probieren) darunterrühren. Der Teig soll ebenfalls dicklich sein.

* Die Apfelringe evtl. zuerst mit Mehl bestäuben, dann erst in den Backteig tauchen. So haftet er besser an und löst sich nicht so leicht vom Apfel beim Backen.

Ausbackteig

Von allen ausprobierten Rezepten fand ich dieses am besten – aus Österreich

140 g Mehl
⅛ l Mineralwasser, Bier, Weißwein oder Milch
2 EL Öl (kein Olivenöl)
⅓ TL Salz
2 Eigelb
2 Eiweiß, steifgeschlagen
1 EL Zucker (bei süßen Sachen)

Das Mehl mit der Flüssigkeit, dem Öl und dem Eigelb glattrühren (nicht zu lange rühren). ½–1 Stunde ruhen lassen.

Kurz vor dem Ausbacken das Eiweiß zu festem Schnee schlagen, gegen Ende zu Salz und evtl. Zucker beifügen. Unter den Teig heben (nicht zerrühren), der jetzt die richtige Konsistenz bekommt.

Ausbackfett: Pflanzenöl, Butterschmalz, ½ Butter, ½ Öl

Kartäuserklöße (Armer Ritter)

von meiner Mutter

für 4 Personen als reichliche Hauptmahlzeit
für 6 Personen als Dessert

ca. 450–500 g »Einback«, einfaches Hefegebäck, in dicken Scheiben aneinandergebacken (gibt es beim Bäcker); sonst die gleiche Menge mit Milch hergestelltes Toastbrot, in Scheiben geschnitten.

600–650 ml lauwarme Milch
4–5 Eier
1–2 Päckchen Vanillezucker (echte Bourbon-Vanille)
2 EL Zucker
Butter und Öl oder Butterschmalz
zum Bestreuen: Zucker, gemischt mit etwas Zimt

Einback

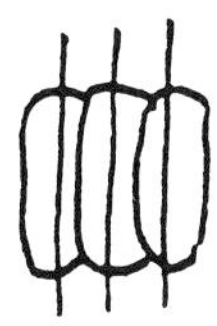
geschnitten

Den Einback für eine Hauptmahlzeit in 16, für ein Dessert in 18 gleichmäßig dicke Scheiben schneiden (die trockenen Enden des Einbackstückes vorher abschneiden). Toastscheiben halbieren.

Die Eier mit der Gabel etwas verschlagen, die Milch, mit Zucker und Vanille vermischt, zugießen und alles gut mit dem Schneebesen verquirlen. Die Brotschnitten in eine (oder 2) große, flache Form(en) legen und die Ei-Zucker-Milch-Mischung darübergießen. 1 Stunde lang ziehen lassen; die Schnitten während dieser Zeit 2 mal wenden. Sie müssen völlig durchgeweicht sein.

In einer großen Pfanne mit reichlich Fett bei eher mäßiger Hitze goldgelb backen (dabeibleiben, sie werden schnell braun). Aus der Pfanne nehmen, auf Küchenkrepp abtropfen lassen und warm stellen, bis alle Schnitten gebacken sind. Dann mit Zimt-Zucker bestreut sofort servieren.

Dazu: Vanillesauce (siehe Rezept), Hagebuttensauce (siehe Rezept) oder etwas flüssiges Apfelmus.

Die oberfränkische Variation der Kartäuserklöße

für 4 Personen

6 Brötchen (à 40 g), 1–2 Tage alt
½ l lauwarme Milch
80 g Zucker, vermischt mit
½ TL Zimt
4 Eier
ca. 150 g fein geriebene Butterkekse als Paniermehl-Brösel
Butter oder Butterschmalz zum Ausbacken

In die lauwarme Milch gibt man den Zimt-Zucker und 2 Eier und verrührt alles gut miteinander. Von den Brötchen reibt man mit dem Reibeisen die Kruste ab, halbiert sie der Länge nach und weicht sie in der Zucker-Ei-Milch-Mischung 1 Stunde lang ein. Dann drückt man sie vorsichtig aus. Die restlichen 2 Eier werden in einem Suppenteller etwas mit der Gabel verquirlt. Die Keksbrösel gibt man in einen anderen Suppenteller. Man wendet die eingeweichten Brötchenhälften (3 pro Person) zuerst im verquirlten Ei, dann in den Keksbröseln und bäckt sie in der Pfanne auf mittlerer Flamme goldbraun.

Warm servieren mit: Vanillesauce (siehe: Rezept) oder Hagebuttensauce (siehe: Rezept) oder etwas flüssigem Apfelmus

Hagebutten-Sauce

von meiner Mutter

schnell und gut

1 Glas (ca. 450 g) Hagebuttenkonfitüre, die nicht zu süß und sehr aromatisch ist
gut ⅛ l (135 ml) süße Sahne
etwas trockener Weißwein (wenn man keine ganze Flasche öffnen will: 1 Piccolo-Sekt 0,2 l)

Die Hagebuttenkonfitüre mit der Sahne gut verrühren und so viel trockenen Weißwein (oder Sekt) dazurühren, daß die Sauce sämig, aber nicht zu dünn wird.

Kalt verwenden zu: Kartäuserklößen, Dampfnudeln, warmem Quark-Soufflé *etc.*

Vanillesauce

ist nicht zu süß, nicht zu eihaltig, dünnflüssig

½ l Milch
1 Stange Vanille, längs aufgeschlitzt, breitgedrückt und das Mark herausgeschabt
3 Eigelb
75–80 g Zucker
evtl. ½–¾ Päckchen Vanille-Saucenpulver

Die Milch mit dem Vanillemark und der Schote zum Kochen bringen.*

Die Eigelb und den Zucker mit einem Holzspatel verrühren, bis der Zucker sich ganz gelöst hat (nicht schaumig schlagen!).

Die kochende Milch durch ein feines Sieb in die Eigelb-Zucker-Masse gießen, zurück in den (gereinigten) Milchtopf geben und bei sehr niedriger Temperatur unter ständigem Rühren erhitzen, bis die Sauce dicklich zu werden beginnt! (Vorsicht: bei zu starker Hitze gerinnt sie!)
Probe: Den Spatel in die Sauce tauchen und wieder herausnehmen: Mit dem Finger am unteren Ende des Spatels die Sauce abstreifen. Wenn sie nicht mehr vom oberen Teil herabläuft, ist sie genügend gedickt.

* Soll die Sauce dicker werden, zusätzlich noch ½ – ¾ Päckchen Vanille-Saucen-Pulver in die Vanille-Milch einrühren und dann wie beschrieben verfahren.

Klassische Vanille-Sauce (Englische Creme)

4 Eigelb
100–120 g feiner Zucker
½ l Milch
1–2 Stangen Vanille

Zubereiten wie im vorstehenden Rezept »Vanillesauce«.

Roses Zwetschgen- und Quark-Pie

Man braucht dazu insgesamt ca. 1,5 kg späte Zwetschgen und eine feuerfeste, flache Auflaufform von ca. 30 cm Länge

300 g tiefgefrorener Blätterteig
150 g Quark, 20%
75 g Zucker
2 große Eier, getrennt
2 gehäufte EL saure Sahne oder Crème fraîche
2 gehäufte EL Mondamin
3 EL Magermilchpulver (kann evtl. weggelassen werden)
abgeriebene Schale von ½–1 unbehandelten Zitrone
Vanille (echte Bourbon-Vanille)
1 Prise Salz
300 g Zwetschgen-Viertel (nicht mehr!)
Butter zum Einfetten der Form, Milch oder Sahne zum Bestreichen

Den Blätterteig auftauen lassen.

Alle Zwetschgen waschen, entkernen und in Viertel schneiden. 300 g davon für den Pie abwiegen.

Sauce: Den Rest der Zwetschgenviertel mit ganz wenig Wasser oder Weißwein zu einem dicklichen Kompott kochen. Mit Zucker und evtl. etwas Zwetschgenschnaps abschmecken. Durchpassieren und kalt stellen.

Den Quark mit Zucker und Eigelb gut verrühren. Saure Sahne, Mondamin, Magermilchpulver, Vanille und Zitronenschale dazurühren. Die Auflaufform ausbuttern.

Den aufgetauten Blätterteig in ⅔ und ⅓ teilen. Von den ⅔ zuerst eine größere Platte ausrollen und mit ihr die Form so auskleiden, daß der Teig oben etwas über den Rand hinausgeht. Reichlich überlappenden Teig mit einer Schere abschneiden und für den Deckel verwenden, den man jetzt ebenfalls ausrollt und beiseite legt. Den Ofen auf 200 °C vorheizen. Die Eiweiß mit 1 Prise Salz steif schlagen und unter die Quarkmasse heben.

Schnell (des Eischnees wegen) die Masse in die mit dem Teig ausgekleidete Form füllen, die Zwetschgenstücke darauf verteilen (sie sinken von selbst nach unten). Den am Rand überlappenden Teig über die Quark-Zwetschgen-Masse schlagen und oben mit Milch oder Sahne bepinseln. Den ausgerollten Teigdeckel, in den man 2 Luftlöcher eingestochen hat, darauf plazieren, gut zudrücken und ebenfalls mit Milch oder Sahne bestreichen. Sogleich in den vorgeheizten Ofen geben (unteres Drittel) und bei 200–220 °C 35–45 Min. backen, bis der Blätterteig oben schön goldbraun und die Quarkmasse innen fest geworden ist. Der Teig geht hübsch auf, sieht dann fast aus wie ein gelungenes Soufflé, sinkt aber erst nach 1–2 Stunden in sich zusammen, was sehr erfreulich für die Hausfrau ist.

Noch warm bis lauwarm, zusammen mit der kalten Zwetschgensauce servieren.

P. S. Späte Zwetschgen eignen sich besser als frühe!

Zwetschgen- oder Aprikosenknödel von Brandteig

aus Österreich

ergibt 18–20 kleine Knödel

Brandteig
3/8 l (375 ml) Milch
25 g Butter
1 gute Prise Salz
260 g Mehl
2 Eier
ca. 20 Zwetschgen (reif, aber fest)
oder *ca. 18 Aprikosen (sind ein wenig größer als Zwetschgen)*
18–20 Stückchen Würfelzucker
1–1 ½ Tassen Brösel von Butterkeksen
1–1 ½ Tassen geriebene Haselnüsse, vermischt mit Mandeln
Butter zum Rösten

Die Milch mit Salz und Butter in einem mittleren Topf mit nicht allzu hohem Rand zum Kochen bringen, das ganze Mehl auf einmal hineinschütten und mit einem Holzspatel (kein Rührbesen) so lange kräftig rühren, bis ein Kloß entstanden ist, der sich vom Topfboden und vom Spatelholz löst, und sich am Topfboden eine weiße Haut gebildet hat. Erst dann (bitte nicht früher) vom Feuer nehmen, ein klein wenig abkühlen lassen und zuerst das eine, etwas später das andere Ei einrühren. Das sieht zunächst ein wenig hoffnungslos aus, aber nach fleißigem Rühren mit dem Holzspatel bildet sich ein glatter, etwas glänzender Teig.

Wenn der Teig kalt geworden ist, formt man aus ihm eine lange Rolle und schneidet sie in 18–20 Scheiben (bei Zwetschgen 20, bei größeren Aprikosen 16–18).

Die Zwetschgen oder Aprikosen waschen und trocknen und so aufschneiden, daß man den Kern herausholen kann, die Frucht aber nicht in 2 Teile zerfällt, sondern noch zusammengeklappt werden kann. Statt des Kerns je 1 Stück Würfelzucker einlegen, zuklappen und den Teig als Knödel darum herumformen.

Man kann die Teigscheiben jeweils mit dem Daumen der einen Hand im Handteller der anderen Hand gut zu einem dünnen »Platz« formen, der sich dann leicht um die Frucht legen läßt. Darauf achten, daß keine offenen Stellen bleiben (das Kochwasser darf nicht eindringen). Die Früchte müssen hermetisch vom dünnen Teig umhüllt sein.

In einem großen, breiten Topf Wasser zum Kochen bringen, die Knödel einlegen und – nicht sprudelnd kochen – nur ziehen lassen. Sie sinken zuerst auf den Grund. Wenn sie wieder hoch kommen, rechnet man ca. 7–10 Min. bis sie gar sind. Einen Knödel herausnehmen und probieren ist angeraten.

Die zerriebenen Kekse mit den geriebenen Nüssen mischen und mit reichlich Butter in einer Pfanne, unter ständigem Rühren, auf mittlerer Flamme goldbraun rösten. Über die fertigen, gut abgetropften Knödel streuen und sofort servieren.

Dazu: Kompott von Zwetschgen bzw. von Aprikosen.

Pfitzauf

Schwäbische Spezialität aus einer Art dünnem Pfannkuchenteig

für 12 Förmchen	für 6 Förmchen
150 g Mehl, vermischt mit	*75 g Mehl, vermischt mit*
30 g Mondamin	*15 g Mondamin*
¼ l lauwarme Milch	*⅛ l (125 ml) Milch*
½ TL Salz (kein Zucker)	*¼ TL Salz*
6 Eier	*3 Eier*
50 g warme, zerlassene Butter	*25 g Butter, zerlassen*
⅛ l sehr heiße Milch	*1/16 l (62 ml) heiße Milch*

Bei einem konventionellen Herd sind irdene oder dunkle metallene Förmchen angeraten.

Mehl und Mondamin mit ¼ l Milch glattrühren. Die Eier mit der Gabel verquirlen (nicht cremig schlagen) und dazurühren, dann die zerlassene Butter, das Salz und zum Schluß die heiße Milch.

Den Ofen vorheizen. Pfitzaufförmchen ausbuttern, zur Hälfte mit dem (dünnen) Teig füllen. Bei 200–210 °C 25 Min. backen, dann nochmals bei 160–170 °C 12–15 Min. Das stark in die Höhe aufgegangene Gebäck (innen hohl) muß völlig durchgebacken sein, sonst fällt es nach dem Herausnehmen wieder zusammen, also die Zeiten einhalten. Stellung bei irdenen Förmchen: Das Gitter mit den Füßen direkt auf den Herdboden stellen; bei dunklen Metallförmchen: unteres Drittel (2. Schiene von 4 Schienen). Den Ofen erst nach 30 Min. zum Nachsehen öffnen.

Sofort, noch warm, servieren mit Puderzucker und eingemachtem Obst (evtl. auch Schlagsahne).

Omi Manns Pfitzauf

für 6 Förmchen

125 g Mehl
3 Eier
Salz
¼ l lauwarme Milch
60 g zerlassene Butter
bei 180 °C (vorgeheizter Ofen) 35–40 Min. backen.

Dampfnudeln

ergibt 10 mittelgroße Dampfnudeln

Topf: eine Kasserolle von 24 cm ∅ mit schwerem Boden und evtl. Glasdeckel

375 g Mehl
33 g frische Hefe (gut 1 1/3 Beutel Trockenhefe)
ca. 60 ml Milch
1 Ei
1 Eigelb
80 g Butter
eine gute Prise Salz (1/2–3/4 TL)
30 g Zucker
50–60 g Butterschmalz
ca. 180 ml Milch mit
1 EL Zucker

Wie Hefeteig (siehe: Rezept) verarbeiten. 2 × gehen lassen. Beim 2. Mal vom Teig 10 runde Kugeln formen. Sind diese aufgegangen, im Topf (Kasserolle) 50–60 g Butterschmalz lauwarm zerlassen, die Milch mit dem Zucker zugießen und alles gut anwärmen.

Die Hefekugeln in den Topf auf die Milch-Schmalz-Brühe setzen, Topf gut schließen und auf mittlerer Hitze auf der Herdplatte (nicht im Ofen) leicht zum Kochen bringen. Dann sofort herunterschalten und bei mäßiger Hitze fertig backen. Zeit ca. 30–35 Min.

Vorsicht: Beim Abnehmen des Deckels kein Kondenswasser auf die Dampfnudeln fallen lassen, also den Deckel waagerecht wegziehen!

Zu den Dampfnudeln gibt es für »normale Leut«: lauwarme Vanillesauce (siehe: Rezept), kalte Hagebuttensauce (siehe: Rezept), eingemachtes Obst oder eingeweichtes Dörrobst (gab's bei Omi Mann)

für Hugo, meinen Mann, einen Schwaben, gibt es

Fleischbrüh mit Kartoffelschnitz

für 4 Personen

2–3 Kartoffeln in der Schale kochen, dann pellen und in Scheiben schneiden.

Eine gute Fleischbrühe mit Selleriesalz (statt mit Salz) würzen, die Kartoffelscheiben darin weichkochen, mit der Gabel ein wenig grob zerkleinern (nicht ganz zerdrücken).

Man serviert diese Kartoffelschnitz-Suppe in einem tiefen Teller und setzt die Dampfnudel darauf. Sie saugt sich von unten her voll mit der kräftigen, nach Sellerie schmeckenden Brühe.

Diese Mischung von würziger Kartoffel-Brühe und Mehlspeise ist – man glaubt es kaum – ganz vorzüglich und schmeckt auch *Nicht-Schwaben!*

Kaiserschmarren

Diese etwas ungewöhnliche Version (meist werden die Eigelb gut verrührt und die Eiweiß zu Schnee geschlagen) gab mir Christa, die am Tegernsee lebt. Ich finde sie sehr gut.

pro Person

1 sehr gehäufter EL Mehl und
1 Ei
Milch, Salz, Zucker
Bratfett (Butter und Öl oder Butterschmalz)
Rosinen, in Rum eingeweicht
Puderzucker

Das Mehl mit etwas Milch und Salz zu einem dicklichen Teig anrühren. ½–1 Stunde ruhen lassen. Dann die nicht verrührten Eier leicht mit der Gabel unterheben, so daß eine gallertartig-schwabbelige Teigmasse entsteht.

Die Pfanne zuerst ohne Fett gut erhitzen, dann das Bratfett darin gut heiß werden lassen und nun erst den Teig eingießen, ca. 1 knappen cm hoch, also recht dick. Den Deckel daraufgeben und den Pfannkuchen schön golden backen, umwenden, wieder zudecken und die andere Seite ebenfalls golden backen. Dann mit einer Gabel oder einem Holzspatel den Pfannkuchen in ca. 5-DM-große Stücke zerreißen (nicht schneiden!). Die in Rum eingeweichten Rosinen dazugeben (so viele, wie man gerne hat), alles mit etwas Zucker bestreuen und nun – ohne Deckel – nochmals etwas backen, bis der Zucker glänzend zerschmolzen ist.

Heiß anrichten, evtl. mit Puderzucker bestreut, zu Kompott oder Apfelmus.

P. S. Manchmal lasse ich den Zucker, der am Schluß glänzend zerschmilzt, weg, da manche Leute glauben, das Glänzende sei alles Fett. Aber mit Zucker schmeckt's feiner!

Wiener Version vom Kaiserschmarren

für 4 Personen

8 Eigelb
60 g Puderzucker
ca. 3/8 l (375 ml) Milch
200 g Mehl
etwas Salz
8 Eiweiß
Rosinen nach Belieben

Mehl, Eigelb, Puderzucker, Salz und Milch zum Teig verrühren. 1 Stunde ruhen lassen. Eiweiß dann zu steifem Schnee schlagen und unter den Teig heben. Weiter verfahren, wie oben beschrieben.

Geschnitzelte Äpfel mit Streuseln

aus San Diego

Dies ist eine gute Verwertung von übrig gebliebenen Äpfeln; es können verschiedene Sorten sein.

feuerfeste Form, oval ca. 33 cm lang, rechteckig ca. 30 cm lang

5–7 Äpfel (je nach Größe)
Zucker mit etwas Zimt mischen
Zitronensaft

Streusel
170 g Mehl
85 g Zucker mit Vanillezucker (echte Bourbon-Vanille)
100 g (weiche) Butter

Die Äpfel schälen und in Achtel-Segmente teilen, das Kernhaus herausholen und die Achtel in nicht zu feine Schnitze schneiden (am schnellsten: in einer Küchenmaschine schnitzeln). Mit etwas Zucker-Zimt-Gemisch und Zitronensaft (je nach Apfelsorte und Geschmack) vermischen und in die Form eindrücken.

Die vorher zubereiteten Streusel darauf verteilen und im vorgeheizten Ofen bei ca. 180–200 °C auf mittlerer Schiene 30–40 Min. backen, bis die Streusel fest und goldenbraun sind. Gegen Ende evtl. mit zugeschnittener Alufolie den Rand der Form abdecken (innen freilassen).

Noch lauwarm essen mit Vanillesauce.

Süsse Desserts

Crème Caramel

für 12 feuerfeste Portionsschälchen

4 Eier
8 Eigelb
250 g Zucker
1 ½ l Milch
2 Stangen Vanille
300 g Zucker und ca. 5–6 EL Wasser für den Karamel-Saft
etwas Butter für die Förmchen

Die Milch mit den der Länge nach aufgeschlitzten Vanilleschoten unter Rühren 2–3 Min. kochen. Vom Feuer nehmen.
Eier und Eigelb mit dem Zucker in einer größeren Schüssel sehr gut verrühren, bis die Masse hell-schaumig wird. Dann die abgeseihte Vanille-Milch, die noch recht heiß sein soll, unter Rühren langsam dazugießen.

Karamel zubereiten (siehe auch: Vorbemerkung zu Karamelisierter Zucker): In einer kleineren Pfanne 300 g Zucker unter ständigem Rühren leicht anbräunen – nicht dunkel werden lassen! Mit 5–6 EL Wasser (Vorsicht, spritzt) aufgießen und fest verrühren. Diese dickliche Karamelsauce in die ausgebutterten Portionsförmchen verteilen. Dann die heiße Creme darübergießen.

Die Förmchen nun in eine (oder zwei) große Bratreinen stellen, vorsichtig kochendes Wasser eingießen, es soll ¾ bis zum Rand der Förmchen gehen.

Im vorgeheizten Ofen bei 200–220 °C auf der unteren Schiene 25–30 Min. pochieren, evtl. nur Unterhitze.

Die Crème Caramel mindestens einen ¾ Tag stehen und fest werden lassen. Erst dann stürzen und, mit ein wenig Schlagsahne garniert, servieren.

Die Crème Caramel hält sich im Kühlen in den Förmchen gut 3–4 Tage. Erst jeweils kurz vor dem Servieren aus der Form stürzen.

Eischnee-Nocken in Vanillesauce

Diese Süßspeise ist auf jedem guten französischen Dessert-Wagen zu finden. Hier kann ich nie widerstehen!

6 Eiweiß – zu sehr steifem Schnee schlagen.
150 g Puderzucker – erst gegen Ende zufügen!

Große Nocken abstechen und in kochendem Wasser auf beiden Seiten einige Minuten zart kochen, bis sie fest sind. Mit einer Schaumkelle herausnehmen und auf einem Küchentuch abtropfen lassen.

Man serviert die Nocken bei Raumtemperatur mit ebenfalls nicht zu kalter Vanillesauce (siehe Rezept).

Nocke
Auf die Nocken gibt man vor dem Servieren etwas karamelisierten Zucker (siehe nachstehendes Rezept »Karamelisierter Zucker«). Der karamelisierte Zucker sollte erkaltet sein, wenn man ihn auf die Nocken gießt. Ist er noch zu heiß, wird er hart und zäh!

Karamelisierter Zucker

für die Eischnee-Nocken

Vorbemerkung: Eine etwas schwere, emaillierte Eisenpfanne ist besser als eine beschichtete; ein Eßlöffel besser als ein Holzlöffel zum Rühren, da man ihn nachher lange in Wasser einweichen muß, damit der harte Karamelrest sich löst.

5 gehäufte EL feiner Zucker und Wasser

Den Zucker in der Pfanne bei mittlerer Hitze schmelzen und unter ständigem Rühren hellgoldbraun (ja nicht dunkel) werden lassen. Die Pfanne vom Feuer nehmen und vorsichtig (spritzt!) so viel Wasser zugießen, daß der geschmolzene Zucker sich zu einer dünnen Flüssigkeit verrühren läßt. Wieder auf das (nicht zu heiße) Feuer stellen und unter Rühren ein paarmal aufkochen lassen. Die Flüssigkeit sollte hellbraun und dünn sein.

Beim Abkühlen weiterrühren! Die Flüssigkeit dickt nun etwas nach. Wird sie zu dick, evtl. noch etwas Wasser zurühren.

Erkaltet sollte sie dickflüssig sein, so daß man sie noch gut über die Nocken gießen kann.

Zitronen-Soufflé

für gut 4 Personen

feuerfeste, mittelgroße Form, oval oder rund, mit 7 cm hohem Rand

6 Eigelb
6 gestr. EL Zucker
Schale von 1 Zitrone
Saft von ½ Zitrone (nicht mehr)
7 Eiweiß
1 Prise Salz

Die 6 Eigelb mit dem Zucker sehr schaumig-hell rühren (mit einem Holzlöffel). Dann die Schale und nach und nach den Saft der halben Zitrone zugeben. 7 Eiweiß (mit dem elektrischen Schaumbesen) zu sehr steifem Schnee schlagen (und 1 Prise Salz). Den Schnee vorsichtig und zart unter die Eigelb-Zucker-Masse heben (nicht zerrühren!).

Den Ofen auf 200–220 °C vorheizen. Eine feuerfeste, ungebutterte Form mit der Masse füllen und sofort in den heißen Ofen (untere Schiene) stellen. 8–10 Min. backen. Ab der 7. Minute beobachten, ohne das Backrohr zu öffnen! Wenn der Eischaum goldgelb und gut aufgegangen ist, sofort servieren und essen. Das schaumige Gebilde fällt im Nu in sich zusammen. Also lieber die Gäste 2–3 Min. warten lassen.

Trick: Der Ofen muß heiß sein. Wenn der Eischnee geschlagen ist, muß schnell gearbeitet werden. Die Masse sofort einfüllen, sofort backen, sofort servieren.

Auflauf von Äpfeln und Kiwis

für 5–6 Personen

feuerfeste ovale Auflaufform von 30 cm Länge

5 säuerliche Äpfel
2 EL Apfelsaft
Saft ½–1 Zitrone (probieren)
1–2 EL Zucker (nicht mehr)
5 gehäufte EL Keksbrösel (von Butterkeksen)
3–4 reife Kiwis (je nach Größe)
4 EL Apfelgelee (wir nehmen oft Apfel-Quitten-Gelee)
3 Eiweiß, sehr steif geschlagen mit 2 EL Zucker und dem Saft von ½ Zitrone

Ein dickliches Mus aus den Äpfeln mit 2 EL Apfelsaft machen (geschälte und geschnittene Äpfel zugedeckt weichkochen, dann durch die »Flotte Lotte« passieren – nicht mit dem Passierstab »zerrühren«!) Den Saft von ½–1 Zitrone und 1–2 EL Zucker dazurühren (probieren: es soll säuerlich schmecken).

Von Butterkeksen (im Mixer) Brösel herstellen und 5 gehäufte EL davon an das Apfelmus rühren.

Die feuerfeste Form gut ausbuttern, das fertige, lauwarme Apfelmus (es soll ziemlich dick sein) einfüllen und glattstreichen.

Die Kiwis schälen und in Scheiben schneiden. Diese auf das Apfelmus in der Form legen und das Apfelgelee darauf verteilen.

Die 3 Eiweiß zu sehr steifem Schnee schlagen, im letzten Moment 2 EL Zucker und den Saft von ½ Zitrone mitrühren. Den festen Eischnee gleichmäßig auf die mit Gelee bestrichenen Kiwischeiben verteilen.

Den Ofen auf 175 °C vorheizen.

Auf mittlerer Schiene bei 175 °C ca. 8–10 Min. backen, bis das Eiweiß hellgolden und fest ist.

Sofort servieren.

Dazu: 1 Gläschen Calvados.

P. S. Wenn die Kiwifrüchte noch unreif und hart sind, heizt man den Ofen »auf Grill« vor und stellt die Auflaufform mit dem Apfelmus und den Kiwischeiben darüber für ca. 8 Min. unter den Grill (nicht zu hoch, sonst brennt es an) – hat man nur Oberhitze: für ca. 12 Min. Dann erst gibt man das Gelee darüber und die Eischnee-Masse und verfährt wie oben beschrieben.

Roses Erdbeergelatine

einfach und gut

längliche Formen aus Edelstahl oder Glas 25 cm oder 30 cm lang oder Portionsförmchen aus Porzellan oder Edelstahl

---

Man verwendet Erdbeeren allein oder Erdbeeren mit Himbeeren (besonders gut) oder Erdbeeren mit Rhabarber, Zucker und Blattgelatine (rot und weiß)

Die *Erdbeeren* gründlich waschen und putzen. Im Mixer zu Fruchtmus zerkleinern.
Die *Himbeeren* lasse ich ganz und gebe sie dem Erdbeermus hinzu.
Den *Rhabarber* schälen, kleinschneiden und mit wenig Wasser oder Wein gut weichkochen. Er soll völlig zerfallen.

Je nachdem, was man hat, verwendet man Fruchtmus aus Erdbeeren pur, aus Erdbeeren mit Himbeeren oder aus Erdbeeren, vermischt mit Rhabarber. Zuckern nach Geschmack (nicht zuviel; zu wenig jedoch bringt den Fruchtgeschmack nicht zur vollen Entfaltung), gut verrühren, damit der Zucker sich löst.

Das fertige Fruchtmus im Meßbecher abmessen. Für jeden halben Liter braucht man 6 Blätter Gelatine. Ich mische stets rote mit weißer Gelatine; das sieht besser aus, besonders beim blassen Rhabarber.

---

1 l fertiges Fruchtmus
12 Blatt Gelatine, halb rot, halb weiß
für eine längliche Form von 25 cm Länge oder für 6–7 Portionsförmchen

1 ½ l Fruchtmus
für 18 Blatt Gelatine (9 weiß, 9 rot oder 12 weiß, 6 rot)
für eine längliche Form von 30 cm Länge.

Die Gelatine nach Vorschrift einweichen und auflösen und gründlich unter das Fruchtmus rühren. In die Formen gießen und 6–8 Stunden sehr kalt stellen und fest werden lassen. Dann die Form(en) kurz in heißes Wasser tauchen und stürzen.

Servieren mit Schlagsahne, mit flüssiger Sahne, mit halb Sahne, halb Milch oder nur mit Milch oder – bei uns sehr beliebt – Vanillesauce.

Ein erfrischender Nachtisch im Sommer. Hält sich im Kühlschrank mehrere Tage. Am besten in der Form und erst kurz vor dem Anrichten stürzen.

Roses Orangencreme

für 6 Portionen

gut 3/8 l (375 ml) frisch gepreßter Orangensaft
ca. 170–180 g Zucker
6 Blätter weiße Gelatine (Gelatine für ½ l Flüssigkeit)
4 Eiweiß
1/8 l süße Sahne

Die nach Packungsvorschrift aufgelöste Gelatine unter den Orangensaft rühren. Die Hälfte des Zuckers dazurühren und den Saft so lange kalt stellen, bis er beginnt zu gelieren (Dauer ½–1 Std.). Die Masse darf noch nicht ganz dick sein, daher bitte gelegentlich kontrollieren.

Das Eiweiß steif schlagen, im letzten Moment den restlichen Zucker mitrühren und an den dicklichen Saft geben (am besten: den Saft langsam in den steifen Schnee einrühren). Die Sahne steif schlagen und ebenfalls unterziehen.

Sofort, ehe alles noch steifer wird, in breite Gläser oder Portionsschalen füllen. Einige Stunden erstarren lassen. Dann garnieren mit filetierten Orangensegmenten und ein wenig gespritzter Schlagsahne.

Hält nicht länger als 1–2 Tage.

P. S.: Bitte kein Eigelb verwenden. Orange und Eigelb ergeben keine gute Geschmackskomponente in der Creme.

Roses Kirschenkaltschale mit Sago

Dies gab es bei uns, als die Kinder klein waren und wir einen Obstgarten mit vielen Kirschbäumen hatten.

Für 6 Suppenteller

750 g (dunkelrote) Kirschen mit Stein
1 Flasche Weißwein (leichten, trockenen) = 0,75 l
½ l Wasser (500 ml)
½ Flasche Sauerkirsch-Saft (= 165 ml, ungesüßt)
ca. 65–70 g Sago (Tapioka)
¾ Schale einer ausgepreßten Zitrone (ganze Stücke)
Saft von 1 ½ Zitronen
2 Stangen Zimt, in Hälften gebrochen
½ TL Lebkuchengewürz
oder: *1 Mini-Prise Nelkenpulver (Vorsicht, Nelke ist sehr intensiv)*
120–150 g Zucker (je nach Süße der Kirschen)
wenn zu dick: noch etwas Kirschsaft dazu
wenn zu dünn: noch etwas Sago extra kochen und dazugeben

Kirschen waschen (nicht entsteinen). In Wasser und Wein mit dem Zimt und der Zitronenschale zum Kochen bringen. Den Sago einrühren und 10–12 Minuten unter öfterem Rühren leicht kochen lassen. Der Sago muß fast verkochen, die Kirschen sollen knackig bis weich sein. Dann den Kirschsaft, das Lebkuchen- (oder Nelken-)gewürz und den Zitronensaft zugeben, den Zucker ebenfalls – je nach Geschmack mehr oder weniger.

Sehr kalt stellen und kalt in Suppenschalen – mit kleinen Beischälchen für die Kerne – servieren.

Hält sich im Kühlschrank 5–6 Tage.

Wunderbar für heiße Tage!

Kirschen-Kaltschale

Orangencreme mit geriebener Orangenschale

nur mit unbehandelten Orangen zu machen

für 6 Portionen

7 Blatt weiße Gelatine
3/8 l (375 ml) frischgepreßter Orangensaft, vermischt mit dem Saft von 1 Zitrone
1/8 l Wasser mit der fein abgeriebenen Schale von 1 unbehandelten Orange und
3 EL Zucker 7–10 Min. ohne Deckel kochen, bis sich die Flüssigkeit um einen guten Teil reduziert hat
150 g Zucker
4 Eiweiß
1/8 l süße Sahne

Die Gelatine nach Beutelvorschrift einweichen und auflösen. Vermischen mit dem Orangen- und Zitronensaft, dem Zucker, dem eingekochten Orangenschalen-Zuckerwasser. ½–1 Std. kalt stellen und beobachten, wann die Masse zu gelieren beginnt. In dem Moment, wo die Flüssigkeit beginnt dicklich zu werden, die zu steifem Schnee geschlagenen Eiweiß darunterrühren (besser noch: den dicklichen Saft in den steifen Schnee einrühren). Die Sahne steif schlagen und ebenfalls dazugeben.

In breite Gläser oder Portionsschalen füllen und kalt stellen. Nach 3–5 Std. kann die Creme gegessen werden.

Garnieren mit Orangenfilets, die in grobem Zucker gewälzt werden. Evtl. ein Klacks Schlagsahne.

Gestürzte Creme aus Quark mit Fruchtsauce

für 6 Portionsförmchen

250 g Quark, 20 % oder 40 %
2 Eigelb
1 TL geriebene Zitronenschale
2 TL geriebene Orangenschale, von unbehandelten Früchten
Saft von 1 Orange
2 EL Grand Marnier
80 g Zucker
4 Blätter weiße Gelatine
2 Eiweiß
75 ml süße Sahne

Quark, Eigelb, Zitronen- und Orangenschale, Orangensaft und Grand Marnier mit der Hälfte des Zuckers verrühren. Die Gelatine nach Vorschrift einweichen und auflösen und unter die Masse rühren. Eiweiß zu festem Schnee schlagen, im letzten Moment die andere Hälfte des Zuckers dazurühren. Unter die Quarkmasse ziehen, ebenso dann die steifgeschlagene Sahne.

6 Portionsförmchen leicht buttern, Masse einfüllen und für 10–12 Std. kalt stellen.

Vor dem Servieren stürzen und mit ein wenig Sauce von Früchten übergießen. Den Rest der Sauce extra dazugeben.

Fruchtsauce: aus frischen Himbeeren und/oder aus frischen Erdbeeren, roh durchpassiert mit Zucker; aus Steinobst (Aprikosen oder Zwetschgen): Hier müssen die Früchte mit etwas Zucker gekocht und durchpassiert werden.

Joghurtcreme mit Fruchtsauce

nicht gestürzt

für 4 Personen

2 Eigelb
70–80 g Zucker
1 Päckchen echter Vanillezucker (echte Bourbon-Vanille)
Saft von ½–¾ Zitrone (probieren, wieviel)
geriebene Schale von ½ Zitrone
300 g Joghurt (keinen fettarmen)
4 Blätter weiße Gelatine
2 Eiweiß
¼ l süße Sahne

Eigelb mit Zucker und Vanille schaumig rühren. Joghurt, die Schale und den Saft der Zitrone dazurühren. Probieren, wieviel Zitronensaft man braucht: Es soll nur säuerlich, aber nicht sauer sein. Gelatine nach Vorschrift auflösen und unter die Joghurtmasse rühren. Kalt stellen.

Inzwischen das Eiweiß zu steifem Schnee schlagen, ebenso die Sahne.

Wenn die Joghurtmasse zu gelieren beginnt, zuerst den Eischnee, dann die Schlagsahne unterheben. Jetzt sofort, bevor die Masse noch steifer wird, in eine schöne Glasschüssel füllen und für 8–12 Std. kalt stellen.

Aus der Schüssel servieren.

Dazu: eine Sauce aus Erdbeeren oder Erdbeeren und Himbeeren und frische Erdbeeren oder Himbeeren als ganze Früchte.

estürzte kalte Creme aus Qu

Gestürzte kalte Creme aus Quark mit Fruchtsauce

Rumcreme

Die Anregung dazu gab unsere Nachbarin. Wir machen sie zusätzlich mit Eiweiß. Das macht die Creme lockerer.

3 Eigelb
100 g Puderzucker
echter Jamaica-Rum (72 %)
4 Blätter weiße Gelatine
¼ l frische Sahne mit 1–2 EL Zucker
2 Eiweiß mit ein paar Tropfen Zitronensaft

Die Eigelb mit Puderzucker sehr schaumig rühren. So viel Rum dazugeben, wie es einem schmeckt (*zu* viel ist nicht gut). Die Gelatine nach Vorschrift auflösen und darunterrühren. Einen Moment kalt stellen, die Masse geliert schnell.

Inzwischen die Schlagsahne mit etwas Zucker sehr steif schlagen, die Eiweiß (mit Zitronensaft) ebenfalls. Bevor die Masse fest wird, Schlagsahne und zum Schluß den Eischnee leicht einrühren. Alles in eine servierfähige Schüssel geben und für einige Stunden kalt stellen. Die Creme kann nicht gestürzt, sondern muß aus der Schüssel serviert werden.

Flan de Naranjas (Orangen-Flan)

Mallorca 1989

300–350 g Puderzucker (manchmal nur 250 g)
5 große Eier (à 70–76 g)
Saft von 4–5 Orangen (280–300 ml)
evtl. etwas Zitronensaft
1–2 EL dickflüssiger Karamel

eine Sandkuchenform von 20 cm Länge aus feuerfestem Glas oder Edelstahl (kein Blech).

Vorbemerkung: Wenn die Orangen (wie bei uns in Deutschland) säuerlich sind, keinen Zitronensaft zufügen und mehr Zucker nehmen. Sind sie (wie im Sommer auf Mallorca) sehr süß, mit Zitronensaft ausgleichen und evtl. den Zucker auf 250 g reduzieren. In jedem Fall darf die Saftmenge nicht mehr als 300 ml betragen.

Die ganzen Eier mit dem Puderzucker gut verrühren (nicht schaumig schlagen!), den Saft hinzufügen und 8–10 Min. lang von einer Schüssel in die andere gießen – hin und her. (Unbedingt so verfahren, ist wichtig!)

Den Karamelsaft in die Form gießen, die flüssige Masse einfüllen und im Wasserbad im Ofen bei ca. 200–220 °C 90 Min. lang stocken lassen.

Stellung:
a) zuerst Ober- und Unterhitze, dann im letzten Drittel der Zeit nur Unterhitze;
b) man kann auch Umluft benutzen, dann gegen Ende der Zeit mit Alufolie abdecken, damit der Flan nicht braun wird.

Ca. 12 Stunden in der Form im Kalten ruhen lassen, erst dann aus der Form nehmen. Evtl. mit Schlagsahne garnieren.

Hält sich im Kühlschrank gut 2 Tage.

Zwetschgen-Gelatine-Pudding

für 1 längliche Form aus Glas, Edelstahl oder Emaille von 30 cm Länge oder für 9–10 Portionsförmchen

1 kg reife Zwetschgen, ohne Kerne gewogen
¼ l Wasser
200–250 g Zucker, Saft von 1–2 Zitronen (je nach Süße der Zwetschgen)
1 ganze Zitrone
7–8 EL Slivovitz (jugoslawischer Pflaumenschnaps)
¾ TL Zimtpulver
½ TL Ingwerpulver
3 Päckchen echter Vanillezucker (echte Bourbon-Vanille)
12 Blätter weiße, 6 Blätter rote Gelatine für insgesamt 1 ½ l Flüssigkeit
süße Sahne (mit Milch) oder Vanillesauce oder Schlagsahne

Die Zwetschgen mit ¼ l Wasser und einer zerschnittenen unbehandelten Zitrone (die Kerne vorher sorgfältig entfernen) 20 Min. kochen. Die Zitronenstücke herausnehmen und die Zwetschgen durchpassieren, so daß alle Schalen zurückbleiben. Den Zucker (erst mit 200 g anfangen!) mit Zimt, Ingwer und Vanille mischen und unter das Zwetschgenmus rühren. Die Menge des Zitronensaftes (1–2 Zitronen) ebenfalls ausprobieren; die Zwetschgen können, je nach Jahreszeit, säuerlich oder süß sein. Den Slivovitz dazugeben. Wenn nötig, noch nachzuckern.

Die Gelatine nach Vorschrift einweichen und auflösen und an das Mus rühren. Es soll mit allen Zutaten gut 1 ½ l dicke Flüssigkeit ergeben – nicht mehr. Genau abmessen. In eine große längliche Form aus Glas, Edelstahl oder Emaille oder in Portionsförmchen aus Porzellan oder Edelstahl gießen. Mindestens 12 Stunden kalt stellen. (Keine normale Kuchenform verwenden, da die Fruchtsäure sie angreift.) Vor dem Anrichten sehr kurz in heißes Wasser tauchen und stürzen.

Mit Schlagsahne servieren.

Mir persönlich schmeckt besser ½ *Milch,* ½ *süße Sahne.* Auch Vanillesauce ist gut.

Hält sich einige Tage im Kühlschrank.

Quark-Soufflé mit Fruchtsauce

für 6 feuerfeste Portionsförmchen

250 g Speisequark (20 % oder 40 %)
80 g Zucker und 1 Prise Salz
25 g Mondamin
2 Eigelb von großen Eiern, sind die Eier nicht besonders groß: 2 ½ nehmen!
geriebene Schale von ½–1 Zitrone
1 Päckchen echter Vanillezucker (Bourbon-Vanille)
⅛ l Milch
2 Eiweiß von großen Eiern mit 2 EL Zucker

Quark, Zucker und Salz, Vanille, Eigelb und Zitronenschale mit dem gesiebten Mondamin gut verrühren, die Milch dazurühren; das gibt eine recht flüssige Masse, die man gut einige Zeit zuvor anrühren kann.

Von jetzt an aber muß man schnell arbeiten, im Wasserbad sofort aufziehen und servieren!

In einer Schüssel das Eiweiß zu sehr steifem Schnee schlagen und den Zucker (2 EL) im letzten Drittel dazugeben. In diesen Schnee die Quarkmasse mit einem Spatel leicht unterheben, nicht einrühren mit einem Rührbesen! 6 feuerfeste Förmchen anwärmen und ausbuttern. Sofort die noch immer recht flüssige Quarkmasse einfüllen – bis gut 1 cm unter den Rand.

Im Wasserbad, im unteren Drittel des Ofens (evtl. nur bei Unterhitze) bei 200–220 °C 20 Min. aufziehen. Das Wasser braucht nicht sichtbar kochen, soll aber am Siedepunkt sein.

Das Soufflé geht stark auf, fällt aber wieder etwas zusammen, ohne fest zu werden.

Sofort nach dem Herausnehmen auf kleine Teller mit Rand stürzen. Noch heiß servieren mit der kalten Fruchtsauce: Ein wenig darübergießen, den Rest in einer Sauciere oder Kanne extra dazu geben.

P. S. Ab dem Eischnee-Schlagen muß alles schnell gehen. Das Soufflé sollte sofort gegessen werden, die Zeit also entsprechend einteilen.

Sauce

Aus frischen (oder tiefgefrorenen) Erdbeeren oder Himbeeren (oder beides gemischt), mit dem Passierstab pürieren und durchpassieren und nach Geschmack zuckern.
Gut ist auch: Hagebuttensauce (siehe: Süßspeisen.)

Roses Soufflé von Nürnberger Lebkuchen

6 Portionen für 6 feuerfeste Portionsförmchen, 7–8 cm ∅

Soufflé
140 g feinste Nürnberger Elisenlebkuchen (am besten mit Schokoladenguß)
40 g gut warme Milch
80 g weiche Butter
4 TL Zucker und 1 Prise Salz
4 Eigelb von großen Eiern
Schale von 1 Zitrone, fein gerieben
60 g geriebene Mandeln (mit Schale)
4 Eiweiß von großen Eiern

Sabayon-Sauce
(Zubereitung siehe: »Sabayon-Weinschaumcreme«)
4 Eigelb
80–85 g feiner Zucker
ca. 180 ml kräftiger Weißwein
2 EL bester Jamaica Rum (72–74 %; bitte keinen anderen)
zubereiten, wenn das Soufflé im Ofen ist

Die Lebkuchen mit der Hand in kleinste Bröckchen zerkleinern, die warme Milch darübergießen und ½ Stunde weichen lassen.

Die Butter mit 2 TL Zucker schaumig rühren, die Eigelb zugeben und weiter rühren. Die Zitronenschale und die geriebenen Mandeln zufügen und zum Schluß die zerbröckelten, eingeweichten Lebkuchen.

Ofen auf ca. 200 °C ⊟ vorheizen.

Die Eiweiß mit einer Prise Salz zu *sehr* steifem Schnee schlagen. Im letzten Moment die restlichen 2 TL Zucker zufügen und leicht unter die Lebkuchenmasse heben (mit Spatel), nicht zerrühren! Schnell nun in leicht ausgebutterte Portionsförmchen füllen und das Soufflé im Wasserbad, im unteren Drittel des Ofens (evtl. nur bei Unterhitze) bei 200–220 ° C ca. 25 Min. aufziehen. Die Förmchen müssen zu ¾ im leise simmernden, nicht stark kochenden Wasser stehen. Wenn die Masse aufgegangen ist und sich ein wenig fest anfühlt, schnell herausnehmen, auf Teller stürzen und mit warmer Sabayon-Sauce überziehen. Den Rest der Sauce reicht man extra in einer Sauciere.

Dies ist ein besonders gutes Dessert im Herbst und zur Weihnachtszeit.

Sabayon-Weinschaumcreme

Grundrezept des Sabayon:

4 Eigelb (von großen Eiern)
90–120 g Zucker (je nach Geschmack)
200 ml kräftiger Weißwein
Kann aromatisiert werden mit:
Kirschwasser, Rum, Grand Marnier, Cognac, Anis etc.
Statt Weißwein kann man nehmen:
Portwein, Sherry, Champagner, Marsala etc., dann nicht aromatisieren

Eigelb und Zucker in einem mittleren Topf schlagen, den Wein zugeben und unter ständigem Rühren auf sehr kleiner Flamme kochen, bis die Masse beginnt, schaumig und dick zu werden. Sie darf nicht zum Kochen kommen. Das richtige Sabayon ist dicklich, schaumig, cremig.

Dann mit den gewünschten Zutaten aromatisieren und sofort, noch warm, in Tassen oder großen Gläsern servieren.

1 TL Mondamin (zu den Eiern gegeben und mitgeschlagen) verhindert das Zusammenfallen der Sauce, wenn sie nicht sofort serviert werden kann. In jedem Fall nie lange aufheben.

Verwendung
- als Creme in Tassen zu Biskuits
- als heiße Creme-Sauce über Erdbeeren mit und ohne Eis
- als heiße Creme in großen Gläsern, in die unten ein wenig Himbeeren oder Blaubeeren gefüllt wurden
- als heiße Creme über etwas Eis

Unser altes Rezept, das wir seit 40 Jahren verwenden – kein Weihnachten ohne Sabayon!

6 Eigelb
6 TL Zucker (leicht gehäuft)
soviel guten Weißwein (Spätlese!),
wie die Eierschalen fassen (genau messen)

Roses Bratäpfel

Gleichmäßig große, schön runde *Boskop-Äpfel* waschen. Das Kernhaus und drumherum noch ein bißchen mehr herausstechen. Jeden Apfel mit Alufolie (rund geschnitten, mit 15 cm ∅) in seiner unteren Hälfte einwickeln, füllen und in eine Kasserolle setzen. Die Alufolie verhindert, daß die Fülle herausläuft. So bleibt alles im Apfel. Zum Servieren wird sie dann entfernt.

Fülle (1): zuerst Rosinen (gut heiß gewaschen und evtl. in Likör, z. B. Grand Marnier oder Rum, eingeweicht),
dann je Apfel 1–2 TL Zucker, auch braunen, 2 TL geriebene Nüsse:
Mandeln und/oder Haselnüsse,
zum Schluß mit 1 TL voll Butter oben abschließen.

Fülle (2): Aprikosenmarmelade mit geriebenen Nüssen und evtl. etwas süßer Sahne vermischen und in den Apfel füllen.
Wenn Sahne dabei ist, etwas weniger Butter obenauf geben.

Fülle (3): getrocknete Aprikosen waschen, fein schneiden und in Likör oder Rum einweichen. Mit geriebenen Nüssen (und evtl. noch ein wenig Zucker) vermischen. Butter obenauf.

Fülle (4): Zwetschgenmarmelade mit etwas Zimt (kein Zucker) und etwas Zwetschgenschnaps, Butter obenauf.
Nüsse nach Belieben

Die Bratäpfel in der Kasserolle im vorgeheizten Ofen bei 200–220 °C 25–35 Min. unzugedeckt weich garen.

Aufpassen: Die Äpfel sind nur gut, wenn sie weich und durch und durch *gar* sind! Sie zerfallen aber zum Schluß ganz plötzlich, also muß man sie beobachten und genau den richtigen Moment erwischen. (Deshalb sollen auch alle Äpfel gleichmäßig groß sein.)

Warm servieren mit kalter *Vanillesauce* (siehe Rezept) aus echter Bourbon-Vanille und (Weihnachts-)Gebäck.

Apfelpfannkuchen

Ein besonders gutes Dessert
ergibt 6 kleine Pfannkuchen

200 g Mehl
260–280 ml Milch
etwas Salz
30 g Zucker
2 Eier (keinen Eiweißschnee schlagen)
1 Eigelb
evtl. 1 Päckchen Vanillezucker (echte Bourbon-Vanille)

Backen mit 2 Pfannen von 20–22 cm ∅ (oberer Rand)

Die Zutaten zu einem glatten Pfannkuchenteig verrühren. Die Milchmenge variiert je nach Mehlsorte. 6 Stunden lang (besser: noch länger) ruhen lassen.

2 große mürbe, säuerliche Äpfel (im Winter am besten: Boskop)
je Pfannenfüllung, also
6×25–30 g Butter
6×1 gehäufter EL Zucker
evtl. noch etwas Butter zum Backen des Pfannkuchens

Die Äpfel schälen und vierteln oder sechsteln und in dünne Schnitze, wie für Apfelstrudel, schneiden. Mit einem großen Haarsieb in kochendem Wasser 40–50 Sek. blanchieren und gut abtropfen lassen. So kann man die Apfelschnitze vorbereiten und aufheben, ohne daß sie braun werden, und außerdem sind sie nun genau in der richtigen Konsistenz für das Backen.

2 Pfannen gut heiß werden lassen. Den Ofen auf 75–100 °C vorheizen.

In jede Pfanne 25–30 g Butter geben, diese zerlaufen lassen, dann je 1 gehäuften EL Zucker einstreuen und diesen erwärmen, bis er geschmolzen und hellgolden ist (nicht dunkler, die Hitze evtl. reduzieren). Nun legt man die Pfannen mit Apfelschnitzen aus (man legt sie neben- nicht übereinander) und gießt vom Pfannkuchenteig so viel darüber, daß ein dünner Pfannkuchen entsteht, den man nun auf beiden Seiten schön golden bäckt. (Evtl. noch ein wenig Butter verwenden bei der zweiten Seite.) In keinem Fall zu dunkel backen. Aber auch nicht zu bleich. Die Farbe zeigt den guten Geschmack.

Im Ofen aufbewahren, bis alle Pfannkuchen gebacken sind. Dann sofort auf warmen Tellern servieren.

Ein Gläschen Calvados dazu ist recht gut.

Apfelkuchen als Dessert

aus San Diego

für eine Springform mit 26 cm ∅

Mürbteig
160 g Mehl mit ½ TL Backpulver
100 g kalte Butter in Flocken
50 g Zucker mit ⅓–½ TL Zimt
1 Eigelb und 1 EL saure Sahne
Vanillezucker (echte Bourbon-Vanille), Salz
feingeriebene Schale von ½ Zitrone

Den Teig 2 Stunden kühl ruhen lassen, dann in eine gebutterte Springform geben, mit der Gabel Löcher einstechen und bei 190–210 °C ca. 10–15 Min. vorbacken. Der Teig soll zwar noch hell, aber genügend fest für den Belag sein.

Belag
5 kleine, mürbe Äpfel
3 EL Butter
3–4 EL Aprikosenmarmelade
3 EL Grand Marnier

Die Äpfel schälen und in schmale Spalten schneiden. In einer großen Pfanne mit Butter die Äpfel mit Aprikosenmarmelade und Grand Marnier andämpfen. Die Äpfel sollten nicht weich werden.

Etwas abkühlen lassen, dann die Apfelspalten auf dem vorgebackenen Kuchen anordnen, den Rest der Sauce darübergeben und nochmals bei ca. 175 °C backen, bis der Teig schön goldbraun ist (ca. 15–20 Min.).

Noch lauwarm besonders gut als Dessert!

Susis Lemon Pie »Surama«

Zitronenkuchen

Ein erfrischender, nicht sehr mächtiger Kuchen. Noch lauwarm gegessen, ein feines Dessert.

für eine Springform von 24 cm Ø

Boden
160–170 g Mehl vermischt mit ½ TL Backpulver
80 g Zucker
100 g Butter in kleinen Flocken (kalt)
3–4 EL Weißwein
1 Prise Salz
Vanillezucker (echte Bourbon-Vanille)
abgeriebene Schale von 1 Zitrone

Wie Mürbteig verarbeiten und 1–2 Stunden im Kühlen stehen lassen.

Zitronen-Masse
4 EL weniger als ½ l:
halb Wasser, halb Weißwein
1 Päckchen Vanillepudding (für ½ l)
2 EL Zucker
2 Eigelb
Saft von 1 ½–2 Zitronen
fein abgeriebene Schale von 1 Zitrone

Meringenmasse
2 Eiweiß
90 g Zucker
Saft von ½ Zitrone
etwas feiner Zucker zum Bestreuen
(keinen Puderzucker)

Zuerst macht man die Zitronenmasse: einen Pudding von Wasser und Weißwein (statt Milch) kochen. Die fehlenden 4 EL Flüssigkeit gleicht der Zitronensaft aus. Den fertigen Pudding vom Feuer nehmen, die 2 Eigelb unterrühren, ebenso den Zitronensaft und die sehr fein geriebene Zitronenschale. In einen flachen Teller gießen (so hat die Masse nachher gleich die Form für den Kuchen), kalt stellen für 1 ½–2 Stunden und fest werden lassen.

Den Kuchenboden in einer Springform backen, die man gut ausgebuttert und mit Mehl bepudert hat. Mit einer Gabel viele Löcher einstechen, so bäckt der Teigboden ohne zu wellen. Bei 190–200 °C ca. 25 Min. backen, bis der Boden goldbraun und nicht mehr weich ist. Aus dem Ofen – aber nicht aus der Form – nehmen, ganz abkühlen lassen.

Meringenmasse
Die 2 Eiweiß sehr steif schlagen. Im letzten Moment den Zucker und zum Schluß tropfenweise den Zitronensaft unterrühren.

Nun die feste Puddingmasse auf den erkalteten Kuchenboden (noch in der Form) verteilen, glattstreichen. Dann die Meringenmasse ebenfalls glattstreichen. Ein klein wenig Zucker darüber streuen. Auf höherer Schiene (oberes Drittel des Ofens) bei 160 °C 15–20 Min. backen, bis die Meringenmasse hellgelb und fest ist. Noch lauwarm servieren!

Lemon pie »Surama«
»Surama« war der Name jener indischen Prinzessin, nach der die Segelyacht benannt ist, von dessen Smutje dieses Rezept stammt.

Key-Lime-Pie

Floridas berühmte Kuchen-Spezialität

Key Limes (benannt nach Florida Keys, den südlichen Inseln, die sich fast bis nach Kuba hinziehen) sind eine besondere (gelbe) Art von aromatischen Limetten, die nur hier in Südflorida entlang der Küste wachsen. Man kann diesen Kuchen aber auch mit normalen (grünen) Limetten machen, die es bei uns zu kaufen gibt.

Am besten verwendet man eine »Wegwerf-Alu-Kuchenform«, eine Pie-Form, rund, ca. 22 cm ∅, unten gemessen. Die gute eigene Pie- oder Quiche-Form wird so beim Schneiden des Kuchens nicht zerkratzt.

---

200 g dunkle, gute Kekse (z. B. Honigkekse, Nuß-Panganen etc.)
80 g zerlassene Butter
400 ml süße, dickliche Kondensmilch (z. B. »Milchmädchen«)
4 Eigelb von großen Eiern
120 ml (nicht mehr!) frisch gepreßter Saft von Limetten
** 3 Eiweiß*
5–6 EL Zucker und 1 TL Limettensaft

Die Kekse mahlen oder im Mixer zerkleinern. Mit der zerlassenen Butter gut vermischen und so in die Pie-Form drücken, daß ein Boden mit hohem Rand entsteht. Bei 175 °C kurz backen, dann sehr kalt stellen (1–1½ Stunden).

400 ml süße Kondensmilch mischen mit genau 120 ml Limettensaft. Die 4 Eigelb sehr schaumig zu heller Creme schlagen und an die Limetten-Milch rühren. Alles »stockt« ein bißchen. In die gefrorene Pie-Form gießen.

Die 3 Eiweiß zu *sehr steifem* Schnee schlagen. Im letzten Drittel den Zucker und Limettensaft (1 TL) zugeben. Schnee als Meringe auf dem Kuchen oben verteilen und alles im Ofen (Mitte bis oberes Drittel bei ⊟) bei 160 °C 10–15 Min. backen, bis die Meringemasse fest und golden ist. Der fertige Kuchen soll – in der Form – mindestens 3 Stunden im Kühlschrank ruhen, bevor er aufgeschnitten wird.

Er hält sich gut 2 Tage, wenn man ihn kühl lagert.

* *Entgegen vielen Rezepten: kein Eiweiß* in die Eigelb-Milch-Zitronensaft-Masse geben! Es macht den Kuchen nicht besser, nur wäßrig, und er hält sich dann nur knapp 1 Tag.

Vanille-Eis

von Jeronima und Pedro

½ Liter Milch
2 Vanille-Stangen (der Länge nach aufgeschlitzt)
200 g Zucker
6 Eigelb
¼ Liter süße, frische Sahne

Die Milch mit der aufgeschlitzten Vanille unter Rühren zu Kochen bringen. Vom Feuer nehmen.

In einer Schüssel Eigelb und Zucker solange rühren, bis die Masse hell wird. Die heiße Vanille-Milch langsam dazugießen.

Das Ganze in den (inzwischen gereinigten) Topf zurückschütten und bei sehr schwachem Feuer unter ständigem Rühren so weit erhitzen, bis die Creme dicklich wird, aber ja nicht zum Kochen kommt! Wird sie zu heiß, gerinnt sie.

Vom Herd nehmen, in die Schüssel zurückgeben und die flüssige Sahne unterrühren.

Durch ein Haarsieb gießen, damit alle Vanillereste und evtl. Eiklümpchen zurückbleiben.

Kalt stellen. Wenn die Creme sehr kalt ist, in die Eismaschine geben.

Schokoladen-Eis

von Jeronima und Pedro

375 ml Milch
375 ml Sahne
200 g Zucker
6 Eigelb
60 g Kakao (nicht Kaba, Nesquick etc.)
1 kleines Gläschen echter Jamaica-Rum (72–74 %)

Die Creme (siehe: »Vanille-Eis«) aus Milch, Sahne, Eigelb und Zucker zubereiten – aber ohne Vanille.

Wenn die Creme dicklich ist, vom Herd nehmen und nach und nach durch schnelles Rühren den Kakao unterziehen. Es muß eine recht glänzende Masse entstehen.

Zum Schluß den Rum unterrühren.

Gut kalt werden lassen und erst dann in die Eismaschine geben.

KUCHEN

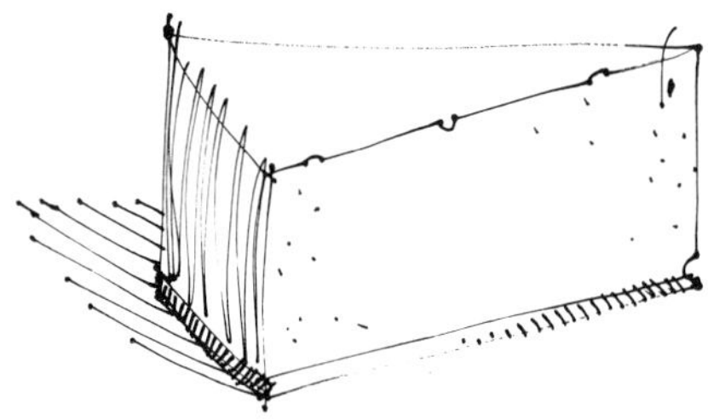

Hefeteig

Allgemeines

Alle Zutaten müssen zimmerwarm sein (25–30 °C). Ab 60 °C wird die angesetzte Hefe zerstört!

Die Hefe muß frisch und noch feucht sein und gut riechen. Fettreicher, schwerer Teig braucht mehr Hefe und geht langsamer. Dies ist jeweils in den Rezepten vermerkt.

Trockenhefe ist nicht schlecht, vor allem, weil man sie stets frisch zur Hand hat. Verfalldatum genau beachten! Bei Trockenhefe und normalfettem Teig braucht man stets etwas mehr, als angegeben; z. B. braucht man gut 1 Beutel für 350 g Mehl und nicht für 500 g, wie angegeben.

Fett und Salz nie direkt zur Hefe geben, sondern in das Mehl mischen.
Hefeteig soll nach jeder Verarbeitung gehen:

1. nach dem Anrühren des Vorteiges
2. nach der Fertigstellung (dem Kneten) des Teiges
3. nach der Formung bzw. dem Ausrollen und dem Auf's-Blech-Legen.

Dies alles braucht Zeit! Für einen Hefeteig rechnet man 5–6 Stunden. Also muß man, wenn man nachmittags frischen Hefekuchen möchte, schon früh am Morgen damit beginnen. Bestimmte, sehr fettreiche Teigsorten müssen mehr im Kühlen gehen und brauchen eine ganze Nacht dafür (z. B. Stollen).

Zubereitung
Die Hefe mit 3–4 TL von der Milchmenge, 1–2 TL Zucker und evtl. 1–2 TL Mehl in einer Tasse zu einem dickflüssigen Brei, dem sogenannten *Vorteig*, auch Dampferl genannt, anrühren.

Das Mehl in eine Schüssel sieben, in die Mitte eine Vertiefung drücken und den angerührten Vorteig hineingeben. Mit einem Tuch abdecken und an einem warmen Ort ca. 25–35 Min. gehen lassen, bis der Vorteig die doppelte Größe erreicht hat, d. h. gut aufgegangen ist.

Inzwischen ⅘ der Milch mit dem angegebenen Fett (Butter) leicht anwärmen (nur lau!), gut verrühren, damit sich die Butter ganz auflöst. Den Rest der Milch kann man später immer noch zugeben, wenn man sieht, daß es nötig ist.

Ist der Vorteig hochgegangen, vermischt man ihn mit dem Mehl und mit den übrigen Zutaten: Eier, Gewürze, Zucker, Salz und zum Schluß mit der Fett-Milch.

Man vermengt alles gut und knetet es gründlich. Nun kann man sehen, ob der Teig zu fest oder richtig ist und evtl. noch den kleinen Rest Milch hinzufügen. Teige für zu *formende* Dinge (Schneckennudeln, Hörnchen, Hefezopf etc.) dürfen nicht zu dünn sein, sonst verlieren sie ihre Form. Teige für Napfkuchen oder auch für Bleche können etwas dünner sein, weil sie von Form und Blech gehalten werden.

Ein zu fester Teig geht nicht auf und wird nicht gut. Das richtige Maß bekommt man mit Hilfe des Rezeptes und mit der Erfahrung. Das ist gerade das Schöne am Hefeteig, daß die Köchin ein liebevolles Gefühl entwickeln muß.

Abgesehen davon, daß es kein besseres Gebäck gibt als einen frischen Hefekuchen.

Nun nimmt man den Teig aus der Schüssel und bearbeitet ihn auf dem Tisch. Man knetet noch mehr und schlägt ihn (wichtig!) *von hoch oben herab viele Male fest auf den Tisch*, bis er geschmeidig wird – man spürt dies in den Händen. Der Teig ist erst dann fertig, wenn man ihn mit einem Messer durchschneidet und innen kleine Luftblasen zu sehen sind.

Nun gibt man den Teig in die gesäuberte Schüssel zurück, deckt ihn mit einem Tuch ab und läßt ihn in einer warmen Ecke der Küche aufgehen. Das dauert – je nach Teigfestigkeit und Fettmenge – mindestens 1 ½ bis 2 Stunden. Man kann den Teig während des Gehens evtl. noch einmal leicht durchschlagen; dies macht ihn noch feinporiger. Der Teig ist genügend gegangen, wenn er locker und elastisch ist und sein Volumen erheblich vergrößert hat (ungefähr um das Doppelte).

Nun wird der Teig noch einmal kurz durchgeknetet und dann in die Form gegeben bzw. geformt oder ausgewellt und auf das Blech gelegt. Er muß jetzt noch ein drittes Mal gehen. Das dauert aber nicht mehr so lange: ca. 30–50 Min. Man heizt den Ofen vor.

Den Teig kann man mit Butter, Sahne-Milch oder Eigelb bestreichen und dann backen.

Die Temperaturen sind je nach Art des Gebäcks verschieden:

Formgebäck (Hörnchen, Zopf etc.) auf dem Blech bei guter Hitze und *oberer Schiene* im Herd anbacken, damit die Form gut erhalten bleibt, dann *herunterschalten* und ausbacken.

Größeres Formgebäck (große Zöpfe) oder *Gebäck in großen Napfformen* länger ausbacken bei nur *mäßiger Mittelhitze.* Evtl. das letzte Drittel der Backzeit mit Alufolie abdecken.

Garprobe: Mit einer Backnadel in die dickste Stelle einstechen. Wenn sie trocken bleibt, ist der Kuchen fertig. Zu lange und zu langsam gebackene Kuchen werden trocken. Zu schnell gebackene gehen nicht richtig auf.

Wird fertig gekneteter und geworfener Hefeteig im *Kühlschrank* 2–3 Tage aufbewahrt (man kann Teig von ½–1 kg Mehl machen und 2–3 Tage lang frisches Gebäck zum Kaffee backen, was besonders in der Obstzeit gut ist), so läßt man den Teig vorher *nicht* gehen, sondern stellt ihn nach dem Kneten und Werfen sofort in den Kühlschrank – gut zugedeckt – nicht fest eingewickelt! Er geht genügend im Kühlschrank – wenn auch langsamer und vielleicht etwas weniger.

Will man frisches Gebäck machen, nimmt man den Teig oder ein Stück davon, knetet ihn kurz durch, formt oder wellt ihn aus und läßt ihn nochmals kurz (20–30 Min.) gehen. Der zweite Aufgeh-Vorgang spielt sich also im Kühlschrank ab, der dritte wieder normal auf dem Blech bzw. in der Form. (Der 1. Aufgeh-Vorgang war der sog. Vorteig.)

Teigmengen-Angaben

150–160 g Mehl für eine kleinere (24 cm ∅) Springform
170–200 g Mehl für eine mittlere (26 cm ∅) bis große Springform (28 cm ∅)
250 g Mehl für eine Springform von 26 cm ∅ und hohem Hefeteig, z. B. bei Bienenstich, der aufgeschnitten und mit Creme gefüllt wird.
300–350 g Mehl für ein großes Kuchenblech bei Obstkuchen oder Butter-Zupfkuchen (einer Art dünnem Bienenstich ohne Mandeln, nur mit Zucker und Butter), bei Pizzas etc.

Je dünner der Boden bei Obstkuchen und bei Pizzas ist, um so besser ist der Kuchen oder die Pizza. Lieber ein bißchen Teig weglassen als einen zu dicken Boden backen.

375–500 g Mehl für Schneckennudeln, Dampfnudeln, Hefezopf, Gugelhupf etc.

3 Hefeteig-Sorten

1 Beutel Trockenhefe (7 g) entspricht 25 g frischer Hefe

1. 500 g Mehl
35 g frische Hefe (oder 1 ½ Beutel Trockenhefe = 9,8 g)
90–110 ml Milch
100 g Butter
2 Eier und 1 Eigelb
80 g Zucker
¾ TL Salz
abgeriebene Schale von 1 Zitrone
Vanillezucker (echte Bourbon-Vanille)

2. 375 g Mehl
30 g Hefe (oder 1 ¼ Beutel Trockenhefe = 8,4 g)
80–100 ml Milch
80 g Butter
1 Ei und 1 Eigelb (oder 2 kleine Eier)
3–4 EL Zucker
½ TL Salz
abgeriebene Schale von ¾ Zitrone
Vanillezucker (echte Bourbon-Vanille)

3. für Hefezopf
500 g Mehl
42 g Hefe (1 Würfel, oder 1 ¾ Beutel Trockenhefe = 11,8 g)
80–100 ml Milch
3 Eier
100 g Butter
100 g Zucker
¾ TL Salz
abgeriebene Schale von 1 Zitrone
Vanillezucker (echte Bourbon-Vanille)

Wichtig:
Da die Eier stets verschieden groß sind, beeinflußt dies die Milchmenge. *Immer zuerst mit der niedrigen Milchmenge anfangen.* Wenn nötig, kann man später immer noch mehr Milch zugeben. Alle Zutaten müssen zimmerwarm sein! Die Aufgehzeit des Teiges ist je nach Jahreszeit unterschiedlich. Im warmen Sommer kürzer, an kühlen Tagen länger.

Schneckennudeln

Ergibt 10–12 mittelgroße Nudeln

eine ofenfeste mittelgroße Kasserolle

Aus Teig Nr. 2 einen gekneteten, geworfenen Teig zubereiten. Ist er ein erstes Mal gut aufgegangen, rollt man ihn zum Viereck (ca. 40/45 × 30 cm) aus.

Fülle
50 g Zucker
1 EL Nesquick oder anderes Instant-Schokoladentrinkprodukt
50–60 g geriebene Nüsse (Mandeln, Haselnüsse, Walnüsse)
ca. 2–3 EL süße Sahne
½–1 TL Zimt (nach Geschmack)
80 g Butter
60 g Rosinen (heiß gewaschen, dann getrocknet)

andere Fülle:
60 g Zucker
½–1 TL Zimt
80 g Butter
(evtl. Rosinen: 60–70 g)

Die Butter auf kleinster Flamme zerlassen. Ist sie lau *abgekühlt*, etwa die Hälfte davon auf das Teigviereck streichen. Zucker, Nesquick, Zimt, Nüsse und entsprechende Menge Sahne zu einer streichfähigen Paste verrühren. Auf das gebutterte Teigviereck streichen. Rosinen darüber verteilen. Teigviereck nun der Länge nach aufrollen. Die Rolle in 2,5 oder 3 cm breite Schneckennudeln schneiden. Diese rundum mit der restlichen Butter bepinseln und in eine mittelgroße gebutterte und bemehlte Kasserolle setzen. *Vorsicht:* Nicht eng setzen, die Nudeln gehen beim Backen stark auf! Sind sie zu eng gesetzt, drücken sie nach oben. Dies sieht nicht schön aus.

Im unteren Drittel des Ofens, jedoch nicht ganz unten, unzugedeckt, bei mittlerer Hitze (160–170 °C) ca. 45–55 Min. backen. Wenn nötig, zum Schluß mit Alufolie abdecken.

Gefüllter Hefekranz oder -zopf

Aus Teig Nr. 2 einen gekneteten, geworfenen Hefeteig machen. Gut gehen lassen. Ist der Teig genügend aufgegangen, rollt man ihn zu einem großen, länglichen Viereck aus (nicht zu dünn).

Füllung
80 g Butter
60 g (3 gehäufte EL) Zucker
1 gehäufter EL Nesquick (oder anderes Instant-Schokoladentrinkprodukt)
½–1 TL Zimt
50–60 g gemahlene Nüsse
ca. 2–3 EL süße Sahne
60 g Rosinen, kochendheiß gewaschen, dann getrocknet

Die Butter zerlaufen lassen und, wenn sie abgekühlt ist, ¾ davon auf den ausgewellten Teig streichen. In einer kleinen Schüssel eine streichfähige Masse aus Sahne, Zucker, Nesquick, Zimt und den gemahlenen Nüssen anrühren. Diese Masse auf die gebutterte Teigplatte verstreichen und die Rosinen darüber verteilen. Nun das Teigviereck der Länge nach zusammenrollen. Diese Rolle der Länge nach aufschneiden. Die 2 Teile behutsam so umeinanderdrehen, daß die klaffende Seite nach oben, d. h. außen, kommt.

Die so verarbeitete Rolle entweder gerade – als Zopf – auf ein gebuttertes Blech setzen oder in eine gebutterte, bemehlte Kranzform geben. Nochmals gehen lassen und vor dem Backen den Rest der Butter obenauf pinseln.

Im unteren Drittel des etwas vorgeheizten Ofens bei mittlerer Hitze (160– 170 °C) ca. 45–55 Min. backen. Evtl. gegen Ende oben mit Alufolie abdecken.

Elsässer Gugelhupf

abgerührter Hefeteig

für 1 große Gugelhupfform

500 g Mehl
42 g Hefe (oder 1 ¾ Beutel Trockenhefe = 11,8 g)
ca. ⅛ l Milch
200–250 g Butter
4–5 EL Zucker
1 gehäufter TL Salz
3 Eier
1 Eigelb
Vanillezucker (echte Bourbon-Vanille)
abgeriebene Schale von 1 Zitrone
50 g Rosinen, eingeweicht in 2 EL Rum
15–20 geschälte Mandeln (so viele, wie Wellen in der Gugelhupfform sind)

Das Mehl in eine Schüssel sieben, in der Mitte eine Vertiefung machen, in die man die mit Milch und Zucker verrührte Hefe gibt (siehe Vorbemerkung »Zubereitung des Hefeteigs«).

Inzwischen die Butter und den Zucker schaumig rühren. Nach und nach die Eier und das Eigelb dazurühren. Vanille, Salz und Zitronenschale dazugeben.

Wenn der Vor-Teig genügend aufgegangen ist, vermischt man ihn mit dem Mehl und dem Rest der lauwarmen Milch. Zum Schluß gibt man die Creme aus Butter, Zucker und Eiern dazu und knetet den Teig mit dem elektrischen Knet-Arm fest durch. Der Teig ist genügend fest bearbeitet, wenn er schön elastisch ist und Blasen wirft. Die in Rum eingeweichten Rosinen abgießen, mit etwas Mehl bestäuben und in den Teig mischen.

Die Mandeln abbrühen, die braune Haut abziehen und trocknen. Die Gugelhupfform buttern, bemehlen und in jede Welle auf dem Boden der Form 1 Mandel legen (längs der Welle) und den Teig einfüllen. Die Form bis zu ¾ auffüllen (nicht mehr).

Zugedeckt an einem warmen Ort gut gehen lassen. Ist der Teig bis fast zum Rand aufgegangen, den Ofen vorheizen.

Den Kuchen bei mittlerer Hitze (untere Schiene) 50–60 Min. backen. Nicht zu langsam backen, sonst wird er trocken. Aber auch nicht zu heiß und schnell!

Evtl. im letzten Drittel der Backzeit mit Alufolie abdecken.

Gugelhupf

aus Omas altem Kochbuch

für 1 ganz große Gugelhupfform oder für 1 mittlere Gugelhupfform und 1 mittelkleine Springform

500 g Mehl
42 g Hefe (oder 1 ¾ Beutel Trockenhefe = 11,8 g)
300 g weiche Butter
200 g Zucker
knapp 1 TL Salz
1 Päckchen Vanillezucker (echte Bourbon-Vanille)
3 Eier
2–3 Eigelb
knapp ¼ l Milch
abgeriebene Schale von 1 Zitrone
30–40 g geriebene geschälte Nüsse (Haselnüsse oder Mandeln)
Bittermandelöl (siehe Anweisung auf dem Fläschchen)

für 1 mittlere Gugelhupfform
335 g Mehl
30 g Hefe oder 1¼ Beutel Trockenhefe (8,4 g)
200 g Butter
135 g Zucker
½ TL Salz
1 Päckchen Vanillezucker (echte Bourbon-Vanille)
2 Eier
2 Eigelb
gut ⅛ l (165 ml) Milch
abgeriebene Schale von ¾–1 Zitrone
30 g geriebene, geschälte Nüsse (Haselnüsse oder Mandeln)
Bittermandelöl (siehe Anweisung auf dem Fläschchen)

Die Formen stets ¾ voll füllen. Der Teig geht bis zum Rand auf und steigt beim Backen noch etwas darüber hinaus.

Den Teig wie im vorhergehenden Rezept zubereiten. Nur wird dieser Teig weicher und kann deshalb fest gerührt, aber nicht geknetet und geworfen werden. Man leert ihn aus der Schüssel, in der er gerührt wurde, sofort in die ausgebutterte, bemehlte Form und läßt ihn darin (mit einem Tuch zugedeckt) gehen; was recht lange dauert (2½–3½ Stunden).

Ist der Teig fast bis zum Rande hoch aufgegangen, wird er im – etwas vorgeheizten – Ofen, so tief wie möglich: unterste Schiene, bei mittlerer Hitze (160–170 °C) gebacken.

Eine große Gugelhupfform braucht ca. 65–70 Min., eine mittlere *ca.* 60 Min. Probieren durch Nadeleinstechen. Gegen Ende der Backzeit mit Alufolie abdecken, wenn nötig.

»Öhrle« von Omi Mann

Unsere Kinder, verkleidet als Cowboy und Indianer, als Prinzessin oder Koch, als Ritter oder Teufele; der Fasching und die »Öhrle« gehören in meiner Erinnerung zusammen. »Öhrle« sind in Fett gebackene Teigdreiecke, die mit Zwetschgenmarmelade (keine andere darf es sein!) gefüllt sind. Und Christoph sagt: »Das Beste an den ›Öhrle‹ sind die ›Scherben‹« – die Abschnipsel.

500 g Mehl
25 g Hefe (wegen der 4 Eier nur so wenig)
wenig Milch für das »Dampferl« (Vorteig)
4 Eier
125 g Butter
2 EL Zucker
1 Prise Salz
abgeriebene Schale von 1 Zitrone
Vanillezucker (echte Bourbon-Vanille)
dickliche, möglichst hausgemachte Zwetschgenmarmelade
Eiweiß zum Bestreichen
Ausbackfett (geruchloses Öl, Butterschmalz etc.)
Puderzucker zum Bestreuen

Den Teig als gekneteten Hefeteig zubereiten. Er soll recht fest sein – ähnlich einem Nudelteig. Nur ca. ¾ gehen lassen; er hat im Laufe der Verarbeitung noch Zeit genug aufzugehen. Sehr dünn (ca. 1,5 mm) auswellen. Quadrate von 7 × 7 cm ausrädeln, in ihre Mitte einen kleinen TL voll Zwetschgenmarmelade setzen (nicht zu viel, sonst läuft sie beim Backen aus).

Die Teigränder mit Eiweiß bestreichen. Die Quadrate zuklappen, daß Dreiecke entstehen. Deren Ränder fest zudrücken. In gutem Ausbackfett schwimmend backen, bis sie goldgelb-bräunlich sind.* Auf Löschpapier, Küchenkrepp etc. gut abtropfen lassen (evtl. im warmen Ofen) und noch heiß mit Puderzucker bestreuen. Aber erst kalt essen.

Scherben

Von den Teigabschnipseln kann man die »Scherben« machen. Sie können recht unregelmäßig ausgerädelte, kleine Stückchen sein, die dann ebenfalls im Fett ausgebacken und mit Puderzucker bestreut werden.

Manche machen nur Scherben. Dann muß man aber darauf achten, daß der Teig genügend vor dem Ausbacken aufgegangen ist. In Karlsruhe kann man in guten alten Konditoreien noch heute zur Faschingszeit »Scherben« kaufen.

* Über *Ausbacken* siehe *folgendes Rezept*

»Scherben« für die Faschingszeit

ein altes Rezept von 1925

»Scherben« sind in Öl ausgebackene kleine dünne Teigstücke, mit Puderzucker bestreut.

1 Ei
2 Eigelb
4 EL dicke saure Sahne
¾ TL Salz
2 EL Zucker
geriebene Schale von 1 Zitrone, ungespritzt
ca. 300–310 g Mehl
(keine Triebmittel)
Ausbackfett: z. B. Erdnußöl
Puderzucker zum Bestreuen

Eier, Zucker, Sahne, Salz und Zitrone gut verrühren. Nach und nach das gesiebte Mehl zufügen und zu einem festen Teig kneten. So dünn wie möglich (1–1,5 mm) auswellen. Mit einer Gabel viele Löcher in das Teigstück einstechen (»einstupfe« sagt man in Baden) und mit dem Teigrädchen verschobene kleine, längliche Vierecke ausrädeln. (Die Löcher sind wichtig, damit die Scherben beim Backen keine Blasen bekommen.)

Ausbacken

In einer mittelgroßen Kasserolle das Ausbacköl heiß werden lassen, aber nicht rauchend! Wenn sich nun am Probestückchen Teig oder am trockenen Holzlöffelstiel, den man ins Fett taucht, Bläschen bilden, ist die Temperatur richtig. Nie zu viele Teigstücke auf einmal backen, damit sich das Backfett nicht zu sehr abkühlt.

Gebäck, das aufgehen soll, darf nicht zu heiß gebacken werden. Die Teigstücke nach und nach goldgelb bis hellbraun ausbacken, auf Küchenkrepp gut abtropfen lassen und mit Puderzucker bestreuen. Aber erst kalt essen.

Belgischer Kuchen

für eine Springform von 26 cm Ø

750 g Mehl
50 g Hefe (oder 2 Beutel Trockenhefe), bei frischer Hefe: etwas Zucker und Milch zum »Anhefeln«
ca. 180 ml Milch (1/8 und 1/16 l)
3 Eier
1 TL Salz
reichlich Vanillezucker (echte Bourbon-Vanille)
300 g Butter
375 g Würfelzucker, jedes Stück in Drittel oder Viertel zerhackt (Küchenbeil)

Den Hefeteig ansetzen. Die Butter zerlaufen (aber nicht heiß werden) lassen, die Milch dazugießen (evtl. ein wenig Milch zurückbehalten und erst am Schluß, wenn nötig, dazugeben).
Diese laukalte Mischung und die Eier, das Salz sowie den Vanillezucker zum Mehl geben, alles gründlich durchkneten und fest schlagen, bis der Teig Blasen wirft (siehe Beschreibung: Hefeteig), geschmeidig und weich ist. An einer warmen Stelle, zugedeckt in einer Schüssel, aufgehen lassen.

Die Springform ausbuttern und bemehlen. Etwas vom gegangenen Teig dünn ausrollen und damit den Boden der Form und etwas vom Rand auslegen. Den übrigen Teig mit den geteilten Zuckerstückchen vermischen. Gut durchkneten. Nochmals 15–30 Min. gehen lassen; inzwischen gehen auch Boden und Rand in der Form noch mehr auf. Dann mit »spitzen Fingern« kleine Teigfetzen aus der Masse herauszupfen und diese in die Springform werfen. Nochmals kurz gehen lassen. Dann im etwas vorgeheizten Ofen (unteres Drittel) bei 150–170 °C (je nach Ofen) ca. 1 Stunde backen.

Wenn nötig, oben mit Alufolie abdecken, sobald der Kuchen bräunlich wird.

Hefeteig für Obstkuchen

Obstkuchen brauchen einen dünnen Boden (siehe Anweisungen unter »Teigmengen-Angaben«).

Bei säuerlichem Obst (Sauerkirschen, Aprikosen, Heidelbeeren etc.) kann man einen Aufstrich zubereiten, diesen nach dem Gehen auf den ausgewellten Teig streichen und dann das Obst darauf verteilen. Der Teig muß danach nochmals gehen!

Aufstrich:
80 g geriebene Nüsse
60–80 g Zucker
evtl. ½–1 TL Zimt
so viel Sahne, daß eine sehr feste, gerade noch streichfähige Paste entsteht

Aufstrich-Variation: Mokka-Zitronen-Creme
125 g Butter
100 g Zucker
2 Eigelb
Saft von ½–1 Zitrone
¼ TL Nescafé (nicht mehr)

Bei frühen Zwetschgen, die wie Rhabarber viel Wasser ziehen, nimmt man nur geriebene Nüsse und etwas geriebenen Zwieback. Den fehlenden Zucker streut man nach dem Backen auf den fertigen Kuchen.

Einige Oblaten, auf den Teig unter das Obst (bzw. unter Aufstrich und Obst) gelegt, sind eine gute Hilfe bei wasserziehendem Obst!

Für Ostern: Hefekranz mit gefärbten Eiern

Für 1 Hefekranz kocht man 4 Eier hart und färbt sie in *einer* Farbe ein (z. B. lila, rot oder grün). Der Hefekranz sollte aus gutem Teig sein, damit er nicht gleich trocken wird.

Beim Backen des Kranzes 4 leere ungefärbte Eierschalen-Hälften in den noch rohen Teig drücken und »blind« mitbacken, damit eine Mulde entsteht, in die man dann, wenn der Kuchen fertig gebacken ist, die Ostereier setzen kann.

Roses Nußkuchen für Christoph

für eine größere Bundform (flache Gugelhupfform)

250 g weiche Butter (nicht zerlassen)
250 g Zucker
2 Päckchen Vanillezucker (echte Bourbon-Vanille)
5 Eigelb
250 g Haselnüsse, grob gehackt (es sollen noch einzelne Stücke zu sehen sein)
250 g Mehl mit
2 gestr. TL Backpulver
5 Eiweiß, mit 1 Prise Salz zu steifem Schnee geschlagen

Butter schaumig rühren. Den Zucker einschütten und weiter rühren. Dann die Eigelb und den Vanillezucker zugeben und wiederum gut rühren. Nun die Nüsse und das Mehl mit dem Backpulver dazugeben. Zum Schluß das zu steifem Schnee geschlagene Eiweiß darunterheben.

Eine Bundform gut ausbuttern und mit Mehl bestäuben. Den Teig sofort einfüllen und bei mäßiger Hitze (150–160 °C) ca. 70 Min. backen.

In der Form an zugfreiem Ort gut auskühlen lassen, erst dann stürzen.

Nußkuchen von Beate

Am Tag zuvor backen.

Diesen Kuchen gab's immer zu den Geburtstagen, besonders zu denen, die auf den Winter fielen. Man kann ihn schon ein paar Tage vorher machen, da er sich recht lange hält. Man backt ihn entweder in Tortenform, aufgeschnitten und gefüllt und überzogen mit Schlagsahne. Oder in Kastenform ohne Schlagsahne.

für eine Springform von 24–26 cm ∅ oder für 2 Kastenformen mittlerer Größe (25 cm lang)

250 g geriebene geschälte Haselnüsse oder Mandeln
250 g Zucker
8 Eigelb
8 gestr. EL geriebener Zwieback oder Kekse (75–80 g)
8 Eiweiß mit 1 Prise Salz

Die Eigelb und den Zucker sehr schaumig-hell schlagen, die geriebenen Nüsse dazurühren und zuletzt die zu sehr steifem Schnee (mit 1 Prise Salz) geschlagenen Eiweiß darunterheben sowie den geriebenen Zwieback (bzw. Kekse). Kastenformen oder Springform ausbuttern und gut mit Mehl bestäuben. Den Teig einfüllen und bei nur mäßiger Hitze (150–160 °C) im unteren Drittel 40–45 Min. backen (den Ofen kaum vorheizen).

Den Kuchen an einem zugfreien Ort in der Form auskühlen lassen, wobei er etwas zusammensackt. Erst am nächsten Tag anschneiden.

Nußkuchen mit Schokolade

für eine Springform von 26 cm ∅,
eine sehr große oder 2 mittlere Kastenformen (35 cm oder 2 × 25 cm lang)
1 Bundform (flache Gugelhupfform)

---

140 g weiche Butter (nicht zerlassen)
170 g Zucker
8 Eigelb
120 g geriebene Schokolade und Schokoladenguß
170 g geriebene geschälte Mandeln oder Haselnüsse
70 g geriebene Kekse oder Zwieback
1 gestr. TL Backpulver
8 Eiweiß
1 Prise Salz

Die Butter und den Zucker schaumig-hell rühren, die Eigelb dazurühren und fest schlagen. Dann die Nüsse, die Schokolade und den Zwieback (Kekse) dazugeben und das Backpulver. Zuletzt die mit 1 Prise Salz zu steifem Schnee geschlagenen Eiweiß darunterziehen (leicht!). Der Teig wird recht weich.

In eine ausgebutterte und bemehlte Form geben und im nur schwach (75 °C) vorgeheizten Ofen im unteren Drittel bei 145–155 °C eine gute Stunde backen. An einen zugfreien Ort stellen und auskühlen lassen, dann erst öffnen bzw. stürzen. Mit Schokoladenguß überziehen.

»El gató«

Mallorquinischer Mandelkuchen

für eine Springform von 24–26 cm Ø oder eine Frankfurter-Kranz-Form (breite Gugelhupfform)

6 Eigelb von großen Eiern
200 g feiner Zucker
200 g geriebene geschälte Mandeln (oder geröstete Mandeln, von denen man die braune Haut abreibt)
2 leicht gehäufte EL Mehl mit
3/4 TL Backpulver
6 Eiweiß mit einer Prise Salz
Puderzucker zum Bestreuen

Die Eigelb mit dem Zucker (1 EL für den Eischnee weglassen) lange sehr schaumig rühren. Die Mandeln unterrühren.

Das Eiweiß zu festem Schnee schlagen, im letzten Moment das Salz und 1 EL Zucker zugeben und fertig rühren.

Die Form ausbuttern und bemehlen. Den Ofen auf 160–175 °C (je nach Ofen) vorheizen.

Die Eigelb-Mandel-Masse auf den Eischnee geben und mehr unterheben als rühren. Sofort in die Form füllen und bei ca. 160–175 °C backen. Nach 20 Min. auf 160–150 °C herunterschalten. Gesamtbackzeit ca. 60 Min.

Nach dem Erkalten stürzen und mit Puderzucker bestreuen.

»El gató«

aus »Cocina de las Baleares«

für eine sehr große Springform (28 cm Ø) oder 2 entsprechend kleinere Kastenformen (ca. 25 cm lang)

9 Eigelb
330 g Zucker
300 g geriebene geschälte Mandeln
6 Eiweiß
1 Prise Salz
Zimtpulver
geriebene Zitronenschale
kein Mehl, kein Backpulver!

die Form ausbuttern und bemehlen, (s. vorheriges Rezept »El gató«)

Mürbteig

Allgemeines:
Mürbteig besteht aus: Mehl, Butter und Zucker (und Salz) und aus wenig Flüssigkeit wie: Ei, Wein, saurer Sahne, Wasser

Er wird, wenn er einige Zeit im Kalten geruht hat, so fest, daß man ihn auswellen kann.

Man verwendet ihn für folgende Kuchenböden:
Obstkuchen, Pies, Pizzas, Quiches, Pasteten, Tortelettes. Die gerührte Art von Mürbteig verwendet man für alle Arten von Keksen (z. B. Butterzeug, Vanilleringe, Butter-S etc.)

Er wird süß gewürzt mit:
Zimt, Lebkuchengewürz (= Zimt, Nelken, Kardamom, Muskatblüte), Vanille, Zitronenschale, Kakao, geriebener Schokolade, feinstgeriebenen geschälten Mandeln, Rum, Kirschwasser etc.
Er wird sauer gewürzt mit:
Salz, Kümmel, Paprika, geriebenem Hartkäse etc.

Das Mengenverhältnis der Hauptzutaten
einfacher Mürbteig 4 Teile Mehl – 2 Teile Butter – 1 Teil Zucker
4 : 2 : 1

feiner Mürbteig 3 Teile Mehl – 2 Teile Butter – 1 Teil Zucker
3 : 2 : 1
4 Teile Mehl – 3 Teile Butter – 1 Teil Zucker
4 : 3 : 1
in besonderen Fällen: Mehlmenge gleich Buttermenge

Backpulver: Wenig! ⅓–½ TL (eine kleine Messerspitze) auf 200 g Mehl. Ein fettreicher Teig braucht gar kein Backpulver.

Ei: Ei ist ein gutes Bindemittel für den Teig und bräunt ihn beim Backen. Es gibt aber auch gute Teigsorten ohne Ei, die dann weniger bräunen.

Zucker: sollte möglichst fein sein. Mit der Flüssigkeit (Ei, Wein, Sahne, Wasser) verrühren.

Wenn es im Rezept lautet »wie Mürbteig zubereiten«, so bedeutet dies, den Teig wie folgt zu backen:

1. *Brösel- oder Knetteig:* Alle Zutaten müssen sehr *kalt* sein, besonders die Butter. Das Mehl vermischen mit Backpulver, Salz und den Gewürzen. Den Zucker verrühren mit dem Ei oder einer anderen Flüssigkeit. Dann *rasch* alles zusammenbröseln und kneten. Kalte, in ganz kleine Stückchen geschnittene Butter zum Schluß rasch darunterhacken (mit dem Messer) und darunterkneten. (Die Butter muß nicht völlig im Teig verschwinden, sie kann in Mini-Stückchen noch sichtbar sein.) Vom Teig eine Kugel formen, in Folie einwickeln und 1–3 Stunden oder mehr im Kühlschrank ruhen lassen. Dann erst auswellen.

2. *Rührteig:* Er wird häufig für Kekse verwendet und ist bei hohem Fettanteil ratsam. Alle Zutaten müssen lauwarm sein. Die weiche Butter schaumig rühren, den Zucker einstreuen und weiterrühren. Dann das Ei (oder eine andere Flüssigkeit) und Gewürze (und Salz). Zum Schluß das (mit Backpulver vermischte) Mehl einsieben. Zuerst noch rühren, dann kneten. Eine Kugel formen und in einer Schüssel oder in Folie gewickelt kaltstellen, 12–24 Stunden ruhen und fest werden lassen.

Roher Mürbteig kann, in Folie gewickelt, mehrere Tage im Kühlschrank aufbewahrt werden.
Er kann – luftdicht verpackt – tiefgefroren werden und hält bis zu 5 Monate. 2–3 Stunden auftauen, dann auswellen und wie frischen Teig weiterverarbeiten.

Backen von Kuchenböden aus Mürbteig: Bäckt man die Böden *ohne* Obst oder einer anderen Fülle darauf, so sticht man mit der Gabel *Löcher* in den Teig, damit er keine Blasen wirft und gleichmäßig aufgeht.

»Blind« backen: ohne Fülle darauf, aber beschwert mit Alufolie und trockenen Erbsen, Linsen oder Reis, die man nach ca. ¼ Stunde entfernt und den Boden noch einige Min. ohne Beschwerung bäckt und bräunt.

Bäckt man den Mürbteigboden gleich *mit Obst* darauf, *keine* Löcher einstechen, da der Obstsaft sonst eindringt und den Boden durchfeuchtet!

Backtemperatur: stets starke Mittelhitze (190–210 °C), sonst wird der Teig nicht braun.

Verschiedene Sorten von Mürbteig:

1. Mürbteig für eine Springform von 26 cm ∅

200 g Mehl mit	*2 Eigelb und 2 EL Weißwein*
⅓ TL Backpulver	oder: *kein Ei, sondern nur 4 EL Weißwein*
100–120 g Butter	*Vanillezucker (echte Bourbon-Vanille)*
1 Prise Salz	*abgeriebene Schale von ½–1 Zitrone*
50–60 g Zucker	*evtl. Zimt*

2. Für eine Springform von 24 cm ∅

160–170 g Mehl mit	*1 Eigelb und 1–2 EL Weißwein*
1 kleine Messerspitze Backpulver	oder: *kein Ei, sondern nur 3 EL Weißwein*
80–100 g Butter	*abgeriebene Schale von ½ Zitrone*
1 Prise Salz	*Vanillezucker (echte Bourbon-Vanille)*
50 g Zucker	*evtl. Zimt*

3. Butterreicher, wunderbarer Mürbteig für Obstkuchen

300 g Mehl mit
1 Messerspitze Backpulver (bitte nicht mehr)
200 g Butter
100 g Zucker
1 Prise Salz
1 Ei

für 1 Springform von 26 cm ∅ mit Teigdeckel
⅔ des Teiges für den Boden,
⅓ des Teiges für den Deckel

für 2 Springformen von 24 cm ∅
eine Hälfte kann im Kühlschrank aufgehoben oder eingefroren werden

für Obstkuchen (z. B. Aprikosen, Zwetschgen) *mit einem Gitter von Teig über dem Obst:*
Springform von 26 cm ∅
hier aber nur ca. ¾ der Teigmenge nehmen

---

4. Mandelmürbteig (gerührt)

250 g Mehl mit ⅓ TL Backpulver
150 g Butter
1 Prise Salz
100 g Zucker
100 g geschälte, feinstgeriebene Mandeln
1 Ei
1 Eigelb
Gewürze: Zimt und etwas Nelkenpulver

5. feiner Mürbteig nach Omas Kochbuch (geknetet oder gerührt):

250 g Mehl
250 g Butter
125 g Zucker
3 Eigelb
1 Prise Salz
abgeriebene Schale von ½–1 Zitrone
½ TL Zimt

---

6. Mürbteig für ein großes Blech (mit saurer Sahne):

500 g Mehl mit ⅓ TL Backpulver
300 g Butter
5 EL Zucker
2 kleine Eier
1 Eigelb
½ Tasse (knapp ⅛ l) saure Sahne
1 Prise Salz
Vanillezucker (echte Boubon-Vanille)
abgeriebene Schale von 1–1½ Zitronen
evtl. Zimt

---

7. »saurer« Mürbteig mit saurer Sahne für Pasteten, Quiches, Pies etc.

250 g Mehl
210 g Butter
½ Tasse (knapp ⅛ l) saure Sahne
etwas Salz
evtl. »saure« Gewürze wie Salz, Kümmel, Paprika, geriebener Hartkäse (kein Ei, kein Backpulver)
3 Stunden, besser 1 Nacht kalt ruhen lassen

Roses Johannisbeerkuchen

für eine Springform von 26 cm ∅

Boden
180 g Mehl
1 Messerspitze (1/3 TL) Backpulver
1 Prise Salz
80 g Zucker
100 g Butter in Flocken
2 Eigelb
wenn nötig: 1–2 EL Wein
Vanillezucker (echte Bourbon-Vanille)
Zitronenschale, fein abgerieben

Belag
500–550 g Johannisbeeren (gut getrocknet)
125 g geriebene Biskuits (oder Zwieback)
50–60 g geriebene Mandel
2 Eigelb
Schnee von 5 Eiweiß
200 g feiner Zucker

Den Boden wie Mürbteig verarbeiten und 2–3 Stunden ruhen lassen. In die gebutterte und bemehlte Springform einsetzen, mit einer Gabel Löcher einstechen und im vorgeheizten Ofen bei 190–200 °C ca. 20–25 Min. blind vorbacken (siehe: Mürbteig, Zubereitung).

Inzwischen in einer breiten, großen Schüssel die Beeren mit dem geriebenen Biskuit (oder Zwieback), den Mandeln und dem Eigelb mischen. Die Beeren möglichst nicht zerquetschen.

Die Eiweiß zu steifem Schnee schlagen, den Zucker beigeben und noch ein wenig weiterschlagen. Diese Schneemasse zart und leicht an die Beeren-Eigelb-Biskuit-Masse rühren. Auf den vorgebackenen Kuchen in der Form verteilen und im noch warmen Ofen bei ca. 150 °C – diesmal evtl. eine Schiene höher – backen, bis der Eischnee golden und fest (aber nicht dunkel!) ist.

Christas Apfelkuchen

Willi, ihr Mann, sagt: »Der ist so gut, weil ich so gute Boskop-Äpfel in meinem Garten habe.«

für eine Springform von 24 cm ∅

Teig
160 g Mehl
⅓ TL Backpulver
50 g Zucker
100 g kalte Butter, in Flocken geschnitten
1 Eigelb von einem großen Ei
1–2 EL Wasser oder Weißwein
etwas Salz und Zimt

Belag
5 kleinere bis mittlere säuerliche Äpfel, am besten schmecken (im Winter) Boskop-Äpfel

Guß
1 Eigelb von einem großen Ei
40 g Zucker
125 ml Sauerrahm (saure Sahne)
2 Eiweiß von großen Eiern, zu steifem Schnee geschlagen

Einen *Mürbteig* zubereiten und 1–2 Stunden kalt stellen. Die Form ausbuttern und bemehlen, den Teig auswellen und einlegen. Die Äpfel schälen und achteln, oben einritzen. Auf den Teigboden legen und im vorgeheizten Ofen bei 190–200 °C ca. 20 Min. backen.

Für den *Guß* Eigelb und Zucker schaumig rühren, die saure Sahne zufügen und zum Schluß die zu sehr steifem Schnee geschlagenen Eiweiß unterheben. Auf dem vorgebackenen Kuchen verteilen und bei ca. 175 °C nochmals ca. 20 Min. backen.

Rhabarberkuchen

für eine Springform von 24 cm Ø

Boden
160 g Mehl
⅓ TL Backpulver
80 g Zucker
1 Prise Salz
90–100 g kalte Butter, in kleinste Stückchen geschnitten
1 Ei
evtl. 1 EL Wasser oder Weißwein
Vanillezucker (echte Bourbon-Vanille)
Zimt
abgeriebene Schale von ½–1 Zitrone

Belag
550–700g rötlicher Rhabarber, schon geputzt und geschnitten gewogen (entspricht ca. 750–900 g ungeputztem Rhabarber); evtl. Oblaten oder Zwiebackbrösel im Frühling
100 g Zucker (erst nach dem Backen daraufstreuen)

Guß
2 Eigelb
1 EL Mondamin
4 EL saure Sahne
2 Eiweiß, zu steifem Schnee geschlagen

Den Teig für den Boden verarbeiten wie Mürbteig. 2–3 Stunden kühl stellen. Die Springform ausbuttern und mit Mehl bestreuen. Den Teig einlegen und Löcher einstechen.

Den Rhabarber putzen und schälen und in 2 cm lange Stücke schneiden. Dicke Stengel halbieren. Im Frühling, wenn der erste Rhabarber auf den Markt kommt, ist dieser noch sehr wäßrig. Da nimmt man dann weniger Rhabarber und belegt außerdem den Boden noch mit einer Schicht Oblaten in der Mitte oder zumindest mit reichlich Zwieback-Bröseln; beides saugt Flüssigkeit auf. Später, im Frühsommer, ist der Rhabarber trockener, man kann dann bis zu knapp 700 g nehmen.

Den geputzten, geschnittenen Rhabarber nun nur 40–60 Sekunden (nicht länger) blanchieren. In einem großen Topf mit kochendem Wasser, je 1 gute Handvoll Rhabarberstücke in einem Sieb ins Wasser halten. Nicht alles auf einmal! Die Stücke müssen noch fest und roh sein. Im großen Sieb gut ½ Stunde lang abtropfen lassen. Dann auf dem rohen Kuchenteig verteilen.

Im vorgeheizten Ofen, unteres Drittel, bei 190–200 °C ca. 25–30 Min. backen. Der Boden soll unten goldbraun sein (deshalb ist eine Springform aus Glas gut). Gegen Ende dieser ersten Backzeit den Guß vorbereiten.

Guß: Das Eigelb gut verrühren mit saurer Sahne, dem Mondamin und zum Schluß mit dem steifen Eischnee.

Nach der ersten Backzeit 100 g Zucker über den ¾ gebackenen Rhabarberkuchen streuen, dann sofort den fertiggerührten Guß darübergießen. Wieder in den Ofen stellen (evtl. jetzt eine Schiene höher) und bei ca. 175 °C nochmals 15–20 Min. backen.

Die Form eine Stunde abkühlen lassen, erst dann öffnen.

Rhabarberkuchen

Leichter Käsekuchen

Einfach, jedoch 10–12 Stunden zuvor zubereiten.

für eine Springform von 24 cm Ø

Boden
100 g Mehl
25 g Zucker
etwas Vanillezucker
75 g Butter

Belag
8 Blätter weiße Gelatine
230–250 g Zucker
4 Eigelb
125 g weiche Butter
500 g Quark (20 % Fett)
Schale von 1 ungespritzten Zitrone
Saft von 1 Zitrone und 1 Orange
¼ l frische süße Sahne
4 Eiweiß

Zubereitung des Bodens: Die Zutaten wie bei einem Mürbteig verkneten und 2–3 Stunden ruhen lassen.

Den Teig rund ausrollen und in die ausgebutterte und bemehlte Springform einlegen. Mit einer Gabel Löcher einstechen, damit sich der Boden beim Backen nicht unregelmäßig hebt. Bei mittelstarker Hitze (190–200 °C) ca. 20–25 Min. goldbraun und knusprig backen. Gut abkühlen lassen.

Zubereitung der Quarkmasse: Die Gelatine nach Vorschrift auflösen. Die Eigelb mit dem Zucker schaumig rühren, die weiche Butter dazurühren, dann den Quark, den Zitronen- und Orangensaft und die Zitronenschale zufügen.

Die Sahne steif schlagen und untermischen. Gelatine einrühren und kaltstellen, bis die Masse beginnt, steif zu werden. Zum Schluß das Eiweiß zu sehr steifem Schnee schlagen und leicht unter die Quarkgelatine ziehen.

In die Springform auf den fertigen, abgekühlten Boden geben und für 10–12 Stunden kaltstellen. Erst dann die Form öffnen und den Kuchen anschneiden.

Tip: Hat man keine Zeit, den Boden zu backen, kann man ihn aus zermahlenen Keksen (Mürb- oder Nußgebäck etc.) und etwas Butter zubereiten. Siehe »Jo’s American Cheese Cake«.

Käsekuchen mit Kakao-Streusel

für eine Springform von 26 cm ∅

Streusel (= Boden und Belag)
250 g Mehl mit
½ Päckchen Backpulver
125 g Zucker
2 gestr. EL Kakao (kein Schoko-Milchgetränk-Pulver)
1 Eigelb
160 g Butter, lauwarm zerlaufen

Das Mehl mit Backpulver, Zucker und dem Kakao mischen, das Eigelb dazugeben und die lauwarme Butter tropfenweise hineingießen. Mit einer Gabel leicht vermengen, so daß kleine Klümpchen entstehen. Evtl. kann man die Streusel auch mit dem Knethaken des elektrischen Rührgerätes machen. Kalt werden lassen.

Die Springform ausbuttern und bemehlen. ⅔ der Streusel als Boden fest in die Form eindrücken.

Füllung
125 g weiche Butter (nicht zerlassen)
125 g Zucker
1 Päckchen Vanillezucker (echte Bourbon-Vanille)
3 Eigelb
2 EL echter Jamaica-Rum (72–74 %)
500 g Quark (2 Becher) 20 %
½ Päckchen Vanille-Pudding (mit echter Bourbon-Vanille)
3 Eiweiß mit
2 EL Zucker

Die Butter mit dem Zucker und Vanillezucker schaumig rühren, die Eigelb dazugeben und kräftig weiterrühren. Rum, Quark und Vanille-Pudding zufügen und alles zu einer cremigen Masse verrühren.

Die Eiweiß zu sehr steifem Schnee schlagen, gegen Ende zu 2 EL Zucker zufügen. Den festen Schnee leicht, aber gründlich unter die Quarkmasse heben. Den Ofen auf 175 °C vorheizen.

Die Quarkmasse auf den Streuselboden geben, glattstreichen und obenauf das restliche Drittel der Streusel verteilen.

Backzeit: insgesamt etwa 70 Min., anfangs 20 Min. bei 175 °C, dann auf 160 °C herunterschalten und weitere 50 Min. backen, bis die Quarkmasse sich etwas fest anfühlt. Den fertigen Kuchen mehrere Stunden lang stehen lassen, bevor man die Form öffnet und ihn anschneidet.

Roses Sandkuchen

seit 40 Jahren bei uns beliebt

für 2 mittlere Kastenformen, 25 cm lang oder für eine Rehrückenform (27–28 cm lang) und ein kleines Geburtstagsherz

300 g weiche Butter (nicht zerlassen)
375 g Zucker
1 gute Prise Salz
6 Eier
Schale von 1–1 ½ Zitronen
2 Päckchen Vanillezucker (echte Bourbon-Vanille)
300 g Mehl mit
1 guten TL Backpulver (nicht mehr)

für 1 größere Kastenform (30 cm lang)

200 g weiche Butter (nicht zerlassen)
250 g Zucker
1 Prise Salz
4 Eier
Schale von 1 Zitrone
1–2 Päckchen Vanillezucker (echte Bourbon-Vanille)
200 g Mehl mit
1 knappen TL Backpulver (nicht mehr)

Die Butter lange vorher aus dem Kühlschrank nehmen, damit sie weich genug ist zum Verrühren. Nicht zerlaufen lassen! Die Eier evtl. in etwas warmes Wasser legen, damit sie ebenfalls lau sind.

Die Butter schaumig rühren, den Zucker dazuschütten und so lange weiterrühren, bis die Masse cremig und sehr geschmeidig ist. Nach und nach die Eier einrühren. Fest weiterrühren. Anschließend das Salz, die geriebene Zitronenschale und die Vanille hinzufügen. Zum Schluß das mit Backpulver vermischte Mehl einrühren: es entsteht eine dickflüssige Masse. Die Kastenform(en) gut ausbuttern und mit Mehl bestäuben. Den Teig sofort einfüllen und backen. (Er soll, nachdem die Eier eingerührt wurden, nicht mehr lange stehen.) Im nur wenig vorgewärmten Ofen (unteres Drittel) bei 150–160 °C ca. 1 Stunde backen oder sogar noch 5 Min. mehr. Dieser Kuchen wird nur gut bei mäßiger Hitze und langer Backzeit. Nicht zwischendurch den Ofen öffnen. Erst gegen Ende der Backzeit mit dem Probehölzchen probieren, ob kein Teig mehr an ihm klebt.

Den Kuchen in einen zugfreien Raum stellen und in der Form abkühlen lassen. Erst dann stürzen.

Man kann ihn mit Puderzucker bestäuben oder mit einem Guß aus Himbeergeist und Puderzucker bestreichen.

Roses Sandkuchen

Auf den Baustellen mit dem unbefugten Zutritt gelang er uns Kindern immer spielend.
Ans Meer dafür zu fahren, lohnt sich nicht; auch wenn sich dort die Extra-Prise Salz erübrigt.

Jo's American Cheese Cake

ein reichhaltiger Käsekuchen

Jo, Engländerin, war Bordköchin auf »Gitana« und »Surama«. Sie war eine ebenso gute Köchin wie Seglerin. Wir alle liebten sie sehr.

für eine Springform von 26 cm ∅

Am Tag zuvor backen.

Boden
250–300 g Kekse (z. B. Nußkekse gemischt mit Butterkeksen oder ähnliches)
60 g weiche Butter in Flocken

Masse
5 große Eier
2 Eigelb
1 Tasse Zucker (210 g)
geriebene Schale von 2 unbehandelten Zitronen und 1 unbehandelten Orange
2–3 Päckchen Vanillezucker (echte Bourbon-Vanille)
1200 g Frischkäse, Doppelrahmstufe
⅛ l süße Sahne (nicht mehr)
3 gehäufte EL Mondamin

Guß
¾ l saure Sahne (nicht weniger)
1 Tasse Zucker (210 g)
Saft von 2 Zitronen
1 gehäufter EL Mondamin

Die Kekse im Mixer oder Fleischwolf zermahlen. Mit den weichen Butterflocken gut mischen und diese Masse auf den Boden der Springform drücken. 5 Eier und 2 Eigelb gut verrühren, den Zucker zugeben und so lange weiterrühren, bis die Masse cremig und hell ist. Abgeriebene Zitronen- und Orangenschale und reichlich Vanille daranrühren. Den Doppelrahmkäse dazugeben und lange, lange weiterrühren (z. B. in einer Küchenmaschine; mit Deckel, damit es nicht spritzt). Zum Schluß ⅛ l Sahne und 3 gehäufte EL Mondamin daranrühren. Diese Masse auf den Keksboden in der Springform geben.

Im vorgeheizten Ofen bei 160–170 °C im unteren Drittel 1 Stunde backen. Herausnehmen und in der Form abkühlen lassen. Die Käsemasse, die sehr hoch war, sinkt nun etwas zusammen. Den Ofen warmhalten.

Guß: ¾ l saure Sahne mit 1 Tasse Zucker und Zitronensaft mischen. 1 gehäuften EL Mondamin dazurühren. Diese recht flüssige Masse über den etwas abgekühlten Kuchen in der Form gießen, ihn in den noch warmen Ofen geben und nochmals (jetzt evtl. eine Schiene höher) bei 160–170 °C 30–35 Min. backen. Lange, bis zu ½ Tag, in der Form stehen lassen, dann erst öffnen.

Der Kuchen ist gut, wenn er am Tage zuvor gebacken und erst nach gut 24 Stunden aufgeschnitten wird. Er hält sich gut weitere 2–4 Tage.

Da er sehr sättigend ist, nur in kleine Stücke schneiden.

Claudias Mandel-Sandkuchen

für eine Kastenform (30 cm)

250 g Butter
200 g Zucker
1 Prise Salz
4 Eier
100 g geriebene geschälte Mandeln
200 g Mehl mit
1 TL Backpulver
fein geriebene Schale von 1 Orange (unbehandelt)
2 EL Grand-Marnier

Alle Zutaten müssen zimmerwarm sein!

Die weiche Butter mit dem Zucker und einer Prise Salz schaumig rühren. Nach und nach die Eier zurühren, bis eine cremige Masse entsteht.

Eine Kuchenform gut ausbuttern und bemehlen. Die geriebenen Mandeln, die Orangenschale und den Likör in die Masse rühren und zum Schluß das mit Backpulver vermischte Mehl.

Den Teig sofort in die Form füllen und im vorgeheizten Ofen (im unteren Drittel) bei ca. 150–160 °C, bei schwachen Öfen bei etwas höherer Temperatur 60–70 Min. backen.
Eine mäßige Temperatur und eine längere Backzeit tut dem Kuchen gut. Den Ofen erst gegen Ende der Backzeit öffnen! Hölzchenprobe machen. In der Form abkühlen lassen, erst dann stürzen.

Keinen Guß, nur vielleicht etwas Puderzucker darüber streuen.

Biskuit-Roulade

normalgroßes Backblech

4 Eigelb (von nicht zu kleinen Eiern)
3 EL heißes Wasser
125 g Zucker
1 Päckchen Vanillezucker (echte Bourbon-Vanille)
65 g Mehl, vermischt mit
60 g Stärkemehl und
1 Messerspitze (⅓ TL) Backpulver
4 Eiweiß
1 Prise Salz

Ofen vorheizen, Backblech mit Backtrennpapier auslegen

Eigelb und heißes Wasser mit dem elektrischen Schneebesen (höchste Stufe) schaumig rühren, bis die Masse in dicken Tropfen vom Schneebesen fällt. ⅔ des Zuckers, vermischt mit dem Vanillezucker, nach und nach einrühren. Die Masse muß cremig-hell sein und sich sichtbar schlängeln.

Das Eiweiß zu sehr steifem Schnee schlagen, das letzte Drittel des Zuckers und das Salz zugeben und weiter schlagen, bis der Eischnee ganz steif, schnittfest und glänzend ist.

Den Eischnee auf die Eigelb-Zucker-Creme geben, das mit Stärkemehl und Backpulver vermischte Mehl darauf sieben und alles schnell und leicht (mit einem Spatel besser als mit dem Hand-Rührbesen) unterheben (nicht rühren!).

Den Teig nun sofort gleichmäßig auf das mit Backtrennpapier ausgelegte Blech streichen und im vorgeheizten Ofen bei guter Mittelhitze (190–210 °C – auf mittlerer Schiene – rasch (8–10 Min.) backen. (Nie langsam, bei weniger Temperatur backen. Das macht den Teig hart und er bricht dann leicht.) Der fertige Teig darf, wenn er gut gebacken ist, nicht mehr feucht sein und soll sich wie Watte anfühlen.

Nach dem Backen rasch arbeiten. Die Biskuitplatte läßt sich nur in heißem Zustand rollen.

Man legt ein großes Küchentuch auf den Tisch und bestreut es mit etwas Zucker. Den fertig gebackenen Teig gibt man, sobald er aus dem Ofen kommt, so auf das Tuch, daß das Papier oben ist. Man befeuchtet das Papier gut mit sehr kalten Wasser und kann es dann mühelos abziehen.

Nun sofort das Tuch mit der Teigplatte zur Roulade zusammenrollen und so gerollt aufheben, bis sie abgekühlt ist. Erst dann das Tuch vorsichtig abrollen, wegnehmen, die Teigroulade füllen und locker wieder zusammenrollen. –

Will man die Roulade nicht gleich nach dem Abkühlen füllen, hebt man sie ohne Tuch, aber gerollt auf. Sie muß in jedem Fall sofort, noch heiß, gerollt werden. Später biegt sie sich nicht mehr!

Wenn Sie den Eierteig zu lange schlagen, wird er zäh.
Auch darf er beim Rollen noch nicht ausgekühlt sein, sonst ist Nahkampf-Ausrüstung angesagt.

Biskuit-Rouladen-Füllungen

Alle Füllungen (mit Ausnahme von Nr. 3 – Marmelade) müssen auf die völlig abgekühlte Teigplatte gestrichen werden. Gefüllte Rouladen schneidet man zum Servieren in schräge Scheiben.

1. *Buttercreme*
   ½ l Milch
   1 Päckchen Vanille-Pudding (für ½ l Milch) mit echter Bourbon-Vanille
   100 g Zucker und
   2 Päckchen Vanille-Zucker (echte Bourbon-Vanille)
   200 g weiche Butter
   1–2 EL Himbeergeist oder Kirschwasser

Von der Milch, dem Puddingpulver und der Hälfte des Zuckers nach Päckchenvorschrift einen Pudding kochen, beim Kochen noch den extra Vanille-Zucker zugeben. Den Pudding abkühlen lassen, bis er lauwarm ist – hin und wieder umrühren.

Die Butter mit dem Rest des Zuckers sehr cremig schlagen und den lauwarmen (nicht eiskalten) Pudding löffelweise unter die Buttercreme rühren (ist der Pudding zu kalt, gerinnt die Butter, ist er zu warm, zerläuft sie). Parfümieren mit Himbeergeist oder Kirschwasser.

Diese Buttercreme auf die aufgerollte Roulade streichen, sie wieder locker zusammenrollen, mit Puderzucker bestreuen und, in schräge Streifen geschnitten, servieren.

2. *Buttercreme mit Beerenfüllung*
   Buttercreme (wie in 1 beschrieben) auf die Roulade streichen und so viel frische oder tiefgefrorene (3/4 aufgetaute) *Johannisbeeren oder Himbeeren* darauf verteilen, wie einem gut erscheint (ca. 250 g).

3. *nur mit einer guten Marmelade*
   Diese kann man gleich nach dem Backen auf die noch heiße Teigplatte streichen und sie dann sofort aufrollen.

4. *mit Orangenmarmelade*
   geschlagener Sahne und kleingeschnittenen, filetierten Orangenschnitzen. Auf die kalte, geöffnete Roulade streichen – wieder zusammenrollen.

5. *Nuß-Honig-Füllung*
   200 g geriebene Nüsse
   120 g Honig
   1/8 l Sahne
   etwas Rum

   Alles gut verrühren und auf die geöffnete Roulade streichen – wieder zusammenrollen.

6. *Erdbeercreme*
   500 g kleingeschnittene Erdbeeren
   450 ml Milch
   1 Päckchen Vanillezucker (echte Bourbon-Vanille)
   3 EL Zucker
   1 Päckchen Vanillepudding (echte Bourbon-Vanille)
   3 Blatt weiße Gelatine
   4 EL Rum
   1/4 l süße Sahne

Milch mit Rum und Vanillezucker zum Kochen bringen, Pudding und Zucker einrühren. Gelatine nach Vorschrift auflösen und an den heißen Pudding rühren. Wenn der Pudding ganz abgekühlt ist, die Sahne steifschlagen und unterziehen.

Diese Creme auf die geöffnete Roulade streichen. Die Erdbeeren darüber verteilen und locker wieder zusammenrollen. Mit Puderzucker bestreuen.

Roses Nürnberger Zwetschgenmännle

für eine Springform von 26 cm Ø

500 g 3–4 Tage altes, würziges »Schwarzbrot« (Graubrot), ohne Rinde, in nicht zu dicke Scheiben geschnitten
¼ l lauwarme Milch
100 g Butter, weich
250 g Zucker (auch brauner): 3–4 EL davon in eine Tasse für die Gewürzmischung geben
6 Eigelb
40 ml Zwetschgenschnaps
ca. 1½ TL Lebkuchengewürz, eine fertige Mischung aus der Apotheke oder aus der Gewürzhandlung
oder *man macht eine Mischung aus:*

viel Zimt, wenig Nelkenpulver *sowie Kardamom* *Muskatblüte* *Ingwerpulver und* *»5 spices« (soweit vorhanden)*	*in einer Tasse vermischt mit 3–4 EL Zucker*

125 g geriebene Nüsse (Mandeln und/oder Haselnüsse)
1000 g späte, reife Zwetschgen (mit Kern gewogen)
6 Eiweiß, zu sehr steifem Schnee geschlagen

Das in Scheiben geschnittene Brot in eine große, flache Schüssel legen und die lauwarme Milch darübergießen. ½–1 Stunde einweichen lassen, dann mit »spitzen Fingern« das Brot in kleine Stücke zerzupfen. Die Zwetschgen entkernen und in Viertel schneiden (wenn sie sehr groß sind: in Achtel). Die Butter mit dem Zucker schaumig rühren und nach und nach das Eigelb, den Zwetschgenschnaps und die Lebkuchengewürze dazurühren. Es darf gut würzig schmecken. Die Springform ausbuttern und bemehlen. Den Ofen auf 175 °C vorheizen. Das zerzupfte Brot mit der Eigelbmasse, den geriebenen Nüssen und den Zwetschgenstücken mischen. Vorsichtig den Eischnee darunterheben – nicht zerrühren! Ich mache das stets von Hand, da hat man mehr Gefühl, in keinem Fall mit dem Schneebesen mischen.

Dann die Masse wegen des Eischnees schnell in die Springform leeren, festdrücken, glattstreichen und die Zwetschgen, die obenauf sind, unter den Teig drücken, sie werden sonst beim Backen zu dunkel. Sofort backen. Zuerst ca. 15 Min. bei ca. 175 °C, dann zurückschalten auf 150–160 °C. Backzeit insgesamt eine gute Stunde (65–75 Min.) im unteren Drittel des Ofens. Der Kuchen soll innen fest und nicht mehr feucht sein, oben nicht zu hart und ausgetrocknet. Deshalb, wenn nötig, gegen Ende der Backzeit mit Alufolie abdecken.
Das Zwetschgenmännle ca. 1 Stunde in der Form abkühlen lassen, dann erst herausnehmen. Vor dem Anrichten mit Puderzucker bestreuen.

Trick: Nur späte Zwetschgen verwenden, die nicht viel Wasser ziehen. Keine Frühpflaumen! In dieser Zeit hat man ja noch Kirschen (siehe: »Kirschenmännle»).

Roses Nürnberger Kirschenmännle

aufgeputzt zu Badischem Kirschplotzer

Wir heben von unseren weihnachtlichen Nürnberger Lebkuchen (feine Elisenlebkuchen müssen es sein) immer ein paar Dosen für dieses Kirschenmännle auf. Meine Mutter hatte auch immer Lebkuchenreste und machte hieraus zusammen mit Nürnberger Schwarzbrot (einem im Holzofen gebackenen, würzigen Graubrot) Kirschenmännle. Diese schickte sie mir manchmal. Mitten im Krieg, 1944, als ich im Internat war, war dies ein besonderes Festessen!

Wenn im Frühsommer die ersten schwarzen Kirschen zu kaufen sind, erinnere ich mich an Weihnachten, an meine Mutter und an Nürnberg.

Wenn man keine Lebkuchen hat (meistens kann man sie heutzutage das ganze Jahr über kaufen), nimmt man Löffelbiskuits und etwas gutes Weißbrot (insgesamt 500 g) und würzt mit Lebkuchengewürz (siehe: »Zwetschgenmännle«). In diesem Falle muß man etwas Zucker dazunehmen, da Brot und Biskuits nicht so süß sind wie die Lebkuchen.

Man kann Kirschenmännle während des ganzen Jahres mit eingemachten, entsteinten dunklen Kirschen (nicht Sauerkirschen) machen. Wer will, kann vor dem Servieren einige Spritzer Kirschwasser auf den fertigen Kuchen geben.

für eine Springform von 26 cm Ø

---

500 g alte feine Elisenlebkuchen, vermischt mit einigen Löffelbiskuits, alles im Fleischwolf durchgedreht
600 g frische (dunkle, wenn möglich) Kirschen, *ohne Steine gewogen* oder:
eingemachte dunkle Kirschen ohne Stein, (im Sieb ca. 1 Stunde gut abgetropft)
125 g weiche Butter
6 Eigelb
40 ml Kirschwasser
125 g geriebene Nüsse (Mandeln und/oder Haselnüsse)
Lebkuchengewürz (siehe: »Zwetschgenmännle«): ½ TL bei Lebkuchen und Biskuits
1 ½ TL bei Biskuits und Weißbrot
(120 g Zucker: nur bei Biskuits und Weißbrot)
6 Eiweiß, zu steifem Schnee geschlagen mit 1 Prise Salz

Die Butter (evtl. mit Zucker) und den Eigelb schaumig rühren, die gemahlenen Lebkuchen und Biskuits, die Nüsse, das Kirschwasser und die Gewürze und die entsteinten Kirschen von Hand darunterrühren. – Den Ofen auf 175 °C vorheizen.

Die Springform ausbuttern und bemehlen. Im letzten Moment den Eischnee zart unterheben, nicht zerrühren! Die Masse sofort in die Form füllen, festdrücken und die Kirschen, die obenauf liegen, unter den Teig drücken.

Im unteren Drittel des Ofens zuerst 20 Min. bei 175 °C backen, dann herunterschalten und bei *150–160 °C* (bei schwächerem Ofen evtl. etwas mehr) weiterbacken. Backzeit: ca. 60–70 Min. In der letzten Backzeit mit Alufolie abdecken, um ein Hartwerden und

Brauner Sauerkirschenkuchen

Austrocknen von oben zu verhindern. Der Kuchen soll innen fest und nicht mehr feucht sein!

In der Form mindestens 1 Stunde lang abkühlen lassen, erst dann öffnen. Mit Puderzucker bestreuen und evtl. mit Kirschwasser bespritzen.

Gut: als Hauptmahlzeit, lauwarm, nach einer kräftigen Suppe oder kalt zu Tee und Kaffee, sehr fein mit Schlagsahne.

Beas brauner Sauerkirschkuchen

Diesen Kuchen machte uns Bea zu Weihnachten. Noch fast lauwarm schmeckt er herrlich. Aber auch nach zwei Tagen ist er noch saftig und gut.

für eine Springform von 26 cm Ø

6 Eigelb von nicht zu kleinen Eiern
250 g Zucker
300 g geschälte, geriebene Mandeln
130–150 g Brösel von Biskuits (oder anderen guten Keksen)
¾ TL Lebkuchengewürz (siehe: »Zwetschgenmännle«)
1 TL Zimt mit ein wenig von den 250 g Zucker vermischen
geriebene Schale von *1–1 ½* Zitronen
30 ml Kirschwasser
800–880 g eingemachte Sauerkirschen *ohne Kerne*
6 Eiweiß
evtl. Puderzucker zum Bestreuen

Die Kirschen gleich anfangs in einem großen Sieb gut abtropfen lassen, evtl. auf Küchenkrepp legen, damit sie noch besser trocknen.

Die Eigelb mit dem Zucker schaumig rühren, bis die Masse hell-cremig ist. Lebkuchengewürz, Zimt, Zitronenschale, Kirschwasser dazurühren, ebenfalls die Biskuit-Brösel und die Hälfte der geriebenen Mandeln. Die Eiweiß zu steifem Schnee schlagen.

Den Ofen auf 160 °C vorheizen. Die Form ausbuttern und bemehlen. Das Eiweiß vorsichtig unter die Masse mehr heben als rühren. Zum Schluß die 2. Hälfte der Mandeln zart einrühren (am besten macht man das mit der Hand, die mehr Gefühl hat als ein Spatel). Man teilt die Mandeln deshalb in zwei Hälften, weil der Teig mit allen Mandeln vor der Zugabe des Eischnees zu pappig und zu fest würde und man ihn nicht gut mit dem Eischnee vermischen könnte. Die Kirschen unterheben und alles sofort in die Form füllen und bei ca. 160–175 °C (mittlere Hitze) ca. 25 Min. backen. Dann die Hitze reduzieren und bei 150 °C fertig backen. Gesamtbackzeit 55–65 Min. Im unteren Drittel des Ofens backen.

Nach 55 Min. durch Einstechen mit einem Probehölzchen prüfen, ob kein Teig mehr daran klebt. Erst dann ist der Kuchen fertig.

Die Form nicht gleich öffnen!
Vor dem Servieren evtl. mit Puderzucker bestreuen.

Banana Bread of the Caribbean Islands

von Jo, unserer »Surama«-Schiffsköchin

für 2 Kastenformen 25 cm lang oder eine Form 35 cm lang

175 g weiche Butter
200 g brauner Zucker
3 große Eier
Schale von 1–2 Zitronen, fein gerieben
520 g reife Bananen (ohne Schale gewogen)
2 Päckchen Vanillezucker und ½ TL Vanillepulver (jeweils echte Bourbon-Vanille)
etwas Muskatblüte (Mace)
reichlich Zimt
ein wenig Salz
½ Tasse (50–60 g) sehr grob gehackte Walnüsse
400 g Mehl mit
4 TL Backpulver vermischt (1⅓ Päckchen)

Die Butter mit dem Zucker sehr schaumig schlagen, nach und nach die Eier einrühren, Zitronenschale und Gewürze zugeben.

Die Bananen mit dem Pürierstab zerkleinern und mit den Nüssen zusammen zur Masse rühren. Zum Schluß das Mehl mit dem Backpulver einarbeiten.

Die Form(en) gut ausbuttern und bemehlen. In nur wenig vorgeheiztem Ofen bei 160 °C ca. 1 Stunde backen (eine große Form etwas länger). Der Kuchen soll zwar gut durch, aber nicht ausgetrocknet sein, also nicht zu lange im Ofen lassen.

Er soll sich auf Fingerdruck noch elastisch anfühlen!

Gut mit Butter zum Tee.

Blaubeer-Muffins aus den USA

für ein Muffinblech mit 12 Mulden

120 g weiche Butter
1 Tasse (brauner) Zucker
2 große Eier (Raumtemperatur)
1–2 Päckchen Vanillezucker (echte Bourbon-Vanille)
½ TL Salz
2 ½ Tassen Blaubeeren (davon etwas mehr als ½ Tasse zerdrücken)
2 Tassen Mehl mit
2 (leicht gehäuften) TL Backpulver

Die 12 Mulden der Muffinform mit flüssiger Butter auspinseln. Die Butter mit etwas Zucker cremig rühren, die Eier dazurühren, Salz und Vanille, dann die zerdrückten Blaubeeren. Zum Schluß das Mehl, vermischt mit dem Backpulver, untermischen. Die restlichen ganzen Blaubeeren nicht mehr unterrühren, sondern mit einem Holzspachtel leicht unterheben, damit sie ganz bleiben. (Es soll die sogenannte gezüchtete, feste Beerensorte sein, nicht die kleinen Waldblaubeeren!).

Den Ofen (wenn möglich, bei Umluft) auf *160 °C* vorheizen. Die Förmchen gleichmäßig mit der nicht allzu festen Blaubeer-Kuchenmasse füllen. Ca. 35 Min. backen, gegen Ende auf 140–150 °C herunterschalten. Die kleinen Kuchen sollen gut durchgebacken sein, besonders am Boden. (Bei konventioneller Heizung in das untere Drittel des Ofens stellen.) Abkühlen lassen in der Form, dann – noch ein wenig lauwarm – vorsichtig herausnehmen. Nach dem völligen Erkalten können sie – auf Wunsch – sofort eingefroren werden (gut in Folie verpackt, je 2 und 2). Sie eignen sich sehr gut zum Wieder-Auftauen im Mikrowellenherd (pro Muffin: 50 % Micro = ca. 350 Watt und 50 Sekunden). Noch leicht lauwarm servieren, zum Frühstück oder Nachmittagstee etc.

Unsere Waffeln

Große Portion	Kleine Portion
125 g weiche Butter	*75 g weiche Butter*
2 EL Zucker (und Vanille)	*1½ EL Zucker (und Vanille)*
5 Eigelb	*3 Eigelb*
250 g Mehl	*150 g Mehl*
⅛ l Sahne	*75 ml Sahne*
¼ l Milch	*150 ml Milch*
1 Prise Salz	*1 Prise Salz*
5 Eiweiß, steif geschlagen	*3 Eiweiß, steif geschlagen*

Die Butter mit dem Zucker schaumig rühren, nach und nach die Eigelb zufügen und fest weiterrühren. Das Mehl sowie Milch und Sahne unterrühren und zum Schluß den mit einer Prise Salz geschlagenen Eischnee unterheben. Das Waffeleisen muß gut heiß sein. Mit sehr wenig Öl oder einer Speckschwarte fetten. Die Waffeln müssen unbedingt resch werden. Werden sie es nicht, ist das Eisen nicht heiß genug oder zu viel oder zu wenig Teig im Eisen. Man muß dies ausprobieren.

Auf einem Rost (nie auf einem Teller) abkühlen lassen. Die Waffeln brauchen allseitig Luft, damit sie resch und nicht kätschig-weich werden. Am besten, die warmen Waffeln in der Hand hin und her schwenken, bis sie abgekühlt, resch und fest sind. Das dauert nicht lange. Zum Schluß mit Puderzucker bestreuen oder extra dazu servieren: Sirup, Honig oder »Kalte Hagebuttensauce« (siehe: Süßspeisen als Hauptgericht)

Sonntagswaffeln

200–250 g Butter
3 EL Zucker
1 Päckchen Vanillezucker (echte Bourbon-Vanille)
4 Eigelb
250 g Mehl und 1 TL Backpulver
¼ l Milch
4 Eiweiß, steif geschlagen
1 Prise Salz

Schwäbische Waffeln

Schwäbische Waffeln werden rescher. So wie es Hugo gerne mag!

125 g Butter
2–3 EL Zucker
1–2 Päckchen Vanillezucker (echte Bourbon-Vanille)
3 Eier
200 g Mehl, vermischt mit
50 g Mondamin, ohne Backpulver
¼ l Milch oder ⅛ l Milch und ⅛ l Sahne

Nußwaffeln

Grundrezept 1. oder 2. für 250 g Mehl und zum Schluß 100 g geriebene Nüsse einrühren.

Dazu: Schlagsahne mit etwas Cognac und Zucker, Schlagsahne mit etwas geriebenen Nüssen und Zucker

Apfelwaffeln

Grundrezept »Sonntagswaffeln« und zum Schluß 2 Äpfel, geschält, grob geraspelt, eingerührt.
Gut durchbacken, der Teig ist etwas feuchter.
Dazu: Zimtzucker, Schlagsahne mit Zucker und Vanillezucker, Schlagsahne mit Zucker und Zimt, je 1 Klacks obenauf

Käsewaffeln

gut zu Wein und Bier

Mindy, meine Schwiegertochter aus New York, meint, daß sie auch gut seien zu dicklichem Rahm-Spinat.

200 g weiche Butter
4 Eier
⅓ TL Salz
200 g Mehl vermischt mit
½ TL Backpulver
12–15 EL warmes Wasser
4 EL geriebener Käse: Appenzeller oder Gruyère sind deftig, Schweizer Käse ist milder
evtl. 2–3 TL zerstoßener Kümmel

Die Butter mit dem Salz schaumig rühren, die Eier dazurühren, dann das mit Backpulver vermischte Mehl, das Wasser (zuerst die geringere Menge) und den geriebenen Käse sowie, wer's mag, den Kümmel. Den Teig 30–45 Min. quellen lassen. Erscheint er jetzt zu dick: noch etwas Wasser zugeben. Der Teig sollte dickflüssig sein, aber nicht zu dick, sonst verteilt er sich nicht gut im Waffeleisen.

Goldgelbe Waffeln backen und sofort noch warm servieren. Man kann sie aber auch gut im heißen Ofen nochmals kurz aufwärmen, bevor man sie serviert.

Weihnachtsgebäck

Fränkisches Butterzeug

von meiner Mutter

Damit beginnen wir alljährlich unsere Weihnachtsbäckerei. Diese Butterkekse werden erst nach 2–3 Wochen richtig gut.

450 g Butter
110–125 g Butterschmalz (selbstgemacht; s. Rezept)
500 g feiner Zucker
1 TL Salz
6 Eigelb
3 Päckchen Vanillezucker (echte Bourbon-Vanille)
Schale von 2 Zitronen, fein gerieben
Saft von ½–1 Zitrone (nicht zu viel!)
750 g Mehl
zum Bestreuen: bunter Streuselzucker

Die Butter und das Butterschmalz mit dem Zucker cremig-hell rühren, Vanille, Salz, Zitronenschale und -saft zufügen und weiterrühren. Nach und nach die Eigelb sorgfältig einrühren. Zum Schluß das gesiebte Mehl zugeben. Alles gut verkneten. Kalt stellen und 24 Stunden ruhen lassen.

Am nächsten Tag den Teig 2 ½–3 mm dünn auswellen (nicht dünner). Verschiedene Formen ausstechen – jede Familie hat ihre traditionellen Ausstechförmchen! Auf ein leicht gebuttertes Blech legen, mit buntem Streuselzucker bestreuen und im vorgeheizten Ofen (mittlere Schiene) bei ca. 150–160 °C goldgelb backen.

Ein Bestreichen der Kekse mit Eigelb vor dem Backen ist nicht nötig. Das Eigelb läuft in der Hitze ein und sieht nicht schön aus.

Butter-»S«

von Sigi

250 g Butter
130 g feiner Zucker
etwas Salz
5 Eigelb
ca. 2 Päckchen Vanillezucker (echte Bourbon-Vanille)
500 g Mehl
Eiweiß und Hagelzucker zur Dekoration

Die Butter schaumig rühren, den Zucker, Vanille und Salz zugeben und weiter rühren. Die Eigelb nach und nach sorgfältig zurühren und zum Schluß das Mehl. Den Teig 1–2 Stunden stehen lassen (vor dem Winterfenster oder im Kühlschrank), bis er gut kalt ist. Dann kann er weiterverarbeitet werden.

Kleinfinger-dicke, lange Würste formen. Diese abschneiden und mittelgroße »S« formen. Die »S« oben mit etwas angeschlagenem Eiweiß bestreichen, ebenfalls oben in Hagelzucker tauchen und auf ein gebuttertes Backblech setzen. Im vorgeheizten Ofen (mittlere Schiene) bei ca. 160 °C goldgelb backen.

Trick: Man kann die »S« nur dann gut formen, wenn der Teig stets kühl ist. Also immer nur kleine Teigmengen im Warmen verarbeiten, den Rest im Kühlen stehen lassen!

Kokos-Makronen mit Marzipan

---

350 g Kokosraspeln (probieren, ob sie ganz frisch sind)
8 Eiweiß von großen Eiern (und etwas Salz)
800 g Marzipan-Rohmasse
8–9 EL echter Jamaica Rum (72–74 %)
500 g Puderzucker
geriebene Schale von 4–5 Zitronen (unbehandelt)
dunkle Schokoladenglasur

Die Marzipanmasse zerbröckeln und mit dem Rum und Puderzucker verkneten. Die Kokosraspeln in einer beschichteten Pfanne ohne Fett bei wenig Hitze hell rösten. Die Eiweiß mit etwas Salz zu steifem Schnee schlagen. Kokosraspeln und die Zitronenschale zu der Marzipan-Rum-Masse geben und zum Schluß den Eischnee unterrühren. Es entsteht eine zähflüssige Masse, die im Laufe der Zeit etwas nachdickt, da die Kokosraspeln saugen. Die Masse in einen großen Stoff-Spritzbeutel mit runder Tülle füllen. Ein Backblech mit Backtrennpapier belegen. Nußgroße Häufchen auf das Papier spritzen und bei nur schwacher Hitze (125–130 °C) goldgelb, eher hell, backen. Die Makrönchen sollen innen noch etwas *weich* sein! Auf einem Gitter abkühlen lassen und dann zur Hälfte in Schokoladenglasur tauchen und nochmals trocknen lassen.

Da diese Makronen sehr mächtig sind, ist es besser, sie nicht zu groß zu machen, eher wie kleine Walnüsse.

Kokos-Makronen

8 Eiweiß
1 Prise Salz
Saft von ½ reifen Zitrone
500 g feinster Zucker
500 g (evtl. etwas mehr) Kokosraspeln (probieren, ob sie ganz frisch sind)

Die Eiweiß über heißem Wasserdampf schlagen, Salz und Zitronensaft zufügen und gegen Ende zu den Zucker. Lange rühren, bis der Schnee sehr steif, aber noch elastisch in seiner Konsistenz ist. Nun die Kokosraspeln (vorher probieren, ob sie frisch und gut sind!) leicht unterheben. Den Eischnee nicht zerrühren. Häufchen vom Teig auf 4 cm ∅ Oblaten setzen, möglichst alle gleichmäßig groß. Zuerst eine Probe backen; zerlaufen die Makronen, noch etwas Kokosraspeln zufügen.

Im vorgeheizten Ofen bei schwacher Hitze (mittlere Schiene) bei ca. 120–140 °C backen.

Vorsicht:
Nie zu heiß, nie zu lange backen, sonst trocknen sie aus! Sie sollen keine Farbe annehmen und innen noch ziemlich feucht sein, fast ein wenig »roh«. Nur so schmecken sie nicht strohig!

Man kann keine genaue Backzeit angeben. Öfters nachsehen und lieber mal 1 Stück herausnehmen und auseinanderbrechen, bevor das ganze Blech zu trocken gerät.

Gut verschlossen aufbewahren. Werden sie mit der Zeit trocken, über Nacht ein feuchtes Tuch über die Blechdose legen und mit dem Deckel festklemmen.

Haselnuß-Makronen

8 Eiweiß
1 Prise Salz
Saft von ½ reifen Zitrone
500 g feinster Zucker
ca. 500 g geriebene Haselnüsse (mit Schale) (evtl. 30–50 g mehr)
ganze Haselnüsse (ohne Haut) zur Verzierung

Die Eiweiß über heißem Wasserdampf schlagen, Salz zufügen sowie Zitronensaft und zum Schluß den Zucker. Der Eischnee muß sehr fest werden, soll aber noch elastisch sein in seiner Konsistenz. Dann die geriebenen Nüsse zufügen – leicht unterheben, nicht zerrühren!

Zuerst eine Probe backen, um zu sehen, ob der Teig richtig ist. Zu große Eier brauchen manchmal etwas mehr Nüsse. Ist der Teig zu dünn, laufen die Makronen beim Backen auseinander. Es kann sein, daß man (je nach Eigröße) zwischen 30–50 g mehr Nüsse zugeben muß.

Auf 4 cm ∅ Oblaten je 1 Häufchen Teig setzen, oben mit je 1 ganzen, geschälten Nuß, die man etwas eindrückt, verzieren.

Im leicht vorgeheizten Ofen bei schwacher Hitze (130–150 °C) backen. Die meisten Leute begehen den Fehler, Makronen zu heiß und zu lange zu backen: Dann werden sie trocken! Sie müssen innen noch einen feuchten Kern haben und außen gerade eben fertig sein, niemals dürfen sie Farbe annehmen. Nachsehen, wann sie fertig sind. Man kann keine Zeit angeben. Lieber mal ein Stück probeweise auseinanderbrechen, bevor alle austrocknen.

Vanille-Kipferl

400 g Butter
250 g feiner Zucker
etwas Salz
Vanillemark von 4 Schoten
2 Päckchen Vanillezucker (echte Bourbon-Vanille)
250 g geschälte, gemahlene Mandeln
4 Eigelb
2 Eier
500 g Mehl mit
2 Messerspitzen Backpulver (nicht mehr)

Die Butter schaumig rühren, den Zucker, die Vanille sowie Salz zugeben und weiterrühren. Die Mandeln und die Eier dazu und zum Schluß das Mehl mit dem Backpulver.

Der Teig wird *sofort* weiterverarbeitet. Würste drehen und diese in schmale Scheiben schneiden. Aus jeder Scheibe ein kleines Kipferl drehen, das an den Enden spitz zuläuft. Zusammenbiegen und in das Vanille-Zucker-Gemisch tunken. Auf ein gut gebuttertes Backblech setzen (mittlere Schiene) und bei ca. 150 °C goldgelb backen.

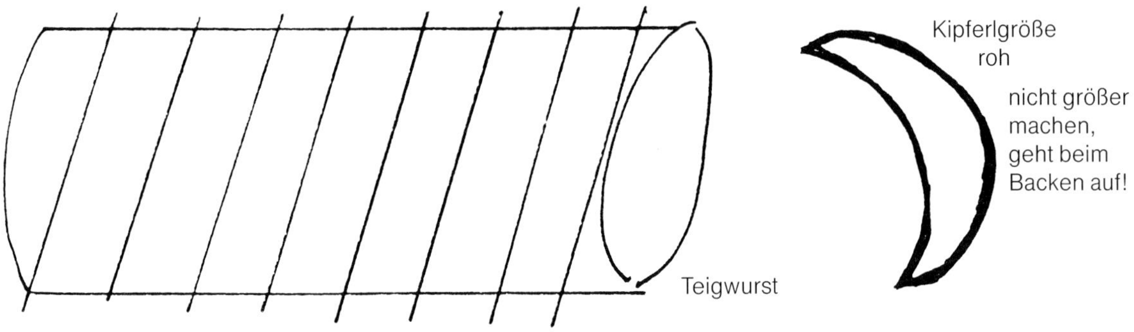

Vanillekipferl
Topolino nimmt die Kipferlparade ab…

Tante Elsbeths Kokosplätzle

sind nicht nur an Weihnachten gut

Den Teig am Vortag zubereiten.

400 g weiche Butter
360 g feiner Zucker
4 Eier
Vanillezucker (echte Bourbon-Vanille)
1 gute Prise Salz
500 g Kokosraspeln (probieren, ob sie ganz frisch sind)
500 g Mehl mit
1 ½ TL Backpulver
geschälte Mandeln zur Verzierung

Die Butter schaumig rühren, den Zucker sowie Salz und Vanille zugeben und weiterrühren, bis die Masse hell-cremig ist. Nun nach und nach ein Ei nach dem anderen einrühren, dann die Kokosraspeln und zum Schluß das mit dem Backpulver vermischte Mehl zufügen.

Den Teig 24 Stunden im Kalten ruhen lassen. Dann kleine Kugeln formen (ca. 1 TL voll) und diese zu runden Plätzchen breit drücken. Auf 4 cm ∅ Oblaten drücken und als Verzierung auf jedes Plätzchen 2 länglich geschnittene Mandelstückchen legen (in den Teig eindrücken). Bei mäßiger Hitze goldgelb backen (ca. 150 °C).

Lines Wiener Kekse

280 g Mehl
210 g kalte Butter
140 g feiner Zucker
1 Eigelb
3 EL trockener Weißwein

Verarbeiten wie Mürbteig und 2–3 Stunden (oder länger) kaltstellen.

Dann sehr dünn ausrollen. Keksformen ausstechen und auf einem gebutterten Backblech bei mittlerer Hitze backen, bis sie goldgelb sind.

Lines Butterringerl

Wiener Rezept

Meine Schwägerin Line hat viele Jahre in Wien gelebt.

Sie schenkt uns dieses feine Gebäck jedes Jahr zu Weihnachten – eine liebe Tradition.

Teig
280 g Mehl
280 g kalte Butter
3 Eigelb
1 Prise Salz

Glasur
3 Eiweiß
250 g Puderzucker
zum Zusammenkleben der Ringerl: Aprikosenmarmelade

Die Teigzutaten rasch wie Mürbteig verarbeiten und 2–3 Stunden kalt stellen. Dann den Teig dünn ausrollen und ca. 6 cm ∅ runde Keksformen ausstechen. Aus jeder großen Keksform eine sehr kleine runde Form (ca. 2,5 cm ∅) ausstechen, so daß Ringerl entstehen. (Die kleinen runden Kekse kann man extra backen, nicht wegwerfen.)

Für die Glasur wird das Eiweiß zu sehr steifem Schnee geschlagen, gegen Ende zu den Puderzucker – nach und nach – beigeben und weiterrühren, bis der Eischnee fest und glänzend ist.

Jedes Ringerl oben (am besten mit einem Spritzsack) glasieren und bei mittlerer Hitze backen. Die Glasur soll hell bleiben!

Ausgekühlt je 2 Ringerl (auf der nicht glasierten Seite) mit Aprikosenmarmelade so zusammenkleben, daß die Glasuren außen sind.

Wiener Kekse
Bekannt und beliebt sind die Stephans-Plätzchen.
Der Volksmund, auf dessen Zunge sie zergehen, nennt sie auch liebevoll »Stefferl«.

Vanille-Ringe nach Urtante Emma

625 g weiche Butter
500 g feiner Zucker und ½ TL Salz
Vanillemark von 4–5 Schoten
und 3 Päckchen Vanillezucker (echte Bourbon-Vanille)
Schale von 2–3 unbehandelten Zitronen, fein gerieben
2 große Eier
*250 g geschälte, geriebene Mandeln**
1000 g Mehl

Die Vanilleschoten der Länge nach aufschneiden und mit ein wenig Zucker das Mark herauskratzen, gut mit dem Zucker vermengen. Die Butter schaumig rühren, den Zucker, Salz und Vanillezucker zugeben und lange weiterrühren. Die Eier, Zitronenschale und Mandeln zufügen, weiterrühren. Zuletzt das Mehl hineinsieben. Alles gut verkneten und an einem kühlen Ort ca. 14–16 Stunden ruhen lassen. Am nächsten Tag den jetzt festen Teig so formen, daß er durch den Fleischwolf mit vorgeschraubter Spritz-Tülle gedreht werden kann. Nicht zu große Ringe formen, auf ein gebuttertes Backblech setzen und im vorgeheizten Ofen bei mittlerer Hitze (150–160 °C) hell-goldgelb backen.

Spritz-Tülle
vor den Fleischwolf
geschraubt

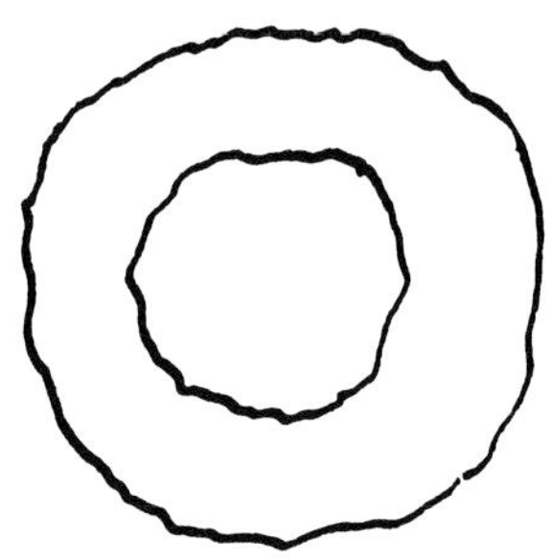

ungefähre Größe der
Vanilleringe
(als roher Teig)

die Enden gut
zusammenpressen

* Die Mandeln nicht gerieben kaufen, sondern ganz mit Haut. In kochendem Wasser abbrühen, Haut abziehen, *gut* trocknen lassen, dann frisch reiben.

Nuß-Whiskey-Plätzchen

700 g Rosinen
¼ l Whiskey
200 g Walnußkerne (aus ganzen, frischen Nüssen)
200 g Mandeln, nicht zu fein gemahlen (mit Schale)
120 g Butter
200 g brauner Zucker
4 Eier
360 g Mehl
2 gestr. TL Backpulver
4 TL Zimt
½ TL frisch gemahlene Muskatnuß
1 TL gemahlene Nelken
100 g abgezogene Pistazienkerne

Die Rosinen über Nacht in Whiskey einweichen und ausquellen lassen. Die Walnüsse knacken und die Kerne grob hacken. Die Mandeln mit Schale nicht zu fein mahlen (Fleischwolf, mittelgrobe Scheibe). Die eingeweichten Rosinen in einem Sieb abtropfen lassen. Die Butter und den Zucker schaumig rühren. Die Eier nach und nach darunter rühren. Das Mehl mit Backpulver, Zimt, Muskat und Nelken mischen. Rosinen, Walnußkerne, Mandeln und die Mehlmischung unter die Butter-Eier-Masse rühren.

Ein Backblech mit Backtrennpapier belegen. Mit einem Teelöffel kleine Teighäufchen daraufsetzen. Die Pistazienkerne mit einem Messer halbieren und 2–3 Hälften auf jedes Plätzchen drücken. Bei ca. 160–165 °C auf der mittleren Schiene 20–25 Min. backen lassen. Mit dem Papier vom Blech ziehen, auskühlen lassen, dann in Blechdosen aufbewahren.

Omi Manns schwäbisches Hutzelbrot

für mehrere Kastenformen von 30 cm Länge

1000 g Roggenmehl und
1000 g Weizenmehl vermischt, gesiebt
3 Würfel à 42 g frische Hefe
1500 g »Hutzeln« (getrocknete Birnen, bei kleinen im Ganzen, bei größeren in Hälften)
500 g Zwetschgen (getrocknete, ohne Kerne)
500 g Sultaninen
60 g kleinstgeschnittenes Zitronat und Orangeat
5 EL Zucker
1 gestr. EL Salz
3 TL Zimt
1 TL Nelkenpulver
fein abgeriebene Schale von 3 Zitronen
4 gehäufte EL Zwetschgenmarmelade
2–3 Handvoll Haselnüsse, sehr grob gehackt
¾ l von der Obst-Kochbrühe
alle Zutaten müssen zimmerwarm sein!

Die »Hutzeln« in Wasser weichkochen: das dauert recht lange. In der letzten halben Stunde die Zwetschgen mitkochen. Das Obst abseihen und ¾ l der Brühe aufheben. Den Vorteig (»Dampferl«) vorbereiten (siehe: »Hefeteig«): statt mit Milch mit ½ l lauwarmer Obst-Kochbrühe ansetzen. Die abgeseihten Früchte kleinschneiden, ebenso Orangeat und Zitronat und die Haselnüsse.

Einen guten Hefeteig herstellen mit allen Zutaten; er soll weich wie für einen Gugelhupf sein. An einem warmen, zugfreien Ort gut gehen lassen. Dann in ausgebutterte, bemehlte Kastenformen füllen und ein zweites Mal gut gehen lassen. Erst dann backen, bei guter Hitze, ca. 45–60 Min. Hölzchenprobe machen. Noch warm mit Zuckerwasser bestreichen.

Manche (feineren) Leute nehmen statt der »Hutzeln« getrocknete Aprikosen.

Das Hutzelbrot hält sich recht lange; bereitet man es ohne Nüsse zu, hält es sich noch länger, sagte Omi.

Zimtsterne

6 Eiweiß
Saft von ½ Zitrone
500 g Puderzucker
500 g feingeriebene Mandeln (mit Schale)
13–15 g feinster Saigon-Zimt

Da die Zimtsterne recht arbeitsaufwendig sind, lohnt sich nur die beste Zimtqualität. Es gibt da große Unterschiede!

Das Eiweiß über heißem Wasserdampf schlagen, Zitronensaft zufügen und nach und nach den Puderzucker. So lange schlagen, bis der Eischnee sehr steif ist, aber noch elastisch in seiner Konsistenz. Eine Tasse vom Eischnee für die Glasur abnehmen.

Den Zimt und die geriebenen Mandeln an den restlichen Eischnee rühren.

Den Teig ca. 1 cm dick ausrollen (auf geriebenen Mandeln – nicht auf Mehl oder Zucker!). Sterne ausstechen; die Form jedesmal in heißes Wasser tauchen, damit nichts anklebt.

Auf Backtrennpapier und Blech legen, mit dem hellen Eischnee aus der Tasse überziehen und bei sehr schwacher Hitze (125–145 °C) backen.

Die Sterne müssen innen (wichtig!) noch weich sein. Sie dürfen nicht zu sehr austrocknen durch starkes und zu langes Backen!

Die fertigen Sterne gut trocknen lassen und erst dann in einer Blechdose aufbewahren.

Trick: Bei längerer Aufbewahrung werden Zimtsterne hart und trocken. Sie werden wieder schön weich, wenn man über Nacht ein feuchtes Tuch über eine hohe Blechdose spannt und dieses mit dem Dosendeckel festklemmt. Der Abstand vom Tuch zu dem Gebäck sollte ca. 12–15 cm betragen.

Tante Elsbeths Quittenstückle

nach ihrem Originaldiktat von 1950

Von den Quitten das Pelzle gut abreiben. Dann die ganzen Früchte waschen, zerschneiden und kochen (mit Schale und Kernhaus) mit einer kleinen Zugabe von Wasser, bis sie weich sind.

Durch ein Sieb passieren. Das Mark abwiegen, ebensoviel Zucker nehmen und beiseite stellen. Das Mus unter ständigem Rühren dick einkochen, den Zucker dazugeben und nochmals längere Zeit kochen, bis die Masse mehr vom Löffel fällt als tropft. (Eine kleine Probe sollte kaltgestellt werden.)

Mit Speisefarbe schön rot färben, dann die Masse fingerdick auf eine nasse Resopal- oder Marmorplatte streichen und viele Tage trocknen lassen. In fingerbreite und fingerlange Stückle schneiden und im warmen Ofen nochmals trocknen. Aufheben in Lagen von Butterbrotpapier.

P. S.: Gibt man das Quittenmus in kleine Formen (wie es in Nürnberg früher gemacht wurde), so müssen diese mit ein wenig nichtriechendem Öl ausgestrichen sein, damit die Masse später besser herausgeht.

Meine Mutter machte mir zum Geburtstag, Ende Oktober, immer einen »Quittenschatt«, einen Guglhupf aus Quittenmus. Herrlich!!!

Dattel-Brötle

225 g Datteln (mit Kern gewogen)
210 g Puderzucker
200–210 g Mandeln, ohne Schale
Vanillezucker (echte Bourbon-Vanille)
1 Prise Salz
5 Eiweiß, steif geschlagen

Die Datteln entkernen und länglich schneiden. Die Mandeln länglich und grob schnitzeln. Das Eiweiß mit Salz schlagen, bis es anfängt, steif zu werden, den Zucker zugeben und nochmals weiterschlagen, bis der Schnee sehr steif, aber noch elastisch ist. Dann die Mandeln und Datteln unterziehen.

Auf 4 cm ∅ Oblaten Häufchen setzen und bei schwacher Hitze (110–125 °C) sehr langsam backen. Nicht dunkel werden lassen. Sie sollen innen noch feucht sein!

Ein sehr gutes, aber sehr süßes Gebäck.

Eingelegtes Konserviertes

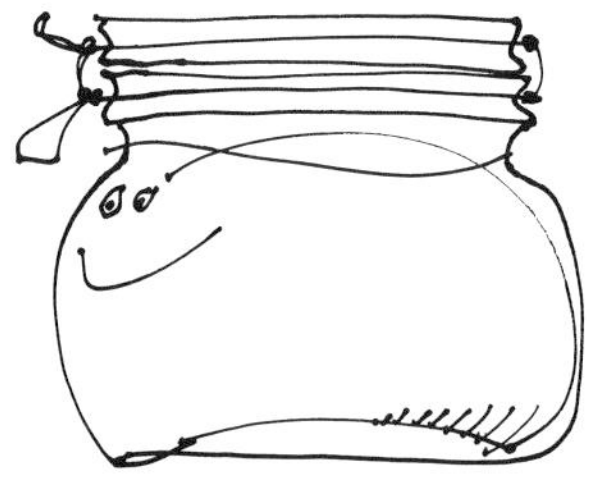

Süßsaure Zwetschgen

So hat sie meine Großmutter gemacht

Auf 3,5 kg schöne, große, feste Zwetschgen mit Kern rechnet man einen Sud von:
¾ l bestem französischen Rotweinessig
½ l französischem Rotwein
1500 g Zucker
4–5 Nelken (Köpfe ausbrechen)
10 g Zimtstangen (in Drittel brechen)
3 Vanilleschoten (halbieren und längs aufschlitzen)

Den Essig mit dem Zucker und den Gewürzen 6–8 Min. lang kochen. Dann erst den Rotwein zugießen und nochmals aufkochen. Abkühlen lassen und 2 mal durch ein Mulltuch im Sieb abseihen. Die Gewürze in ein Mullsäcklein stecken. Die Zwetschgen waschen, gründlich verlesen, alle weichen Früchte weglassen. Mit einer feinen Stricknadel in jede Frucht 10–12 Löcher stechen. Die so präparierten Zwetschgen in eine große Porzellan- oder Chromargan-Schüssel legen, das Mullsäcklein dazwischen und mit dem lauwarmen Sud begießen. Mit einem großen Teller, der mit einer anderen Schüssel beschwert wird, abdecken, so daß alle Zwetschgen im Sud liegen. 3 Tage stehen lassen. Am 4. Tag den Sud abseihen und nochmals aufkochen. Die Zwetschgen in Gläser füllen (nicht zu voll), den Sud darübergießen, so daß die Zwetschgen gut bedeckt sind. Den Glasrand säubern, verschließen und im Sterilisierapparat bei 80 °C ca. 10 Min. lang sterilisieren.

Gut zu: gekochtem Rindfleisch.

Süßsaure Gurkenstücke

von meiner Mutter

Früher wurden die dicken, kürzeren Gartengurken, die im Spätsommer reif waren, genommen. Sie waren oft bitter, und man mußte jede Gurke probieren. Heute nehme ich die zu jeder Jahreszeit erhältlichen Schlangengurken. So eingelegt schmecken sie mitten im Winter, im Frühling oder wann immer man will.

Knapp 9 kg Schlangengurken (fest, grün und schmal sollen sie sein und sehr frisch), ergeben ungefähr 4 kg Gurkenstücke.

Sud für 4 kg Gurkenstücke:
1½ l bester (französischer) Weißweinessig
*½ l guter Weißwein (evtl. auch Rotwein)**
1500 g gröberer Zucker
6 g Nelken (Köpfe ausbrechen)
15 g Zimtstangen (1 oder 2 mal durchbrechen)
2 Vanilleschoten (halbieren und mit dem Messer längs aufschlitzen)

Den Essig mit dem Zucker und den Gewürzen 6–10 Min. kochen lassen. Dann fügt man den Wein dazu und läßt alles nochmals kurz aufkochen. Etwas abkühlen lassen und 2 mal durch ein Sieb mit Mulltuch abseihen. Die Gewürze in ein Mullsäcklein stecken (nur die Vanille nicht, sie färbt) und später in die Gurkenschüssel legen.

Gurkenstücke zubereiten
Die Schlangengurken schälen, beide Spitzen abschneiden. In jeweils 4 gleichlange Stücke teilen. Jedes Teil der Länge nach halbieren und mit einem Grapefruitlöffel die Kerne und alles Weiche herauskratzen, so daß nur noch das feste Gurkenfleisch übrigbleibt. Diese Stücke nochmals halbieren und durchschneiden. Dies ergibt Stücke von ca. 2,5 × 3,5 bis 3 × 4 cm. Diese Stücke in einem großen Topf mit Salzwasser glasig, aber nicht zu weich blanchieren. Bei kochendem Wasser dauert das Blanchieren nur ca. 40–60 Sek. Am besten macht man ein Blanchier-Drahtkörbchen zu ⅓ oder ein größeres Haarsieb ½ voll und hält dies ins kochende Wasser. Niemals zu viele Stücke auf einmal. Die glasig blanchierten Gurkenstücke abtropfen lassen und nach und nach in eine große Porzellan- oder Chromargan-Schüssel legen. Das Mullsäcklein mit Zimt und Nelken dazwischen legen und den lauwarmen Sud darüber gießen. Zudecken und an einem kühlen Ort 3 Tage stehen lassen. Am 4. Tag den Sud von den Gurkenstückchen abseihen und nochmals stark aufkochen. Die Gurkenstücke inzwischen in Einmach-Gläser füllen (nicht zu voll). Das Mullsäcklein mit den Gewürzen wird nun weggeworfen.

Den lauwarmen Sud über die Gurkenstücke in die Gläser gießen; er muß alle Stücke bedecken. Gläser am Rand säubern, verschließen und im Sterilisierapparat bei 80 °C ca. 10 Min. haltbar machen.

Gut zu: jeder Art von kaltem Fleisch oder Pastete; unbedingt nötig zu gekochtem Rindfleisch.

* Bei Verwendung von Rotwein – was sehr gut ist – werden die Gurkenstücke dunkler.

Süßsaure Kürbisstücke

Sie werden genauso gemacht, wie die im vorhergehenden Rezept beschriebenen Gurkenstücke. Allerdings können sie nur im Herbst um die Zeit des Erntedankfestes gemacht werden.

Dazu werden 1 oder 2 schöne, große Kürbisse gebraucht, die zwar reif, aber noch fest sind. Sie werden in große Stücke geschnitten, geschält und entkernt. Es sollte reichlich von der dicken Schale abgeschält werden.

Die Kerne können, nachdem sie gründlich gewaschen wurden, getrocknet und mit Salz bestreut im Ofen geröstet werden. Sie schmecken sehr gut.

Die Kürbisstücke in möglichst gleichmäßige Teile, ca. 2,5 × 4 cm schneiden. Alle Fruchtabfälle, die beim Schneiden der länglichen Stücke entstehen, können für die herrliche amerikanische Kürbissuppe »Pumpkin Soup« (siehe: Suppen) verwendet werden.

Für ca. 4 kg Kürbisstücke wird die gleiche Menge Sud wie für die süßsauren Gurken benötigt und genauso verfahren, wie dort beschrieben. Nicht zu lange im Salzwasser blanchieren (40–50 Sek.), sonst werden die Kürbisstücke später beim Sterilisieren zu weich.

Diese Kürbisstücke schmecken wirklich gut zu jeder Art von Fleisch, Pasteten etc.

Eingelegter Knoblauch

500 g Knoblauch, schon geschält gewogen
20 Korianderkörner
20 Körner von eingelegtem grünen Pfeffer
4 große Lorbeerblätter
2 Gewürznelken (Köpfe ausbrechen)
4 TL Zucker
½ l Gurkenessig
¼ l Wasser
Olivenöl zum Verschließen

Dies alles nur ganz kurz aufkochen, 2–3 mal wallen lassen. Wenn es abgekühlt ist, mit allen Zutaten in ein oder zwei Gläser füllen und mit einer ca. 1 cm dicken Olivenölschicht verschließen.

4–5 Tage stehen lassen. Der Knoblauch kann dann gegessen werden, ohne daß man Angst haben muß, danach zu »riechen«.